O LIVRO COMPLETO DO TARÔ

Anthony Louis

O LIVRO COMPLETO DO TARÔ

Um Guia Prático de Referências Cruzadas com a Cabala, Numerologia, Psicologia Junguiana, História, Origens, os Vários Tipos de Tarô e muito mais

Tradução
Marcelo Brandão Cipolla

Editora
Pensamento
SÃO PAULO

Título do original: *Llewellyn's Complete Book of Tarot: A Comprehensive Guide*

Copyright © 2015 Anthony Louis.

Publicado originalmente por Llewellyn Publications, Woodbury, MN 55125 – EUA – www.llewellyn.com.

Copyright da edição brasileira © 2019 Editora Pensamento-Cultrix Ltda.

Texto de acordo com as novas regras ortográficas da língua portuguesa.

1ª edição 2019.

4ª reimpressão 2022.

Imagens interiores das cartas: Tarô Clássico © 2014 Llewellyn Publications com arte de Eugene Smith e texto de Barbara Moore.

Todos os direitos reservados. Nenhuma parte deste livro pode ser reproduzida ou usada de qualquer forma ou por qualquer meio, eletrônico ou mecânico, inclusive fotocópias, gravações ou sistema de armazenamento em banco de dados, sem permissão por escrito, exceto nos casos de trechos curtos citados em resenhas críticas ou artigos de revista.

A Editora Pensamento não se responsabiliza por eventuais mudanças ocorridas nos endereços convencionais ou eletrônicos citados neste livro.

Ilustrações do interior do livro de Llewellyn Art Department.

A Llewellyn Publications é uma marca registrada da Llewellyn Worldwide Ltd.

Editor: Adilson Silva Ramachandra
Editora de texto: Denise de Carvalho Rocha
Gerente editorial: Roseli de S. Ferraz
Produção editorial: Indiara Faria Kayo
Auxiliar de produção editorial: Daniel Lima
Editoração eletrônica: Join Bureau
Revisão: Luciana Soares da Silva

Dados Internacionais de Catalogação na Publicação (CIP)
(Câmara Brasileira do Livro, SP, Brasil)

Louis, Anthony
 O livro completo do tarô: um guia prático de referências cruzadas com a cabala, numerologia, psicologia junguiana, história, origens, os vários tipos de tarô e muito mais / Anthony Louis; tradução Marcelo Brandão Cipolla. – São Paulo: Editora Pensamento, 2019.

 Título original: Llewellyn's complete book of tarot: a comprehensive guide.
 Bibliografia.
 ISBN 978-85-315-2048-8

 1. Cartomancia 2. Ciências ocultas 3. Esoterismo 4. Ocultismo 5. Tarô 6. Tarô – História I. Cipolla, Marcelo Brandão. II. Título.

18-22197 CDD-133.32424

Índices para catálogo sistemático:
1. Tarô: Artes divinatórias: Ciências esotéricas   133.32424

Iolanda Rodrigues Biode – Bibliotecária – CRB-8/10014

Direitos de tradução para o Brasil adquiridos com exclusividade pela
EDITORA PENSAMENTO-CULTRIX LTDA., que se reserva a
propriedade literária desta tradução.
Rua Dr. Mário Vicente, 368 – 04270-000 – São Paulo – SP
Fone: (11) 2066-9000
http://www.editorapensamento.com.br
E-mail: atendimento@editorapensamento.com.br
Foi feito o depósito legal.

Dedicatória

Em Nova York, um jovem carregando um instrumento musical pergunta para uma senhora idosa: "Com licença, senhora, como faço para chegar no Carnegie Hall?"

A senhora o olha nos olhos e responde: "Praticando, praticando e praticando!"

Dedico este livro a todos os que estão procurando o caminho para o Carnegie Hall.

Sumário

Prefácio 17

Capítulo Um: Para que Aprender o Tarô? 19
    Sobre a divinação 19
    O que o tarô pode fazer por você? 20
        O Dois de Espadas 21
        O Sete de Ouros 21
        O Diabo 22
        O Dez de Copas 22
    Mais uma ideia: a Sacerdotisa 23
    Minha história 24

Capítulo Dois: De Onde Veio o Tarô? 27
    Breve esboço da história do tarô 27
    Mitos sobre o tarô 29

Capítulo Três: Que o Verdadeiro Tarô Queira Apresentar-se 37
    A estrutura do tarô 37
    O baralho mameluco 37
    O baralho-padrão do tarô 38

Os principais tipos de tarô	39
O Tarô de Visconti-Sforza	39
O Tarô de Sola-Busca	39
O Tarô de Marselha	40
Baralhos esotéricos	41
A Ordem Hermética da Aurora Dourada	42
O Tarô de Rider-Waite-Smith	42
O Tarô de Thoth de Crowley-Harris	43
Baralhos temáticos de tarô	43
Baralhos de "tarô" fora do padrão	43
Cartas para oráculos e previsão do futuro	44
Capítulo Quatro: Decidindo como Utilizar as Cartas	**45**
Os diversos usos do tarô	45
O tarô e os diários	46
O tarô e a criatividade	48
O tarô como prática espiritual	48
O tarô como complemento à psicoterapia	49
A importância dos diários ou blocos de notas de tarô	50
A ética do tarô	51
Um juramento hipocrático para os leitores de tarô	51
Cuidados especiais a se tomar em relação à ética	52
Capítulo Cinco: Associações e Correlações	**55**
José e o sonho do Faraó	55
O tarô e o simbolismo dos números	56
As cartas do nascimento (método de Mary K. Greer)	56
As cartas do ano (método de Mary K. Greer)	57
Um método alternativo para calcular as cartas do nascimento e do ano	57
Tabela de simbolismo dos números	59
Primum non nocere	59
O tarô e os quatro elementos	59
Palavras-chave para os quatro elementos	61

O tarô e a astrologia.. 62
O zodíaco: doze partes de um círculo.. 62
    1. Áries – Fogo (21 de março – 20 de abril), o Imperador 63
    2. Touro – Terra (21 de abril – 20 de maio), o Papa 63
    3. Gêmeos – Ar (21 de maio – 20 de junho), os Enamorados 64
    4. Câncer – Água (21 de junho – 21 de julho), o Carro 65
    5. Leão – Fogo (22 de julho – 22 de agosto), a Força.. 66
    6. Virgem – Terra (23 de agosto – 22 de setembro), o Eremita......................... 67
    7. Libra – Ar (23 de setembro – 22 de outubro), a Justiça 67
    8. Escorpião – Água (23 de outubro – 21 de novembro), a Morte 68
    9. Sagitário – Fogo (22 de novembro – 21 de dezembro), a Temperança 69
    10. Capricórnio – Terra (22 de dezembro – 20 de janeiro), o Diabo.................. 70
    11. Aquário – Ar (21 de janeiro – 19 de fevereiro), a Estrela 70
    12. Peixes – Água (20 de fevereiro – 20 de março), a Lua................................. 71
Os planetas 72
    Sol (o centro vital)... 72
    Lua (emoções e a vida interior) 73
    Mercúrio (comunicação e destreza) 73
    Vênus (amor e associação).. 73
    Marte (discórdia e conflito) 73
    Júpiter (expansão e boa fortuna)... 73
    Saturno (contração e dificuldades) 73
Os quatro elementos e os arcanos maiores 74
    Ar: o Louco 74
    Água: o Enforcado 74
    Fogo: o Julgamento... 74
    Terra 74
O sistema do Tarô da Golden Dawn, os decanatos e o simbolismo numérico............. 74
    Primavera: Paus–Ouros–Espadas 75
    Verão: Copas–Paus–Ouros.. 75
    Outono: Espadas–Ouros–Paus... 75
    Inverno: Ouros–Espadas–Copas 76
A correlação entre os planetas e as cartas numéricas do Tarô da Golden Dawn 76

A cabala e a Árvore da Vida	77
1. Kether (coroa)	79
2. Chokmah (sabedoria)	79
3. Binah (entendimento)	79
4. Chesed (misericórdia)	79
5. Geburah (severidade)	80
6. Tiphareth (harmonia)	80
7. Netzach (vitória)	80
8. Hod (esplendor)	80
9. Yesod (fundação)	80
10. Malkuth (manifestação)	80
Runas e tarô	81

Capítulo Seis: Inversões e Dignidades 83

Inversões do tarô	83
É indigno que uma carta de tarô se apresente invertida?	83
Um aviso sobre o significado das cartas do tarô invertidas	86
Sobre as dignidades do tarô	86
Contagem de cartas	87
Dignidades dos elementos	88
As qualidades dos elementos	89

Capítulo Sete: Como Fazer uma Pergunta ao Tarô 93

A qualidade da resposta é semelhante à da pergunta	93
O Oráculo de Delfos	93
A sabedoria da física moderna	94
1. O método de fazer perguntas	95
2. A linguagem que possuímos	95
3. Os meios à nossa disposição	95
Quais perguntas são mais apropriadas e quais são menos apropriadas para o tarô	96

Capítulo Oito: Como Ler o que Está Escrito nas Cartas 99

O tarô como arte	99
Deus ama uma boa narrativa	100
O segredo para ler as cartas	100

Um exemplo de narrativa	102
As cartas como entidades vivas	103
Embaralhando e selecionando as cartas	104
Ler pela internet	105
Previsão de datas com o tarô	106
É possível prever datas?	106
A técnica de previsão mais simples	106
Correlações com as estações do ano	107
Com que rapidez as coisas evoluirão	107

Capítulo Nove: Dispondo as Cartas para Fazer a Leitura 109

O que é uma tiragem de tarô	109
A carta diária	110
Leituras de uma só carta	111
A situação	112
Leituras com duas cartas	112
Leituras de três cartas: um salve para Hegel	113
Uma leitura pessoal de três cartas	114
A tiragem do tema com variações	115
Um exemplo de tiragem do tema com variações	116
Entrevistando um novo baralho com a tiragem do tema com variações	117
A tiragem em ferradura	117
Um exemplo de tiragem em ferradura	119
Esclarecendo opções com a tiragem em ferradura	120
A disposição da Cruz Celta	121
Um exemplo de leitura com a Cruz Celta	122
Uma leitura com a Cruz Celta para um estudante cético	124
A tiragem das casas do horóscopo	125
Lendo a tiragem das casas com o baralho completo	127
Uma tiragem simplificada de doze casas	128
A tiragem dos doze signos do zodíaco	128
Interpretando a tiragem dos signos do zodíaco	130
A tiragem da Árvore da Vida	131
Interpretando a tiragem da Árvore da Vida	131
A tiragem das cartas invertidas	133

Capítulo 10: Os Arcanos Maiores **135**
  As cartas de Trionfi da Renascença 135
    A influência cristã nos arcanos maiores 136
  Como usar as associações para as 78 cartas 140
    0. O Louco: o aprendiz de feiticeiro idealista... 143
    1. O Mago: assim na terra como no céu 145
    2. A Sacerdotisa: guardiã da sabedoria secreta 147
    3. A Imperatriz: deusa fértil do nascimento 149
    4. O Imperador: a mais alta autoridade secular 151
    5. O Hierofante: a ponte que conecta a humanidade com o divino 153
    6. Os Enamorados: decidindo como arar seu campo... 155
    7. O Carro: a razão controla o apetite e a vontade 157
    8/11. Força: coragem e paixão animal 159
    9. O Eremita: a busca por significado 161
    10. A Roda da Fortuna: um momento para cada propósito sob o céu 163
    11/8. Justiça: a ordem do universo 165
    12. O Enforcado: adotando uma nova perspectiva 167
    13. A Morte: começa um novo capítulo.. 169
    14. A Temperança: conciliação hábil e reconciliação 171
    15. O Diabo: uma visão distorcida do mundo 173
    16. A Torre: iluminação repentina 176
    17. A Estrela: um brilho de esperança... 178
    18. A Lua: coisas assustadoras que vagueiam pela noite 180
    19. O Sol: um raio de luz solar... 182
    20. Julgamento: o que se planta, se colhe 184
    21. O Mundo: paraíso reconquistado 186

Capítulo Onze: As Cartas Numéricas **189**
  O naipe de Paus... 189
    Um exercício com o naipe de Paus 190
    Ás de Paus: a centelha da vida 191
    Dois de Paus: para onde vou agora? 193
    Três de Paus: fazendo preparativos... 195
    Quatro de Paus: aperfeiçoando o trabalho por meio de alianças 197

Cinco de Paus: crianças ricas brincando de guerra 199
Seis de Paus: o líder do grupo 201
Sete de Paus: falando do alto do púlpito 203
Oito de Paus: voando rápido sobre o interior do país 205
Nove de Paus: combatendo o bom combate 207
Dez de Paus: carregado de peso 209

O naipe de Copas 211
Um exercício com o naipe de Copas 211
Ás de Copas: comam, bebam e sejam felizes enquanto o amor floresce 212
Dois de Copas: almas gêmeas apaixonando-se 214
Três de Copas: comemoração alegre 216
Quatro de Copas: oportunidades perdidas, cansaço e descontentamento 218
Cinco de Copas: tudo tem seu lado bom 220
Seis de Copas: lembranças do que já foi 222
Sete de Copas: reflexos no lago da contemplação 224
Oito de Copas: o declínio de um assunto 226
Nove de Copas: conteúdo em circunstâncias pomposas 228
Dez de Copas: o descanso do coração 230

O naipe de Espadas 232
Um exercício com o naipe de Espadas 233
Ás de Espadas: a invocação de força intensa para a ação decisiva 233
Dois de Espadas: empatia e excelência no autodomínio 235
Três de Espadas: separação e sofrimento pela perda do amor 237
Quatro de Espadas: isolamento e retiro 239
Cinco de Espadas: o luto por uma perda 241
Seis de Espadas: como uma ponte sobre águas revoltas 243
Sete de Espadas: esforço instável 245
Oito de Espadas: a paralisia da análise 247
Nove de Espadas: uma freira enclausurada sofre de insônia 249
Dez de Espadas: a dor e o sofrimento cedem lugar ao amanhã 251

O naipe de Ouros (moedas) 253
Um exercício com o naipe de Ouros 253
Ás de Ouros: oportunidade para melhora material 254
Dois de Ouros: apesar dos pesares, não perca o ânimo 256

Três de Ouros: juntos podemos construir uma ratoeira melhor 258

Quatro de Ouros: segurando firme no dom da certeza 260

Cinco de Ouros: dinheiro não compra amor 262

Seis de Ouros: dividir o sucesso material, agora! 264

Sete de Ouros: onde estiver o seu tesouro, lá estará seu coração 266

Oito de Ouros: habilidades no mundo material 268

Nove de Ouros: conquistas materiais solitárias 270

Dez de Ouros: um lar próspero 272

Capítulo Doze: As Cartas da Corte 275

O que as cartas da corte podem lhe dizer 275

Carl Jung e as cartas da corte 275

Os Valetes e a sensação 277

Os Reis e o pensamento 278

As Rainhas e o sentimento 278

Os Cavaleiros e a intuição 278

Tabela da tipologia junguiana das cartas da corte 278

Que o verdadeiro Rei se apresente 279

Uma explicação astrológica 280

Cavaleiros (jovens aventureiros) 281

Rainhas (figuras maternas maduras) 281

Reis (figuras paternas maduras) 281

Valetes (jovens aprendizes) 282

O naipe de Paus 283

Valete de Paus: um estranho surpreendente 283

Cavaleiro de Paus: saindo para uma aventura 285

Rainha de Paus: a carismática mulher dos gatos 287

Rei de Paus: líder viril do reino 289

O naipe de Copas 291

Valete de Copas: um ajudante sensível 291

Cavaleiro de Copas: uma chegada encantadora 293

Rainha de Copas: inteligência emocional 295

Rei de Copas: um profissional justo e amigável 297

    O naipe de Espadas 299
        Valete de Espadas: observador atento, espião inteligente...................... 299
        Cavaleiro de Espadas: um guerreiro afugentando seus inimigos 301
        Rainha de Espadas: uma mulher que conhece a tristeza 303
        Rei de Espadas: uma figura de autoridade senta-se para julgar 305
    O naipe de Ouros (Moedas) 307
        Valete de Ouros: um estudante aplicado 307
        Cavaleiro de Ouros: confiável e útil 309
        Rainha de Ouros: uma mulher rica e prestimosa 311
        Rei de Ouros: administrador de recursos materiais 313

Conclusões 315
    O valor psicológico de ler o tarô 316

Apêndice 317
    Os dois zodíacos 317

Leituras Recomendadas 321
    Livros de tarô para iniciantes 321
    Livros de tarô intermediários e avançados 322
    Assuntos especiais 323
    História e origem do tarô 323

Algumas Fontes da Internet 324

Bibliografia 325

Prefácio

Quando a Llewellyn entrou em contato comigo para saber se eu estaria disposto a escrever este livro, fiquei lisonjeado e um pouco apreensivo. A editora de aquisições, Barbara Moore, explicou que a sua empresa tinha uma série chamada *O Livro Completo do...* e estavam em busca de um autor para seu *Livro Completo do Tarô*. A palavra "completo" me deu um pequeno acesso de ansiedade. No decorrer dos anos, conheci entusiastas do tarô que haviam juntado mais de mil livros e uma quantidade igualmente impressionante de baralhos de tarô em suas coleções! Como poderíamos chamar um só livro de "completo" em comparação com um pano de fundo tão vasto? Sem dúvida tínhamos de tomar algumas decisões sobre o conteúdo.

Depois de ponderar sobre o problema, cheguei à seguinte conclusão: este livro deveria seguir alguns princípios para proporcionar uma abordagem "completa" e imparcial no espaço de um só volume. Para alcançar esse objetivo, estabeleci as seguintes regras:

- O livro deveria abordar os assuntos essenciais que um iniciante no tarô teria de conhecer. O foco estaria no "núcleo curricular" do tarô – o *"core curriculum"*, um termo que se tornou popular e criticado nas notícias contemporâneas sobre a educação nos Estados Unidos.
- O material incluído seria baseado em tradições estabelecidas na literatura do tarô. Para alcançar esse objetivo, eu citaria os trabalhos de grandes conhecedores do tarô como Etteilla (Jean-Baptiste Alliette), o ocultista francês cujos escritos popularizaram o tarô na Europa; S. L. MacGregor Mathers, da Ordem Hermética da Aurora Dourada; Arthur

Edward Waite, pai intelectual do influente Tarô Rider-Waite-Smith; e Aleister Crowley, do Tarô de Thoth.

- Para facilitar a consulta, o texto iria direto ao ponto; seria conciso e incluiria um sumário detalhado para permitir que os leitores buscassem os assuntos de interesse com facilidade.
- Os aspectos mais obscuros e esotéricos seriam mencionados apenas de passagem. Incluiríamos referências a outros textos para que os leitores buscassem assuntos específicos em mais detalhes.
- Para evitar reescrever o que pode ser encontrado em outros textos disponíveis, este livro apresentaria os temas principais de maneira nova e interessante.
- Pelo fato de o tarô ser produto da renascença italiana, este livro incluiria as influências culturais cristãs do simbolismo do tarô, que muitos autores omitem. Além disso, discutiria o uso do alfabeto hebraico, que foi crucial para o método da Golden Dawn de delinear os arcanos maiores (as 22 cartas com figuras alegóricas do baralho tradicional de tarô).
- Pelo fato de a Ordem Hermética da Aurora Dourada ter tido uma influência tão grande na interpretação moderna do tarô no final do século XIX, este livro seguiria as correspondências astrológicas da Golden Dawn para as cartas.
- Os tarólogos têm vidas muito diferentes e são donos de visões de mundo muito diversificadas, então neste livro eu buscaria ser o mais objetivo e imparcial possível.
- Por ser difícil que um só autor permaneça objetivo, eu faria questão de assinalar as minhas opiniões pessoais. Por exemplo, considero o uso moderno do tarô como uma forma de divinação (uma tentativa de "se comunicar com os deuses"), mas com a ressalva importante de que *os deuses ajudam aqueles que ajudam a si mesmos*. Os leitores precisam saber que sou eu que assumo este ponto de vista.
- Um ponto muito importante do livro seria o uso da arte do tarô como um meio para facilitar a intuição, a autocapacitação, a clarificação e a autocompreensão, em vez do uso mais antigo como um método de predição do futuro, que foi popularizado pelos filmes de Hollywood.
- O livro evitaria pronunciamentos dogmáticos e em vez disso serviria como um guia de viagem do tarô, como um guia para um país estrangeiro. Nele, eu descreveria as coisas que vi e que fiz na terra do tarô, mas confiaria aos leitores a tarefa de explorar o território, fazer suas próprias experiências e chegar às suas próprias conclusões.

Minha esperança como autor é que eu tenha conseguido escrever um guia útil e completo do tarô para o século XXI. O leitor é quem decidirá se este livro alcança tais aspirações.

Um

Para que Aprender o Tarô?

Sobre a divinação

O tarô é uma ferramenta que nos permite ver as coisas sob outro ângulo em situações complicadas. Quando você tira as cartas, as imagens delas ressoam com a sua questão e iluminam os detalhes das suas circunstâncias. À medida que reflete sobre as imagens, você adquire clareza sobre os pontos positivos e os pontos negativos da decisão que tem de tomar. Sob essa ótica, o tarô é parecido com o processo de *brainstorming*, que pode gerar novas ideias para ajudar a resolver problemas.

Apesar de o tarô ter se originado como um baralho de cartas para jogar, hoje em dia é normalmente usado para a divinação, palavra que podemos definir como "*brainstorming* com a ajuda dos deuses". Algumas pessoas talvez não gostem da palavra divinação, então vale a pena explorar o significado desse termo. Em latim, a palavra *divinus* se refere aos deuses. Nos tempos antigos, as pessoas acreditavam que certas informações, como o conhecimento do futuro, pertenciam exclusivamente aos seres divinos. Já os mortais desenvolveram diversos métodos para pedir aos deuses que compartilhassem seu conhecimento divino com a humanidade; e esses métodos foram chamados de divinação.

Com o passar dos anos, o termo *divinação* passou a incluir qualquer método que "tente predizer o futuro ou determinar assuntos desconhecidos, como que por meios sobrenaturais."* Nessa

---

* Essa definição é uma compilação e uma paráfrase das definições mais comuns da palavra "divinação" encontradas em diversos dicionários.

definição, a palavra "sobrenatural" se refere a métodos que não podem ser comprovados pelo método científico – isto é, métodos que a ciência moderna ainda não consegue ou talvez jamais consiga explicar. Os cientistas consideram essas técnicas como "pseudociência", pois elas ficam fora da área de conhecimento que o método científico foi criado para explicar. Não resta dúvida de que, ao lado de práticas como a psicanálise freudiana, a divinação com as cartas do tarô é uma dessas pseudociências. Por outro lado, muitos indivíduos dizem que obtiveram muitos benefícios de leituras de tarô e sessões de psicanálise.

A outra parte da definição proposta diz que a *divinação* tenta revelar informações ocultas *como que por meios sobrenaturais*. Muitas vezes, o conhecimento adquirido durante leituras de tarô parece estranho, como se fosse uma espécie de saber extraordinário ou tivesse origens sobrenaturais. Muitos dicionários definem *divinação* como um palpite inspirado (mas de onde vem essa inspiração?), um pressentimento, uma percepção intuitiva, uma profecia, uma previsão instintiva ou apenas como a interpretação de sinais e presságios.

Admitindo-se que o tarô pode ser usado como uma forma de divinação, vamos mergulhar nele de uma vez e fazer-lhe uma pergunta. Um ponto lógico para se começar é perguntar ao nosso baralho de tarô o que ele pode fazer por nós, mas antes permita-me mencionar uma parte da terminologia comumente usada. Na literatura do tarô, chamamos aquele que consulta as cartas de *consulente* (o cliente, aquele que busca a resposta) e aquele que interpreta as cartas de *leitor* ou *tarólogo*. Se você interpreta suas próprias cartas, está desempenhando o papel tanto do consulente que pergunta quanto do leitor que decifra a mensagem das cartas.

O que o tarô pode fazer por você?

Para responder a essa pergunta, embaralhei as cartas do tarô com cuidado e, ao acaso, peguei quatro cartas (quatro é o número da estrutura e organização) enquanto me colocava num estado mental tranquilo e receptivo, com a intenção de receber uma resposta à minha pergunta. A intenção, como veremos, desempenha um papel crucial na leitura do tarô. Embaralhar as cartas com intenção sincera e na expectativa de receber uma resposta útil é essencial no processo. Perguntas não sinceras ou frívolas resultam num amontoado de cartas aleatório e sem significado.

Isto é o que o tarô tinha a dizer sobre o que ele pode fazer por nós:

1. O Dois de Espadas

Nesta carta, uma mulher vendada está sentada à margem de um lago. Ela segura duas espadas apontadas para cima e simétricas entre si. Acima dela há uma lua crescente, que simboliza o seu estado emocional mutável. Pode ser que ela esteja tentando resolver sentimentos conflitantes ou tentando se decidir entre opções equivalentes, o que é representado pelas duas espadas iguais. Parece que o tarô quer dizer que ele pode nos ajudar a resolver os nossos sentimentos, elucidar nossas escolhas e nos ajudar a tomar decisões de maneira mais sensata. Etteilla, o ocultista francês do século XVIII que popularizou o tarô, via o Dois de Espadas como uma carta de empatia e afeição, de modo que o tarô também pode nos estar dizendo que é capaz de introduzir novas amizades em nossa vida.

2. O Sete de Ouros

O jardineiro no Sete de Ouros está cuidando de um arbusto que deu sete frutas de ouro. Algumas frutas parecem saudáveis e deliciosas, outras são sem cor e não parecem apetitosas. O homem parece estar fazendo uma pausa, talvez para contemplar seu trabalho e tomar sua próxima decisão. Com esta carta, o tarô sugere que pode nos ajudar a refletir sobre o nosso trabalho, nos permitindo fazer escolhas prudentes que tenham um resultado produtivo. A. E. Waite, autor do Tarô Rider-Waite-Smith, disse que o jovem nesta carta olha as frutas "como se fossem seus tesouros e seu coração estivesse lá"; então, pode ser que o tarô esteja também dizendo que pode nos ajudar a elucidar os desejos do nosso coração.

3. O Diabo

Paul Huson, especialista em tarô, escreveu um livro chamado *The Devil's Picturebook*, que leva esse nome porque, em épocas pouco esclarecidas, o poder divinatório das cartas era atribuído a Satanás. A carta do Diabo às vezes assusta leitores que tiveram uma criação extremamente religiosa. A maior parte dos leitores de tarô veem esta carta como um aviso para que a pessoa não se deixe escravizar por desejos materiais, como o desejo pela fama, pelo poder, pelo sexo, pelo prazer, pela riqueza ou pela grandeza pessoal. No lado positivo, esta carta pode representar a determinação para alcançar um objetivo considerado valioso no mundo material. Com a carta do Diabo, o tarô dá a entender que pode nos ajudar a explorar os nossos desejos mais primitivos e a confrontar o lado sombrio da nossa personalidade. Carl Jung ficaria muito feliz com isso.

4. O Dez de Copas

O Dez de Copas mostra uma família feliz gozando a vida em segurança. Ao contrário da carta do Diabo (que se refere quase que exclusivamente a interesses pessoais e desejos materiais), o Dez de Copas evidencia a felicidade do compartilhar em relacionamentos próximos e pessoais. Sendo a última carta da tiragem, o Dez de Copas mostra que, no fim, o tarô pode nos ajudar a criar relacionamentos mais amorosos. A Ordem Hermética da Aurora Dourada associava esta carta com Marte, o planeta da guerra, sugerindo que o apoio de relacionamentos pessoais próximos pode nos ajudar a abrandar os estresses e os conflitos do dia a dia.

Ao ler as interpretações acima, tenha em mente que esses comentários representam apenas as minhas impressões no contexto da questão. Se você tem outros *insights* ou pressentimentos sobre como essas cartas podem responder à pergunta, as suas opiniões são tão válidas quanto as minhas e merecem respeito pela sabedoria que contêm. Sir Francis Bacon (1561-1626) disse que sempre devemos prestar atenção aos pensamentos involuntários, pois eles são os mais valiosos.

Mais uma ideia: a Sacerdotisa

Por fim, devo mencionar que, para muitos leitores contemporâneos de tarô, a Sacerdotisa é um símbolo da sabedoria do tarô. Chamada originalmente de *A Papisa*, esta sacerdotisa representa uma abordagem heterodoxa e não patriarcal ao conhecimento. Na tradição de Rider-Waite-Smith, ela está sentada diante de um corpo de água, que significa as emoções e o inconsciente. Atrás dela se estende um véu que veda a entrada para o mundo interno do conhecimento oculto. De um lado e do outro da sacerdotisa se erguem um pilar escuro e um claro, o que sugere que ela pode nos ajudar a conciliar dualidades aparentemente conflitantes. Sendo uma figura de sabedoria heterodoxa, a Papisa nos abre o acesso a métodos extraordinários de aprendizado, incluindo também as ciências ocultas e esotéricas. Seu símbolo astrológico é a Lua, um planeta feminino relacionado aos ciclos, ao sono, aos sonhos, à intuição, às deusas, aos encantamentos, à metamorfose e à magia cerimonial.

Minha história

Desde que me conheço por gente, sou fascinado pela divinação. Isso pode ter a ver com o fato de eu ter frequentado uma escola católica dirigida por freiras de bom coração, mas um tanto supersticiosas. As boas irmãs nos contavam histórias fascinantes sobre centenas de milagres divinos, sobre as profecias de Fátima que o Papa mantinha em segredo, sobre espíritos que voltavam do mundo dos mortos para informar os mortais do perigo de pecar, sobre anjos da guarda que não tiravam os olhos de nós nem mesmo enquanto estávamos sentados no vaso sanitário e de santos com poderes especiais de prever o futuro e de bilocação, de estar em dois lugares ao mesmo tempo. Eu achava que seria muito legal conseguir me "bilocar".

A natureza fantástica dessas histórias me levou ao ceticismo desde muito novo. Em cada uma das sucessivas séries da escola católica, estudávamos o *Catecismo de Baltimore* com suas imagens de leite branco em copos de vidro, sendo maculado pelas manchas negras "do mal" cada vez que pecávamos. O leite branco representava nossa alma imortal e as manchas negras, tudo aquilo de ruim que havíamos feito. A única maneira de remover aquelas manchas negras era rezando e fazendo penitência. A alternativa seria queimar por toda a eternidade no fogo do inferno. A cada ano o catecismo começava com as mesmas perguntas e respostas, que tínhamos de memorizar ao pé da letra:

"Quem o criou?" "Deus me criou."

"Por que Deus o criou?" "Deus me criou para conhecê-lo, amá-lo e servi-lo neste mundo."

Depois de aprender esse lema, comecei a buscar provas de que Deus havia me criado. Eu me lembrava de que, antes de o meu irmão mais novo nascer, a barriga da minha mãe havia ficado bastante grande. Ela me disse que um bebê estava crescendo ali dentro. Eu suspeitava que meu pai tinha algo a ver com o ocorrido, mas não tinha certeza. Até que um dia minha mãe foi para o hospital e voltou para casa com uma barriga muito menor e um novo irmãozinho. Ela nunca disse que Deus teve algo a ver com o processo.

Cresci numa pequena cidade em Connecticut, nos Estados Unidos, e frequentava a escola paroquial local. Algumas crianças da minha vizinhança eram protestantes; elas faziam parte da ACM (Associação Cristã de Moços), com sua quadra de basquete e piscina cobertas. As freiras, no entanto, nos avisaram dos perigos do protestantismo. Seria pecado entrar na ACM porque o protestantismo é baseado numa interpretação falsa da bíblia e a ACM nos afastaria da fé única e verdadeira, colocando nossas almas imortais em perigo.

Esse último aviso me confundiu, pois eu passava bastante tempo brincando com duas crianças protestantes da minha vizinhança. Nenhuma delas parecia se interessar muito pela religião.

Até onde eu sabia, elas nunca tentaram corromper a minha alma imortal; só queriam andar de bicicleta, fazer caminhadas e jogar bola. A incongruência entre o que as freiras ensinavam e o que eu apreendia com os meus sentidos apenas serviu para aprofundar o meu ceticismo.

Certo dia, numa discussão na sala de aula, eu disse que estava muito impressionado com algo que havia lido sobre astrologia. A freira levantou as sobrancelhas e uma expressão de espanto estampou-se em seu rosto. Por acaso as boas irmãs não nos haviam avisado que as profecias verdadeiras vêm de Deus e que qualquer outra forma de previsão do futuro é feita pelo diabo? Tudo o que é proibido, contudo, fica mais atraente. Não demorou muito para que eu começasse a estudar astrologia com sincera convicção.

O meu interesse pela astrologia surgiu no fim da década de 1950, quando meu pai colocou uma moeda numa máquina num parque de diversões para comprar o seu horóscopo do signo solar. A precisão do que estava escrito no papel era impressionante. Como uma máquina podia saber tanto a respeito do meu pai? Eu tinha que descobrir; então, fui para a biblioteca e comecei a ler todos os livros que podia encontrar sobre astrologia. Não muito tempo depois, estava calculando mapas e fazendo previsões para a família e os amigos. A astrologia parecia ter alguma veracidade, mas eu não era capaz de explicar por meios científicos como ela funcionava. Na época eu também era um cientista em formação e adorava ler livros sobre as ciências da natureza.

Um breve exemplo de uma previsão correta pode ser útil. Durante a minha adolescência, eu não sabia o horário exato em que nasci. Não estava registrado na minha certidão de nascimento e meu pai só conseguia se lembrar que eu havia nascido no período da manhã. Minha mãe morreu quando eu tinha 8 anos de idade, então eu não tinha como perguntar a ela. Usando uma técnica que encontrei num livro de astrologia, calculei que devia ter nascido por volta das 9h04 da manhã. Anos depois, encontrei um caderno de notas do meu pai no sótão e descobri que ele havia escrito: "Anthony, nascido às 9h05 da manhã". Fiquei impressionado pelo fato de o cálculo astrológico diferir em apenas um minuto da hora registrada no caderno de notas do meu pai! Ou isso foi uma coincidência extraordinária ou havia algo de verdadeiro nesse negócio de astrologia.

No final da adolescência, comecei a ler Freud e Jung e fiquei fascinado pelos símbolos dos sonhos e arquétipos psicológicos. O meu estudo da ciência celestial era compatível com o que esses dois grandes psicólogos tinham a dizer. Na minha experiência, os escritos de Jung faziam sentido naquilo que diz respeito ao conteúdo do inconsciente coletivo. As mesmas imagens que apareciam na mitologia, na religião e na literatura do mundo apareciam também na astrologia e no tarô. O simbolismo compartilhado pela psicologia, pela psicanálise e pela astrologia prendeu minha atenção durante todos os meus estudos.

No fim da década de 1960, um amigo astrólogo me apresentou o tarô. No início, me desanimei por causa da ambiguidade das cartas. Ao contrário da astrologia, cujas previsões são precisas em termos matemáticos, as interpretações do tarô pareciam muito imprecisas e menos guiadas por regras. No início dos anos 1970, li um livro de Eden Gray (que agora é um clássico) que facilitava a compreensão das cartas, mas a interpretação delas continuava vaga e imprecisa nas minhas mãos.

Cerca de dez anos depois de ler o livro de Eden Gray, decidi virar um mestre do tarô. O meu método foi ler tudo o que pude sobre as cartas e fazer centenas de leituras, tomando notas com cuidado e verificando os resultados. Percebi (aprendo as coisas devagar) que, apesar de os livros ajudarem, a melhor maneira de aprender é usando as cartas muitas vezes e rever com regularidade a maneira pela qual os símbolos das cartas se manifestam na vida real.

Um amigo me deu a sugestão de compilar as minhas anotações sobre o tarô em forma de livro, o que resultou no livro *Tarot Plain and Simple* (1996). Meu segundo livro, *Tarot Beyond the Basics* (2014), partiu do meu interesse inesgotável pelo simbolismo comum ao tarô e à astrologia. Por causa da popularidade dos meus primeiros livros, a editora Llewellyn me pediu para escrever este, o meu terceiro livro sobre tarô. O leitor poderá perceber a influência de Freud e de Jung e da minha experiência de psiquiatra e psicólogo na maneira pela qual abordo as cartas.

Dois

De Onde Veio o Tarô?

Breve esboço da história do tarô

Antes que possamos falar sobre a questão de onde se originou o tarô, devemos deixar bem claro o que é que chamamos de tarô. O *Dicionário Oxford* dá a seguinte definição sobre o tarô: "Cartas, tradicionalmente um conjunto de 78 cartas com cinco naipes, usadas para prever o futuro e (sobretudo na Europa) em alguns jogos. Os naipes são, em geral, espadas, copas, ouros, paus e o naipe permanente dos trunfos".* Daremos mais atenção a essa definição no próximo capítulo. Por enquanto, foquemos na origem dessas 78 cartas.

As cartas de baralho só começaram a existir depois da invenção do papel, a qual os historiadores atribuem aos chineses de mais ou menos cem anos antes do nascimento de Cristo. Muitos historiadores acreditam que os chineses antigos inventaram o baralho e outros jogos como o dominó e o mahjong. Com o tempo, as cartas vieram para o oeste através de rotas de comércio e se popularizaram nos países árabes no Oriente Médio. As cartas mamelucas do século XIV, do Egito, são surpreendentemente semelhantes às cartas modernas e às cartas numéricas do tarô.

É quase certo que os árabes que foram para a Espanha durante a segunda metade do século XIV tenham levado consigo o baralho mameluco para que pudessem continuar jogando o jogo egípcio de *na'ibs* ou "substitutos". A palavra árabe *na'ib* significa alguém que é o segundo no

---

* "Tarot", *Oxford Dictionary,* www.oxforddictionaries.com/us/definition/american_english/tarot, acessado em 12 de janeiro de 2015 (em inglês).

comando. Os espanhóis chamaram as cartas de *naipes* por causa do nome do jogo, e a palavra *naipe* acabou se tornando palavra oficial na língua espanhola, como também na portuguesa.

No início do século XV, artesãos do norte da Itália acrescentaram um quinto naipe, o naipe dos trunfos (também chamados "arcanos maiores"), aos quatro naipes básicos das cartas inspiradas no baralho mameluco, criando um baralho para jogar o jogo *trionfi*, ou "trunfos", parecido com o moderno jogo de *bridge*. A palavra *tarô* pode ter origem no nome italiano desse conjunto de cartas, *tarrochi*. Os artistas renascentistas buscaram inspiração para as imagens alegóricas dos trunfos na Bíblia e em antigos manuscritos gregos e romanos, que eram o assunto do momento na Itália renascentista. Cada trunfo na sequência das cartas ganha do que o precede.

Boa parte do imaginário dos primeiros tarôs deriva da influência da Igreja Católica Romana sobre a cultura daquela época. A vida cotidiana se estruturava em torno das festas religiosas e do panteão de santos católicos, a cada um dos quais era atribuído um dia especial no calendário. Pelo fato de o povo comum não saber ler e escrever, a Igreja fazia uso de imagens e alegorias, bem como da palavra falada, para guiar os fiéis no caminho da salvação. Junto com as imagens da mitologia grega e romana, essas alegorias cristãs se insinuaram nas imagens dos trunfos do tarô.

Da Itália, o tarô viajou para a França e encontrou abrigo na cidade de Marselha, que viria a se tornar um grande centro de produção de baralhos de tarô nos séculos seguintes. Na Itália, o baralho era originalmente chamado de *carte da trionfi*, ou seja, "cartas de triunfo" ou "trunfo" – uma referência às cartas alegóricas numeradas de I a XXI (com ou sem a inclusão do Louco). A historiadora Gertrude Moakley diz que o tarô do século XV pintado por Bonifacio Bembo seguia o padrão das antigas marchas triunfais romanas (*trionfi*) celebradas no famoso poema de Petrarca "I Trionfi" (Triunfos), do século XIV. Imagens das marchas triunfais ainda podem ser vistas nos arcos triunfais do Fórum em Roma.

Um comentário da biblioteca Beineke de Yale diz que "I Trionfi" reflete a "contemplação das vitórias sucessivas do Amor, da Castidade, da Morte, da Fama, do Tempo e da Eternidade de Plutarco. O poeta se torna o moralista e o filósofo que busca o sentido da vida, enquanto ela passa de um estágio para o outro".* De forma parecida, os arcanos maiores do tarô refletem o triunfo do amor sobre os poderes seculares e sobre as autoridades religiosas e também as lutas entre o vício e a virtude na jornada para a "terra prometida", retratada no último trunfo.

Apesar de o tarô ter se originado como jogo e trabalho artístico para famílias italianas ricas, é possível que tenha sido usado para uma forma rudimentar de divinação ainda no século XVI.

---

* "I Trionfi", Yale Beineke Library, brbl-archive.library.yale.edu/exhibitions/petrarch/about.html, acessado em 15 de janeiro de 2015 (em inglês).

A nobreza italiana dos anos 1500 jogava um jogo chamado *tarrochi appropriati* no qual os jogadores compravam cartas aleatoriamente, usando as imagens das cartas como inspiração para escrever versos de poesia sobre o destino uns dos outros. Essas cartas eram chamadas de *sortes*, palavra italiana que significa destino, sina, sorte ou acaso. Com o tempo o tarô se tornou uma ferramenta de divinação.

Na história da humanidade, qualquer tipo de acontecimento aleatório servia como meio de prever o futuro, como a configuração das estrelas no céu, o aparecimento das nuvens, as folhas de chá na xícara, as entranhas de animais mortos e por aí vai. No início do século XVII, os cartomantes do norte da Itália desenvolveram um sistema de divinação com cartas de baralho e, por volta de 1750, o cartomante francês Etteilla escreveu que aprendera a prever o futuro com três cartomantes, um dos quais era da região do Piemonte, no norte da Itália. As publicações de Etteilla deram origem, pela Europa afora, a um interesse contagiante pelo uso do tarô para predizer o futuro, interesse que permanece vivo até os dias de hoje.

Mitos sobre o tarô

Na literatura sobre o tarô podemos encontrar muitas afirmações que não são lá muito verdadeiras. Nesta seção examinaremos alguns dos mitos comuns sobre o tarô. Com "mitos", quero dizer afirmações que não são nem verificáveis nem baseadas em fortes indícios. Os mitos a seguir não estão colocados em nenhuma ordem em particular.

Mito 1: O tarô é um livro de imagens escrito pelos sacerdotes do deus egípcio Thoth Hermes Trismegistus, que foi levado mais tarde para a Europa pelos ciganos. Uma afirmação concisa sobre esse mito aparece em *The Secret Teachings of All Ages*, de Manly P. Hall:

> Afirma-se que o Livro de Thoth é, na verdade, o misterioso Tarô dos Boêmios – um estranho livro de símbolos com 78 páginas que esteve de posse dos ciganos desde a época em que foram expulsos do seu antigo templo.*

---

* Manly P. Hall. "The Life and Teachings of Thoth Hermes Trimegistus", *in The Secret Teachings of All Ages* (São Francisco: H. S. Crocker, 1928), p. 38, disponível em www.sacred-texts.com/eso/sta/sta08.htm, acessado em 20 de janeiro de 2015 (em inglês).

Fato 1: O tarô foi inventado como jogo de cartas durante a Renascença por artistas italianos que incorporaram imagens e ideias da antiga mitologia grega e romana, que provavelmente incluía temas derivados do culto de Thoth Hermes Trismegistus. Os ciganos, que são originários da Índia, não eram sacerdotes do antigo Egito e só chegaram à Europa muito depois de os italianos produzirem os primeiros tarôs.

Mito 2: O tarô é maligno e acerta somente por causa do Diabo.

Fato 2: O tarô nada mais é do que um baralho de 78 cartas com figuras imaginativas nelas impressas. A precisão do tarô depende das capacidades intuitivas daquele que lê as cartas. O mal não habita os pedaços de papel; é um traço distintamente humano. Aqueles que são idosos o bastante se lembram da introdução do clássico programa de rádio *O Sombra:* "Quem conhece o mal que está à espreita no coração dos homens? O Sombra conhece!"

Mito 3: Você jamais deve tomar uma decisão importante sem antes consultar as cartas.

Fato 3: O tarô é uma simples ferramenta que pode nos ajudar a clarear os pensamentos. Cabe a nós decidir se usamos ou não as cartas. Algumas pessoas acham que o tarô ajuda, outras não. O ocultista Hajo Banzhaf adverte que o tarô é um bom servo, mas um péssimo senhor. Devemos consultar o tarô somente se acharmos que ele pode ajudar.

Mito 4: Para usar o tarô com eficácia, antes você deve ter conhecimento de outras disciplinas como a astrologia, a cabala, a alquimia e a numerologia.

Fato 4: O tarô é um sistema simbólico independente. Ele tem muito em comum com o simbolismo da astrologia, da alquimia e da cabala, entre outras coisas, mas você não precisa conhecer esses outros sistemas para usar as cartas. Como disse Arthur E. Waite: "O verdadeiro tarô é simbolismo; ele não fala nenhuma outra língua e não dá nenhum outro tipo de sinal".* Por outro lado, existem certos símbolos básicos que aparecem em quase todos os baralhos modernos de tarô. Entre eles está o simbolismo dos números e o uso dos quatro elementos clássicos: Fogo, Água, Ar e Terra. Além disso, por exemplo, certos baralhos são baseados na cabala ou na astrologia e são dedicados aos devotos dessas disciplinas esotéricas. Quando for

---

* A. E. Waite. *The Pictorial Key to the Tarot* (Secaucus, NJ: Citadel Press, 1959), p. 4.

escolher qual baralho usar, é bom se familiarizar com o simbolismo que o artista aplicou na ilustração das cartas.

Mito 5: A Igreja Católica proibiu o tarô como uma forma de heresia e o considera tão perigoso quanto a magia negra.

Fato 5: No século XV, os tarôs originais eram usados para jogos no norte da Itália. Por volta dessa época, a igreja pregava contra todos os jogos de azar (cartas, dados, jogos de tabuleiro e assim por diante), considerando-os atividades fúteis que punham em risco o patrimônio dos fiéis e os distraíam do caminho da salvação. Nos tempos modernos, o Papa Francisco (2014) disse: "Para resolver seus problemas, muitas pessoas apelam para videntes e cartas de tarô. Mas só Jesus salva e devemos ser testemunhas disto! Ele é o único".* Curiosamente, o uso moderno do tarô para a exploração de si mesmo tem mais a ver com as ideias da Reforma Protestante do que com o catolicismo tradicional, pois o tarô parte do princípio de que os indivíduos podem descobrir a verdade por si mesmos sem a intermediação de uma organização religiosa hierárquica.

Mito 6: Você tem que ter poderes paranormais para ler o tarô.

Fato 6: O *Dicionário Oxford* define a palavra *psychic* (paranormal) como "algo que denota ou tem relação com faculdades ou fenômenos aparentemente inexplicáveis por leis naturais, que envolvem sobretudo a telepatia ou a clarividência".** Para mim, o tarô é uma ferramenta que nos permite entrar em contato com a nossa intuição, com resultados que muitas vezes parecem "inexplicáveis pelas leis da natureza" porque tendemos a ignorar os pressentimentos intuitivos quando nos tornamos adultos. O tarô ajuda a recuperar o equilíbrio entre a análise racional e os nossos pressentimentos intuitivos. Com a prática contínua, você se surpreenderá com a quantidade de impressões inesperadas, mas verificáveis, que as cartas evidenciam.

---

* "Tarot Readers and Fortune Tellers Cannot Save You, Says Pope Francis", *The Catholic Herald*, 5 de abril de 2013, www.catholicherald.co.uk/new/2013/04/05/tarot-readers-and-fortune-tellers-cannot-save-you-says-pope-francis/, acessado em 14 de fevereiro de 2015 (em inglês).
** "Psychic", *Oxford Dictionary*, www.oxforddictionaries.com/us/definition/american_english/psychic, acessado em 2 de fevereiro de 2015 (em inglês).

Mito 7: O tarô está sempre correto (destino) e não há nada que você possa fazer para mudar o futuro revelado pelas cartas (livre-arbítrio).

Fato 7: Nada é infalível. O tarô pode oferecer clareza e orientação, mas o que você faz com a sua vida depende de você. A notável ocultista Dion Fortune via o tarô como uma bússola intuitiva: "As divinações devem ser consideradas como birutas de vento que mostram a direção em que sopra a brisa das forças invisíveis, mas deve-se lembrar sempre que as birutas não mostram a direção em que o navio deve ir; mostram apenas o melhor jeito de ajustar as velas".*

Mito 8: A carta da Morte significa que você ou alguém próximo está prestes a morrer.

Fato 8: Nos filmes de Hollywood, a carta da Morte quase sempre prediz a morte iminente de algum personagem. Na vida real, no entanto, a carta da Morte indica uma transição importante, o final de um capítulo e o começo de outro. Só em casos raros ela indica a morte física. Por exemplo, um amigo uma vez me pediu para fazer-lhe uma leitura, e a carta central da tiragem era a da Morte. Ela fazia sentido, pois ele estava no meio do processo de decidir se se aposentava do trabalho e começava uma nova fase da sua vida. Hoje, muitos anos depois, ele está vivo e aproveitando a aposentadoria.

Mito(s) 9: As pessoas devem seguir certas regras e rituais no que se refere a adquirir, manusear e guardar as cartas. Muitos mitos entram nessa categoria, incluindo advertências como:

- O mito do baralho obtido de graça: nunca compre as suas próprias cartas; elas devem ser dadas a você como presente.
- O mito da seda: sempre embrulhe suas cartas em seda e guarde-as numa caixa de carvalho com cristais como quartzo e ametista.
- O mito do TOC ou da contaminação espiritual: *só você* pode tocar nas suas cartas, pois os outros as contaminarão com vibrações ruins.
- O mito de dormir com as suas cartas: você deve dormir com um novo baralho de cartas sob o travesseiro para ficar sintonizado com ele.

---

* Dion Fortune. *Practical Occultism in Daily Life* (Wellingborough, RU: Aquarian Press, 1935), p. 39.

- O mito dos baralhos ciumentos: você pode ter apenas um baralho, aquele que usa para ler. Ter outros baralhos em casa fará com que o seu baralho preferido fique com ciúmes e, por causa disso, não lhe dê boas tiragens.
- O mito do cérebro dividido: corte o baralho apenas com a mão esquerda, pois o lado esquerdo do corpo está em maior sintonia com a mente inconsciente, que reside no lado direito do cérebro.
- O mito do gato do mal: mantenha as cartas longe de gatos, pois os felinos drenam a capacidade paranormal.
- O mito das vibrações ruins: você deve purificar as cartas das energias ruins passando-as sobre a fumaça de alguma planta, como sálvia branca ou alfazema.
- O mito da energia lunar: você deve deixar suas cartas por uma noite sob a luz da Lua para que elas possam absorver as vibrações psíquicas lunares.
- O mito do encantamento: você deve dizer alguma frase especial ou fazer algum encantamento antes de ler as cartas.

Fato(s) 9: Um bom baralho de tarô é algo que deve ser cuidado e aproveitado como se faria com qualquer outro objeto bonito. Se você deixar cair geleia nas cartas, elas ficarão difíceis de embaralhar. Apesar de ser ótimo ganhar cartas de presente, a maioria dos leitores de tarô compra seus próprios baralhos ou têm mais de um. Se qualquer uma das práticas acima parecem boas para você, faça-as, mas não se sinta obrigado a adotá-las. Uma discussão útil sobre esse assunto pode ser encontrada no artigo "Caring for Your Tarot Cards" [Cuidando das suas Cartas de Tarô], de Catherine Chapman.*

Mitos(s) 10: Existem certas normas que você deve obedecer quando faz suas tiragens de tarô. Algumas delas são:

- Nunca faça tiragens para si mesmo, mas…
- Se o fizer, não faça mais do que duas vezes ao ano.
- Cobrar para ler as cartas para os outros dá má sorte, mas…
- É sinal que você não respeita o valor do tarô se você não cobra pelas suas tiragens.

---

* Catherine Chapman. "Caring for Your Tarot Cards", 3 de julho de 2010, http://tarotelements.com/2010/07/03/caring-for-your-tarot-cards/, acessado em 12 de novembro de 2014 (em inglês).

- Você deve obter um certificado de alguma organização "oficial" de tarô para se tornar um legítimo leitor das cartas (até onde sei, a comunidade dos tarólogos ainda não elegeu nenhum Papa ou Papisa).
- O tarô sempre dá a resposta correta e qualquer erro numa tiragem de tarô é culpa do praticante por não conseguir entender o que as cartas estão dizendo, mas…
- Você deve abandonar a tiragem se as cartas não abordam com clareza as dúvidas do consulente.
- Cada carta do tarô tem um significado arquetípico específico e atemporal, mas…
- O significado do tarô depende inteiramente da intuição e da sensibilidade do tarólogo.
- Há uma maneira correta e estabelecida de se ler as cartas e você deve seguir essas regras se quiser fazer uma interpretação correta, mas deixe que a sua intuição seja seu guia.

Fato 10: Cada leitor desenvolve seu próprio método de interpretar as cartas, baseando-se na experiência e na intuição. A Golden Dawn costumava abandonar a tiragem se o significador do consulente não aparecesse de alguma forma que se relacionasse de maneira clara às queixas dele. É difícil ser objetivo quando lemos o tarô para nós mesmos ou para pessoas que são importantes para nós. Lembre-se de que o médico que trata a si mesmo tem um tolo como paciente. Se tiver dúvidas, é sensato buscar uma segunda opinião com um leitor de tarô experiente. À medida que você for se tornando mais habilidoso, suas tiragens se tornarão recursos valiosos pelos quais as outras pessoas estarão dispostas a pagar, da mesma forma que recompensariam qualquer bom consultor em qualquer outro campo.

Mito 11: Os leitores de tarô são charlatões e golpistas.

Fato 11: A maioria dos leitores de tarô são pessoas honestas e bem-intencionadas que usam as cartas para o desenvolvimento pessoal e para a compreensão espiritual. Infelizmente, em toda profissão há um pequeno grupo de indivíduos desonestos que buscam enganar o público. Você deve evitar os leitores de cartas que insistem em dizer a você como viver sua vida. Além disso, fuja daqueles que o avisam de um destino ruim ou de um feitiço maligno que somente *eles* podem remover por uma grande soma de dinheiro. Em vez disso, mande o dinheiro para mim – fará o mesmo bem para você!

Mito 12: Você precisa aprender a história do tarô para se tornar um bom tarólogo.

Fato 12: A história do tarô é fascinante, mas você não precisa conhecê-la para ler as cartas com eficácia. Por outro lado, aprender sobre as origens das ideias e dos símbolos que os artistas usaram para ilustrar as cartas pode lhe dar uma noção mais completa do seu significado e do seu lugar na cultura ocidental. Eu gosto de compreender a evolução das ideias e tendências históricas, então incluí muitos comentários históricos neste livro. Saber um pouco de história pode impedir que você se torne vítima de uma das muitas ideias falsas sobre as cartas que surgiram no decorrer do tempo. O tarô é um processo fantástico e imaginativo, então é bom manter pelo menos um dos pés firmemente plantado no chão.

Mito 13: Algumas cartas do tarô são "do bem" e outras são "do mal".

Fato 13: Todas as cartas do tarô são neutras; elas apenas apresentam imagens arquetípicas universais que fazem parte da experiência humana. A "bondade" ou a "maldade" das cartas dependem por completo do que decidimos fazer com a energia representada. O yin é equilibrado pelo yang; cada coisa positiva na vida tem seu lado sombrio e vice-versa. Uma faca nas mãos de um cirurgião pode salvar uma vida, mas a mesma faca nas mãos de um terrorista pode causar um caos. Um provérbio zen-budista ilustra essa ideia: O cavalo de um agricultor fugiu, fazendo com que os vizinhos dissessem: "Que pena!". No dia seguinte, o cavalo voltou com outros três cavalos selvagens, e os vizinhos declararam: "Que ótimo!". Quando o filho do agricultor quebrou a perna tentando domesticar os cavalos selvagens, os vizinhos comentaram: "Que pena!". No dia seguinte o exército veio alistar o filho do agricultor para uma batalha iminente, mas, por ele ter quebrado a perna, não o alistaram. Aconteceu que todos os soldados que lutaram na guerra morreram, mas o filho sobreviveu por causa de seu membro fraturado. Dessa vez os vizinhos ficaram quietos. Eles viram a futilidade de julgar situações em termos de preto e branco, bem e mal.

Três

Que o Verdadeiro Tarô Queira Apresentar-se

A estrutura do tarô

Vimos no capítulo anterior que o tarô moderno é formado por 78 cartas em cinco naipes: Paus, Espadas, Copas, Ouros e os Trunfos (arcanos maiores). As cartas de tarô hoje em dia também são usadas para jogar, mas com maior frequência são usadas como ferramentas de divinação. A estrutura do tarô atual deriva das cartas comuns (*na'ibs, naipes*) que os árabes levaram à Espanha há cerca de setecentos anos. A prática de jogar com as cartas já estava bem estabelecida na Península Ibérica no ano 1375 d.c.

O baralho mameluco

O Sultanato Mameluco do Egito (1250-1517 d.c.) consistia numa classe dominante de soldados que adorava jogar cartas durante o seu tempo livre. Um belo exemplo das cartas mamelucas pode ser visto no museu Topkapi, em Istambul, na Turquia. O baralho consiste em quatro naipes de treze cartas cada, como as cartas modernas. Cada naipe consiste em dez cartas numéricas e três cartas da corte: um *malik* (rei), um *nā'ib malik* (vice-rei) e um *thānī nā'ib* (sub-vice-rei). Os quatro naipes do baralho mameluco são:

- *Tacos de polo*, que se tornaram o naipe ativo e enérgico de Paus no tarô.
- *Taças*, que continuaram sendo o alegre naipe de Copas do tarô moderno.

- *Cimitarras*, que se tornaram o incisivo naipe de Espadas do tarô. Cimitarras são espadas curtas com lâminas curvas que ficam mais largas perto da ponta. São mais devastadoras quando usadas para cortar um inimigo por cima, de cima de um cavalo em movimento.
- *Dinares* (moedas de ouro), que se tornaram o pragmático naipe de Ouros do tarô de hoje em dia.

O baralho-padrão do tarô

O baralho mameluco entrou na Europa pela Espanha e aos poucos se espalhou para outros países. Não passou muito tempo até que os europeus, percebendo que as cartas da corte mamelucas consistiam em três homens e nenhuma mulher, decidissem incluir uma na corte. Esse toque feminino resultou em baralhos com um rei, uma rainha, um cavaleiro e um valete. A inclusão da rainha nas cartas europeias deve ter sido motivada pelas próprias dinastias e reinos numa cultura em que as rainhas ocupavam posições de autoridade.

Os artistas italianos que pintaram os primeiros tarôs acrescentaram aos quatro naipes comuns um quinto naipe, o dos trunfos, para criar um baralho que servisse para jogar um jogo parecido com o *bridge* moderno. A quantidade total de cartas dos primeiros tarôs variava. À medida que o baralho continuou evoluindo, o número de cartas estabilizou-se, no fim, em 78.

No final do século XV, os franceses conquistaram Milão e a região do Piemonte, na Itália. Um dos espólios dessa guerra foi o tarô italiano, que os franceses levaram de volta para sua terra natal. A cidade de Marselha, no litoral mediterrâneo da França, se tornou um centro de produção de cartas de tarô e deu origem ao Tarô de Marselha, que se tornou o padrão básico de todos os tarôs que surgiram posteriormente. Como resultado, o tarô de hoje consiste em:

- Um naipe de trunfos com 22 cartas que compreende um Louco sem número e 21 cartas numeradas, em geral chamadas de arcanos maiores ("segredos maiores").
- Quatro naipes comuns, em geral chamados de Paus, Copas, Espadas e Ouros, cada qual com dez cartas numeradas. Os ocultistas chamam esses naipes de arcanos menores ("segredos menores").
- Quatro cartas da corte em cada naipe, baseadas nas cortes reais europeias: um Rei, uma Rainha, um Cavaleiro e um Valete.

Os principais tipos de tarô

Três baralhos principais dominam atualmente o cenário do tarô:

- O Tarô de Marselha, cujo primeiro exemplar conhecido é o de Jean Noblet, produzido em Paris por volta de 1650.
- O Tarô Rider-Waite-Smith, publicado em 1909, sem dúvida o baralho mais popular do último século nos países de língua inglesa. Já foi copiado muitas e muitas vezes.
- O Tarô de Thoth de Crowley-Harris, criado entre 1938 e 1943, mas publicado pela primeira vez como baralho de tarô em 1969.

A seção a seguir avaliará esses três baralhos em detalhes, bem como outros que fazem parte da história do tarô.

O Tarô de Visconti-Sforza

Os tarôs italianos mais antigos variavam quanto ao número e à disposição das cartas. Os baralhos chamados de Visconti-Sforza continham imagens de membros das ricas famílias milanesas Visconti e Sforza vestidos com suas melhores roupas. As cartas em si são belas obras de arte; mais de dez tarôs desse tipo podem ser encontrados em vários museus, bibliotecas e coleções privadas ao redor do mundo. Esses baralhos podem ter sido usados para jogar o jogo de *trionfi* (trunfos).

Infelizmente, conjuntos completos desses baralhos antigos não existem mais. O Tarô Pierpont-Morgan Bergamo, produzido em 1451, tinha originalmente 78 cartas. O Tarô de Cary-Yale, que talvez seja o tarô mais antigo ainda existente, provavelmente continha 86 cartas ao todo. Em algum momento, os produtores de cartas decidiram limitar o baralho-"padrão" de tarô a 78 cartas, com 22 trunfos, quarenta cartas numéricas e dezesseis cartas da corte, como os de hoje em dia.

O Tarô de Sola-Busca

Esse requintado tarô pertencia à família Venier, de Veneza. Muito possivelmente produzido por volta de 1491 pelo artista Nicola di Maestro Antonio, o Tarô de Sola-Busca consiste em 78 cartas e é único pelo fato de cada carta ser ilustrada com personagens baseados em figuras da Antiguidade clássica. Alguns autores acreditam que o simbolismo desse baralho é derivado de teorias alquímicas que tratam da transformação de metais vis em ouro. A prática de ilustrar cada uma das 78 cartas do tarô com uma cena ou um personagem únicos não se repetiria até que Pamela Colman Smith pintasse o baralho – agora famoso – de Rider-Waite-Smith em 1909.

O Tarô de Marselha

Quando os franceses conquistaram Milão e a região do Piemonte no norte da Itália em 1499, levaram o jogo italiano de *trionfi* para o sul da França. O tarô se popularizou na cidade de Marselha, que se tornou um grande centro de produção de cartas na Europa. O tarô ali produzido veio a ser conhecido como o Tarô de Marselha, por motivos óbvios. O arranjo das 78 cartas de Marselha se tornou o padrão ao qual os tarôs mais recentes seriam comparados. O Tarô de Marselha é o tarô mais usado em países de língua não inglesa.

O Tarô de Marselha consiste em 22 trunfos, quarenta cartas numéricas e dezesseis cartas reais. Os trunfos ou arcanos maiores são arranjados da mesma forma que a maioria dos tarôs modernos, exceto a carta da Justiça (*La Justice*) que cai na posição VIII enquanto a carta da Força (*La Force*) cai na posição XI. O Louco (*Le Mat*) não tem número. O Mago de hoje, o primeiro trunfo, era chamado *Le Bateleur* (o Malabarista, o Charlatão, o Apresentador, o Bufão). O segundo trunfo era *La Papesse*, a Papisa, enquanto o quinto era *Le Pape*, o Papa da Igreja Católica. Além disso, a Torre de hoje, o trunfo XVI, era chamado de *Le Maison Dieu*, a Casa de Deus. Por fim, o trunfo XIII, a atual carta da Morte, não tinha nome e era chamada de *L'arcane sans nom* (o arcano sem nome).

As cartas numéricas do Tarô de Marselha não contêm cenas, como o Tarô de Rider-Waite-Smith. Em vez disso, os símbolos de cada naipe apenas se repetem nas cartas numéricas uma quantidade de vezes necessária. Por exemplo, o Cinco de Copas mostra cinco cálices, o Seis de Espadas mostra seis espadas, e assim por diante. As cartas da corte consistem em Rei, Rainha, Cavaleiro e Valete (*roy, reine, chevalier, valet*).

Em tempos mais recentes, o Tarô de Marselha teve sua popularidade aumentada por causa dos escritos de autores como Alejandro Jodorowsy e Yoav Ben-Dov, que oferecem belas reproduções de baralhos antigos de tarô da tradição de Marselha. A influente professora de tarô Caitlín Matthews apoia o uso do Tarô de Marselha, como pode ser visto neste artigo sobre a mitologia do tarô (os grifos são meus):

> "... *o significado das cartas de divinação muda com o tempo, de acordo com a cultura de cada era e com as necessidades dos usuários individuais.* Isto é em parte o motivo pelo qual estes baralhos podem parecer tão complexos para quem vê de fora, pois a maioria deles são referências alegóricas ou eventos familiares a pessoas de muitos

séculos atrás. Caitlín Matthews, que ensina cartomancia – ou divinação com cartas –, diz que antes do século XVIII as imagens destas cartas eram acessíveis para muito mais gente. Mas, ao contrário dos tarôs antigos, Matthews acha mais difícil trabalhar com a maioria dos tarôs modernos."*

Baralhos esotéricos

A divinação sempre fez parte da história humana e não é surpresa que as cartas do tarô tenham entrado na lista das coisas que servem a esse propósito. No século XVI, as pessoas usavam as cartas para escolher passagens aleatórias de um livro oracular, quase da mesma forma que os que frequentam restaurantes chineses pedem biscoitos da sorte para ler frases oraculares sobre o seu futuro. No início do século XVIII, começaram a aparecer manuscritos europeus que detalhavam os significados básicos e os sistemas de tiragem das cartas.

Na segunda metade do século XVIII, em meio ao crescente interesse pelo Antigo Egito, ocultistas franceses começaram a publicar especulações malucas sobre a influência da mitologia egípcia no desenvolvimento do tarô. Em 1773, o pastor francês Antoine Court de Gébelin afirmou (sem a menor prova exceto sua imaginação fértil) que sacerdotes egípcios haviam codificado o *Livro de Thoth* nas imagens do tarô. Os ocultistas adotaram essa bela teoria e a tomaram por verdadeira como se tal conjectura sem base fosse um fato estabelecido.

Enquanto Gébelin inventava suas fantasias egípcias, um outro ocultista francês, Jean-Baptiste Alliette, conhecido como Etteilla (seu sobrenome ao contrário), começou a escrever sobre a divinação com cartas de jogo. Seu livro, chamado *Enjoying the Playing Cards Called Tarot* (1783) na tradução inglesa, se tornou um imenso sucesso e serviu para popularizar a divinação com o tarô pela França e boa parte da Europa. Infelizmente, Etteilla engoliu as belas teorias de Gébelin, e o seu popular livro muito contribuiu para a propagação da ideia falsa de que o Antigo Egito era a origem do tarô.** Não obstante, a divinação com o tarô se estabeleceu com firmeza na Europa e dura até o século atual.

---

* Hunter Oatman-Stanford. "Tarot Myhtology: The Surprising Origins of the World's Most Misunderstood Cards", 18 de junho de 2014, www.collectorsweekly.com/articles/the-surprising-origins-of-tarot-most-misunderstood-cards/, acessado em 10 de abril de 2015.

** Essa ideia tem um pouco de verdade, pois as cartas mamelucas a partir das quais evoluiu o tarô eram produtos do Egito medieval.

A Ordem Hermética da Aurora Dourada

No final do século XIX surgiu na Inglaterra uma sociedade secreta dedicada à magia cerimonial e ao esoterismo: a Ordem Hermética da Aurora Dourada. Entre os muitos membros da Golden Dawn incluíam-se algumas celebridades, como o poeta William Butler Yeats, o autor Bram Stoker (famoso pelo livro *Drácula*) e ocultistas como Dion Fortune, Israel Regardie, Aleister Crowley, A. E. Waite e Pamela Colman Smith.

O estudo do tarô se tornou elemento central dos ensinamentos da Golden Dawn numa tentativa de sintetizar diversas tradições ocultas numa só filosofia coerente, como a Teoria do Campo Unificado que os cientistas aspiram desenvolver na física moderna. Um dos elementos cruciais no sistema da Golden Dawn era a ideia de que a cabala, uma escola de misticismo judaica, continha o segredo para a compreensão do significado e do propósito do universo. A Golden Dawn deu significados às cartas do tarô se baseando em associações com o alfabeto hebraico, a cabala, os decanatos (as divisões de dez graus dos signos do zodíaco) da astrologia e outras disciplinas esotéricas.

A influência da Golden Dawn no desenvolvimento do tarô no século XX não deve ser subestimada. Muitos autores modernos produziram tarôs enraizados nas anotações e nos registros dessa importante ordem esotérica e magista. Entre estes estão o Tarô da Golden Dawn de Robert Wang e o Tarô Hermético de Godfrey Dowson. Os dois baralhos mais influentes do século XX nos países de língua inglesa, o de Waite-Smith e o de Crowley-Harris, foram produzidos por ex-membros da Aurora Dourada.

O Tarô de Rider-Waite-Smith

O Tarô de Waite-Smith, originalmente publicado pela Rider Company em 1909, é sem dúvida o tarô moderno mais popular nos países de língua inglesa. Depois de deixar a Ordem Hermética da Aurora Dourada, A. E. Waite decidiu publicar um baralho próprio. Trabalhando com a artista Pamela Colman Smith (conhecida como "Pixie"), Waite produziu um conjunto de cartas único que, ao contrário dos Tarôs de Marselha, ilustrava cada uma das quarenta cartas numéricas com uma cena evocativa do significado divinatório da carta. Foi o primeiro baralho desde o Sola-Busca, em 1491, a ser ilustrado dessa maneira. A presença de cenas e personagens em cada carta fez desse tarô um dos mais fáceis de se aprender e tornou a leitura do tarô acessível para as massas. Muitos tarôs modernos, entre eles o Tarô Clássico da Llewellyn usado para ilustrar este texto, são clones das imagens do Waite-Smith.

O Tarô de Thoth de Crowley-Harris

O excêntrico e brilhante ocultista Aleister Crowley (que a imprensa chamou de "o pior homem do mundo") também saiu da Golden Dawn.* Perto do fim de sua vida, Crowley decidiu produzir um tarô que refletisse seus anos de estudo e de prática do esoterismo. Crowley colaborou com a artista Lady Freida Harris de 1938 a 1943 para transformar suas ideias em realidade. Escreveu um livro chamado *O Livro de Thoth*, que acompanhava o baralho, para explicar o simbolismo complexo das cartas. O conhecimento abrangente de Crowley sobre as disciplinas do oculto se reflete nas pinturas de Lady Harris; o Tarô de Thoth virou um favorito entre ocultistas estudiosos que gostam da filosofia, da mitologia, do ocultismo e da metafísica por trás dessa obra-prima.

Baralhos temáticos de tarô

Um entusiasta do tarô que conheço tem em sua coleção mais de mil baralhos diferentes, e há muitos outros no mercado. Muitos tarôs se focam num tema particular e são direcionados para públicos específicos. Por exemplo, há um Tarô de Ervas para aqueles que se interessam pelas propriedades curativas das ervas, um Tarô do Povo Gato (*Cat People*) que combina ficção científica e fantasia, um Tarô dos Fantasmas e Espíritos para aqueles que se interessam pelo sobrenatural, um Tarô do Halloween que segue as aventuras de um gato preto no Halloween, isso sem mencionar o Tarô Junguiano, o Tarô das Donas de Casa, o Tarô do Kama Sutra (para maiores de 18 anos), o Tarô Steampunk, o Tarô dos Zumbis e até mesmo o Tarô Quântico para aqueles interessados na física moderna. Provavelmente há baralhos de tarô projetados para atender aos interesses de qualquer pessoa, sejam eles quais forem.

Baralhos de "tarô" fora do padrão

Às vezes o termo tarô é aplicado de maneira errônea a qualquer baralho usado para divinação. Do ponto de vista técnico, quase todos os dicionários definem *tarô* como um conjunto de 78 cartas com 22 arcanos maiores, quarenta cartas numéricas e dezesseis cartas de corte. Não obstante, muitos baralhos surgiram com o nome de tarô sem a estrutura clássica do tarô-padrão de Marselha. Estes podem ser considerados baralhos de tarô fora do padrão.

---

* "The Worst Man in the World", *The Sunday Dispatch* (2 de julho de 1933).

Por exemplo, o Tarô Deva, publicado na Áustria em 1986, compreende 93 cartas em vez das 78 cartas-padrão. Suas cartas são quadradas e suas ilustrações e seu simbolismo seguem o padrão das imagens do Tarô de Thoth de Crowley-Harris. Os arcanos maiores desse baralho incluem uma carta adicional chamada de "o Separador" e os arcanos menores incluem um naipe adicional chamado "triax" que simboliza o Éter ou o Espírito.

Cartas para oráculos e previsão do futuro

Além dos baralhos de tarô fora do padrão, há muitos conjuntos de cartas feitos para divinação e previsão do futuro que não se intitulam variações do tarô. Entre eles estão as "cartas de oráculo", como o baralho dos anjos, baralhos de orientação da deusa, cartas rúnicas, cartas do I Ching e por aí afora. Os baralhos de oráculo, às vezes chamados de baralhos de sabedoria, têm um número variável de cartas. Em regra se centram num tema de religião ou mitologia ou numa tradição esotérica, em que cada carta representa um princípio espiritual para reflexão e meditação. A Hay House, uma grande editora de cartas de oráculo, diz o seguinte em seu *website* (grifos meus): "As *cartas de oráculo* são úteis para qualquer um que esteja buscando respostas e significado. A diferença entre elas e as cartas de tarô é que elas não seguem necessariamente os naipes tradicionais do tarô. As *cartas de sabedoria* oferecem mensagens poderosas para encorajar o pensamento positivo".*

As cartas de previsão do futuro são diferentes das cartas de oráculo, pois são projetadas especificamente para revelar o futuro. É necessário um outro estado mental para ler as cartas de previsão do futuro do que para ler o tarô. As interpretações de cartas de previsão do futuro lembram as cenas estereotipadas de Hollywood nas quais um leitor misterioso olha as cartas e fala num tom sapiente: "Você encontrará um estranho alto e moreno num cruzeiro de navio neste verão, mas ele estará interessado sobretudo no seu dinheiro, então tome cuidado". Hoje em dia, o baralho de previsão do futuro mais popular é o baralho Petit Lenormand, de 36 cartas.

---

* Hay House. "What are Oracle Cards?", oracle-cards-hayhouse.tumblr.com/about-oracle-cards, acessado em 17 de março de 2015 (em inglês).

Quatro

Decidindo como Utilizar as Cartas

Os diversos usos do tarô

O tarô começou como jogo de cartas e, em alguns lugares, ainda é usado para esse propósito. Com o passar dos anos, entretanto, ele se tornou uma ferramenta para os ocultistas que buscam um entendimento esotérico do universo. No início do século XVIII, os cartomantes, sobretudo na França, começaram a usar o tarô para fazer predições do futuro. Nos últimos cinquenta anos, a previsão do futuro com as cartas deixou de ser popular e, em vez disso, o tarô se tornou uma ferramenta para *brainstorming*, para elucidar ideias e para o autoconhecimento. Alguns psicoterapeutas e conselheiros modernos usam o tarô para ajudar seus clientes a lidarem com eventos traumáticos e a explorar problemas psicológicos.

Um uso muito comum do tarô hoje em dia é para ajudar a esclarecer as questões que estão na nossa mente. De longe, as áreas de maior preocupação são o amor e o romance. Outros assuntos comuns são mudanças de carreira, educação, viagens, dinheiro, assuntos financeiros e problemas de saúde. Com a recessão mundial recente e a crise no mercado imobiliário, perguntas sobre vender casas e mudanças se tornaram mais comuns.

Alguns clientes usam o tarô regularmente para a meditação e para a iluminação espiritual. Quando um consulente não tem nenhuma questão específica em mente, podemos fazer uma leitura geral para sugerir assuntos que são importantes no momento para ele ponderar. Leituras gerais costumam lançar luz sobre problemas que precisam de mais exploração. Por exemplo, o Carro pode indicar planos para comprar ou vender um automóvel, o Hierofante pode indicar um casamento na igreja, a Justiça pode indicar um pleito judicial ou algum problema legal e assim por diante.

O tarô e os diários

Sócrates, o filósofo da Grécia Antiga, disse que "uma vida não examinada não vale a pena ser vivida". Filosofia significa literalmente "amor pela sabedoria", e a prática de manter diários é uma maneira de registrar a nossa busca pela sabedoria, com Sócrates como nosso guia.

Filho de um escultor e de uma parteira, Sócrates desenvolveu o que hoje chamamos de método socrático para levar seus estudantes à sabedoria. Em vez de transmitir as informações, Sócrates fazia perguntas penetrantes que provocavam seus estudantes a responderem por si mesmos. Seguindo o exemplo da mãe, Sócrates se via como um parteiro da mente, abrindo passagens através das quais o conhecimento inerente à alma humana poderia emergir à luz do dia. Enquanto o seguimos na busca pela sabedoria, é útil registrar nossos pensamentos e reflexões num diário.

No diálogo *Fedro*, Platão, o discípulo mais famoso de Sócrates, chama seu professor de o mais sábio, o mais justo e o melhor homem de todos os que conhecia. De acordo com Robert Place, os artistas renascentistas que criaram a carta do Carro se inspiraram na metáfora de Platão da alma humana como um carroceiro racional tentando controlar os cavalos rebeldes do apetite e da vontade. Nessa metáfora, Platão representa a ideia de Sócrates de que ser verdadeiramente humano implica a "capacidade de transcender o instinto e o desejo para fazer escolhas conscientes e éticas."*

Tomás de Aquino usou a metáfora de Platão do carroceiro para representar a virtude cardeal da Prudência, uma carta que está misteriosamente ausente dos arcanos maiores do Tarô de Marselha. As outras virtudes cardeais – Justiça, Força e Temperança –, cada uma delas tinha uma carta para si. Pode ser que o arcano maior do Carro no tarô tenha sido incluído com a intenção de representar a Prudência, pois as ideias de Tomás de Aquino eram bastante conhecidas na época em que o tarô foi criado.

---

* Simon Longstaff. "The Unexamined Life Is Not Worth Living", 2 de junho de 2013, www.newphilosopher.com/articles/being-fully-human (em inglês).

De qualquer maneira, manter um diário de tarô é uma prática que tem muitas vantagens. Entre elas, estão:

- Examinar a sua vida em busca da sabedoria.
- Conhecer melhor a si mesmo.
- Desacelerar para refletir sobre a vida.
- Controlar o estresse.
- Aumentar a imunidade e melhorar a saúde.
- Entender como você se sente por dentro.
- Elucidar a sua compreensão sobre relacionamentos e situações.
- Curar feridas emocionais.
- Diminuir a ansiedade.
- Melhorar a sensação de serenidade e a aceitação de si mesmo.
- Manter um registro do crescimento pessoal.
- Rever o curso da sua vida.
- Estimular a criatividade.

De que modo o tarô pode ajudar nesse processo? Como as cartas representam imagens arquetípicas universais da condição humana, você pode usar a sua tiragem diária como ponto de partida para o autoexame e para a reflexão no seu diário. Por exemplo, uma carta pode trazer à mente memórias que você talvez tenha vontade de explorar mais. As imagens numa carta podem lembrá-lo de um relacionamento que você gostaria de entender de modo mais profundo. Se você sofreu um trauma emocional (e quem não sofreu em algum momento da vida?), as pesquisas do psicólogo James Pennebaker dão a entender que escrever um diário durante apenas vinte minutos ao dia por alguns dias pode ter um efeito de cura notável. Esse efeito de cura parece ser o resultado de explorar sem inibições e num ambiente seguro seus sentimentos mais profundos sobre o transtorno emocional.*

---

* James W. Pennebaker. "Writing about Emotional Experiences as a Therapeutic Process". *Psychological Science* 8.3 (maio de 1997): 162-66; disponível também na homepage.psy.utexas.edu/homepage/faculty/Pennebaker/Reprints/P1997.pdf.

O tarô e a criatividade

Como diz o ditado, uma figura vale mais que mil palavras. As imagens que aparecem nas cartas do tarô moderno evocam enigmas humanos arquetípicos, estados complexos de sentimento e situações da vida comum. Como o tarô é tão eficaz para estimular a nossa intuição, é uma ótima ferramenta para fazer *brainstorming*, para mudar de ponto de vista, gerar novas ideias e desenvolver soluções criativas. Se você tem interesse em usar o tarô como ferramenta para aumentar a criatividade, os três livros a seguir são muito recomendados:

- *Strategic Intuition for the 21st Century: Tarot for Business*, de James Wanless.
- *Tarot for Writers*, de Corrine Kenner.
- *What's in the Cards for You?*, de Mark McElroy.

O tarô como prática espiritual

O meu antigo interesse pela astrologia me estimulou a estudar as atribuições da Golden Dawn e as suas associações com o tarô para complementar a minha compreensão do mapa natal astrológico. O horóscopo natal é apenas um mapa do céu centrado no local de nascimento da pessoa na Terra e calculado para o exato momento em que ela emerge como ser individual do útero da mãe.

Cada planeta e cada ponto significativo do horóscopo podem ser associados com três tipos distintos de cartas do tarô: as cartas dos arcanos maiores, as cartas de pessoas ou da corte e as cartas numéricas. Muitos entusiastas do tarô acreditam que os arcanos maiores significam lições espirituais importantes a serem aprendidas. As cartas da corte muitas vezes representam traços de personalidade ou atitudes que podem ajudar ou prejudicar o consulente no seu caminho de vida. As cartas numéricas representam áreas mundanas da vida e situações cotidianas pelas quais o consulente passará.

Usando essas ideias, podemos refletir sobre o significado espiritual de qualquer ponto do nosso horóscopo natal. Por exemplo, o ex-presidente Barack Obama nasceu com o planeta Marte a 22°34' de Virgem. O planeta vermelho é o deus da guerra e do derramamento de sangue. A posição de Marte no mapa nos ajuda a entender nossos instintos agressivos e nosso modo de agir com coragem, assertividade e confiança. Se o ex-presidente Obama quisesse entender seu Marte natal de modo mais completo, um tarólogo que tivesse conhecimento de astrologia poderia tirar as seguintes cartas, que são associadas com o Marte de Obama no terceiro decanato de Virgem:

- *Arcanos maiores*: o Eremita (Virgem), o Mago (terceiro decanato de Virgem).
- *Carta da corte*: Rainha de Espadas.
- *Carta numérica*: Dez de Ouros.

Os arcanos maiores (o Eremita e o Mago) sugerem que uma das lições espirituais que o ex-presidente Obama tem de aprender é a de lidar com a agressividade de maneira contemplativa, razoável e habilidosa. A Rainha de Espadas é um modelo do tipo de racionalidade calma que pode ajudar em situações de conflito relacionadas ao Marte da guerra. O Dez de Ouros indica que é quase certo que o ex-presidente aprenda essa lição em seus assuntos materiais e nos esforços para passar o seu legado para a próxima geração.

Se astrologia não é a sua especialidade, Carolyn Cushing do *website* Art of Change Tarot oferece toda semana uma tiragem de três cartas "Caminho-Prática-Postura".* Carolyn chama suas tiragens de "Práticas da Alma" ou "Práticas Sagradas". Suas cartas favoritas para essa tiragem são as do Gaian Tarot (Tarô de Gaia) de Joanna Powell Colbert.

A tiragem das Práticas Sagradas em geral é feita uma vez por semana, separando o tarô em arcanos maiores, cartas da corte e cartas numéricas. Você seleciona uma carta de maneira aleatória de cada pilha. O arcano maior representa o *caminho* espiritual da semana. A carta numérica significa uma *prática* contemplativa que o guiará por aquele caminho sagrado. Por fim, a carta da corte indica uma *postura* de personalidade, ou seja, as atitudes e os comportamentos que o auxiliarão na sua prática espiritual. A combinação dessas três cartas proporciona uma lição espiritual a ser contemplada durante a semana seguinte.

Se você aplicar o método de Carolyn ao seu horóscopo natal, as lições espirituais ligadas a cada planeta e ponto importante podem ser vistas como se afetassem todo o período da sua vida. Para aqueles que acreditam em reencarnação, essas lições podem significar os motivos espirituais pelos quais a pessoa decidiu reencarnar na sua vida presente sob as circunstâncias atuais.

O tarô como complemento à psicoterapia

O tarô vem se tornando cada vez mais popular nos consultórios de conselheiros e psicoterapeutas. Livros como *Jung and Tarot: An Archetypal Journey*,** de Sallie Nichols, e *Tarot and Psychology: Spectrums of Possibility*, de Arthur Rosengarten, muito contribuíram para integrar com a

---

* Carolyn Cushing, artofchangetarot.com/.
** *Jung e o Tarô: uma jornada arquetípica*, publicado pela Editora Cultrix, São Paulo, 1988.

psicoterapia moderna os arquétipos junguianos encontrados no tarô. Além desses livros, a terapeuta nova-iorquina Elinor Greenberg deu *workshops* sobre o uso do tarô como técnica projetiva na psicoterapia.

Em Israel, a dra. Ofra Ayalon desenvolveu a técnica Therapy Cards Reading (TCR) para ajudar as pessoas a superarem traumas com o auxílio das imagens das cartas. A TCR funciona "interpretando a imagem de uma carta como uma metáfora visual que se refere aos problemas da vida da pessoa. Mas, ao contrário da divinação ou da leitura do tarô, um princípio importante da TCR é que *quem segura a carta segura a mensagem*. Não há interpretações fixas para as cartas, não há um 'leitor' profissional que as interprete para você. Em vez disso, um guia ou um parceiro fica ao lado para ajudá-lo a se focar num problema e explorar o que a imagem significa para você".* Na minha experiência, as leituras de tarô que mais ajudam são aquelas feitas de uma maneira semelhante à da TCR: o tarólogo serve como guia para ajudar o consulente a se focar nas questões refletidas nas cartas e entender o que elas significam na vida dele.

A importância dos diários ou blocos de notas de tarô

Praticamente todos os professores de tarô recomendam manter um diário de tarô para registrar as suas impressões sobre as cartas e as leituras que você faz. Algumas pessoas usam cadernos de espiral, outras usam fichários com páginas soltas, o que facilita para acrescentar páginas e rearranjar anotações. Se você prefere trabalhar num computador, pode usar um programa como o Evernote ou o Scrivener para registrar as suas informações de tarô. Se quiser divulgar suas anotações para o público, poste-as num *blog* sobre tarô.

Todos temos um estilo próprio de aprender e não há um único jeito certo de escrever num diário de tarô. Provavelmente vale a pena separar uma página para cada carta, na qual você possa anotar suas impressões, os detalhes que chamam a sua atenção e as suas experiências com a carta. É bom também manter registros das suas leituras, quando e com quem você as fez, o que você disse, como chegou às suas conclusões e como tudo terminou. Desse modo, você pode rever o seu trabalho e aprender com os seus acertos e com os seus erros. A experiência é o melhor professor.

Se você gostou da tiragem das Práticas Sagradas de Carolyn Cushing, escreva um diário semanal sobre as três questões dessa tiragem. Algumas pessoas acreditam que fazer uma pergunta específica ao tarô as ajuda a se concentrar nas imagens particulares das cartas e a escrever de

---

* Yoav Ben-Dov. "Therapy Cards Reading" em www.cbdtarot.com/2014/06/30/therapy-cards-reading/, acessado em abril de 2015 (em inglês).

modo mais completo sobre seus significados. Outras preferem meditar sobre as cartas e registrar seus *insights* e impressões gerais. Você terá de fazer experimentos e ver qual método funciona melhor para o seu estilo de aprendizado.

Independentemente da maneira com a qual você decida escrever o seu diário de tarô, ele é uma ferramenta imprescindível para o processo de aprendizado. Quando você rever o que escreveu, ficará impressionado com o progresso que obteve e quase sempre terá novas inspirações à medida que reflete sobre as leituras do passado. Alguns tarólogos acabam usando os textos escritos em seus blocos de notas de tarô como base para escrever livros.

A ética do tarô

Minha experiência de medicina e psicoterapia me fez aplicar às tiragens de tarô os mesmos princípios éticos que uso quando atendo pacientes no consultório. É possível que as mais famosas normas éticas sejam as declaradas por Hipócrates no final do século V A.C. Esses princípios se tornaram a pedra angular da prática da medicina. Parafraseando a tradução de 1825 de Copland do texto original grego de Hipócrates, adaptei o Juramento de Hipócrates para os tarólogos modernos:*

Um juramento hipocrático para os leitores de tarô

Juro por Apolo, o médico, e por Esculápio, o cirurgião, como também por Hígia e Panaceia, e convoco todos os deuses e deusas para testemunharem que observarei e guardarei esse juramento com toda a minha força e discernimento.

Reverenciarei aqueles que me ensinaram a arte do tarô e transmitirei tudo o que obtive, todas as instruções e tudo o que eu souber para os meus alunos, que também deverão prestar um juramento profissional.

No que diz respeito à leitura das cartas, farei para os meus clientes as melhores consultas de tarô de acordo com o meu discernimento e as minhas capacidades; e cuidarei para que não sofram lesão ou dano. O pedido de alguém para que eu leia as cartas de modo que venha a ferir ou causar dano a qualquer outra pessoa também não deve ser levado adiante; e não aconselharei nenhum outro tarólogo a fazer isso.

---

* James Copland. "The Hippocratic Oath". *The London Medical Repository 23 (135): 258 (1º de março de 1825).*

Além disso, me comportarei e usarei o meu conhecimento de maneira divina. Não aconselharei sobre aquilo que não domino, mas passarei esses casos para um profissional formado.

Qualquer que seja a casa em que entre, a minha visita será sempre e apenas para o benefício e a vantagem do consulente; e de vontade própria me absterei de causar qualquer dano ou injustiça por meio de mentiras e (sobretudo) atos de natureza amorosa, qualquer que seja a classe daquele para quem consulto as cartas, senhor ou servo, escravo ou livre.

O que quer que eu veja ou escute durante a minha prática (mesmo que por acaso) e qualquer conhecimento que eu venha a obter, se não for correto divulgá-lo, conservarei em completo segredo dentro do meu peito.

Se eu cumprir esse juramento com fidelidade, que me seja dado gozar felizmente da vida e da minha profissão, honrado para sempre entre os homens; se eu dele me afastar ou se o infringir, que aconteça o contrário!

Cuidados especiais a se tomar em relação à ética

- *Fazer leituras para crianças.* Os menores têm certas proteções legais especiais que precisam ser respeitadas. Em alguns casos, o tarô pode ser visto com suspeita por causa do passado cultural da família ou por causa de crenças religiosas. Ao oferecer leituras para crianças, o tarólogo deve tomar um cuidado especial para respeitar as leis do Estado e os direitos dos pais. Problemas delicados como *bullying* ou abusos podem vir à tona nas leituras; o tarólogo deve estar preparado para tomar as medidas apropriadas para proteger a criança. A escolha do baralho de tarô também é importante. Algumas cartas modernas têm temas adultos, incluindo nudez frontal ou representações de violência que podem ser inadequadas para crianças ou dar motivos de objeção para seus pais. Muitos tarôs fantásticos feitos especialmente para crianças estão disponíveis, como o Snowland de Ron e Janet Boyer e o Tarô do Halloween por Karin Lee e Kipling West.
- *Leituras para terceiros.* Um consulente pode pedi-lo para consultar as cartas para alguém que não esteja presente. A maioria dos tarólogos acredita que devemos fazer leituras apenas para o consulente e evitar consultar as cartas para obter informações sobre alguém que não deu permissão, pois isso é o mesmo que espionar a pessoa. O tarô não é uma câmera escondida. Nas palavras de Hipócrates: "qualquer conhecimento que eu venha a obter, se não for correto divulgá-lo, conservarei em completo segredo dentro do meu peito".
- *Dar aconselhamento profissional.* Os tarólogos devem ler as cartas apenas com a intenção de capacitar os clientes para clarearem seus pensamentos e para tomarem suas próprias decisões

bem informados. Os tarólogos *não* devem oferecer aconselhamento sobre assuntos que necessitam de conhecimento profissional, como tratamentos médicos, assuntos judiciais, planejamento financeiro, aconselhamento de investimentos, psicoterapia etc. Esses problemas devem ser resolvidos por profissionais treinados de maneira apropriada. Mesmo que aconteça de o tarólogo ser também médico ou advogado, ele deve interpretar as cartas de maneira ética. O ato de oferecer aconselhamento profissional muda a relação, fazendo o consulente se tornar paciente do médico, cliente do advogado etc.; nesse caso, o tarólogo fica sujeito aos padrões éticos dessa outra profissão.

- *Cobrar por leituras*. Os tarólogos oferecem um serviço e merecem receber honorários razoáveis pelos trabalhos bem feitos. É importante ser bem claro sobre a natureza do serviço que você oferece e informar os clientes o que uma leitura pode e não pode fazer. É antiético usar as cartas para assustar o cliente e fazê-lo lhe dar grandes quantidades de dinheiro com a promessa de "remover uma maldição" ou "fazer um feitiço" que mudará a vida dele. O seu trabalho é dar força aos clientes para que eles tomem suas próprias decisões e mudem suas próprias vidas. O que quer que você diga ou faça como tarólogo deve ser acima de tudo para o benefício do consulente e não para ganhos pessoais.

- *Fazer proselitismo durante as leituras*. Vivemos numa sociedade diversificada. Aqueles que buscam orientação nas cartas têm bagagens religiosas, culturais e filosóficas diferentes. Os leitores de tarô não devem tentar impor as suas crenças para os seus clientes. É imperativo ter respeito pelas pessoas mesmo quando não partilhamos da mesma visão de mundo. O tarô pode iluminar os problemas e as preocupações do consulente, mas as cartas não dizem ao consulente no que acreditar ou o que fazer. Basta que você diga o que vê nas cartas e insista que os consulentes tomem suas próprias decisões e vivam suas próprias vidas.

Cinco

Associações e Correlações

José e o sonho do Faraó

Apesar de o tarô ter se originado na Itália renascentista como um jogo de cartas, ele acabou sendo usado como ferramenta de divinação por toda a Europa. A palavra "divinação" vem do latim *divinare*, que significa prever ou ter inspirações divinas. A prática da divinação ocorreu em toda a história registrada. Um exemplo antigo de divinação pode ser encontrado no livro do Gênesis, da Bíblia, no qual o hebreu José interpreta o sonho do faraó egípcio como uma mensagem de Deus:

Então, José explicou ao rei: "Em verdade o Faraó teve um único sonho, pois ambos têm o mesmo sentido: Deus anunciou ao Faraó o que Ele vai realizar proximamente. As sete vacas belas e gordas significam sete anos, assim como as sete espigas saudáveis e cheias representam sete anos; é um só e mesmo sonho, portanto. As sete vacas feias e magras que sobem em seguida simbolizam sete anos e também as sete espigas mirradas e queimadas pelo sol e o vento oriental: é que haverá sete anos de fome. Foi exatamente como eu anunciei ao Faraó: Deus mostra ao Faraó aquilo que Ele vai fazer proximamente". (Gênesis 41:25-28, Bíblia King James Atualizada).

Durante a história, todas as culturas buscaram mensagens divinas nos acontecimentos aleatórios do dia a dia. Ao que tudo indica, os deuses se comunicam conosco por meio de acontecimentos fortuitos e padrões acidentais na esfera mundana. Do mesmo modo que José foi capaz de ler as intenções de Deus no sonho do Faraó, a prática da divinação com cartas faz parte de uma tradição antiga, cujas raízes vão no mínimo até as primeiras épocas registradas na Bíblia.

Nas seções a seguir, veremos algumas das conexões que os tarólogos fizeram entre as cartas e outros métodos populares de divinação.

O tarô e o simbolismo dos números

O simbolismo dos números desempenha um papel importante em muitas formas de divinação, o tarô inclusive. Na filosofia ocidental, a crença no significado espiritual dos números vem desde a Grécia Antiga, sobretudo da época de Pitágoras. Muitas vezes descrito como o primeiro matemático, Pitágoras de Samos (570 A.C.-495 A.C.) foi quem formulou o Teorema de Pitágoras que aprendemos na escola. Pitágoras foi um grande proponente do significado simbólico dos números. De acordo com seu biógrafo Jâmblico (300 D.C.), Pitágoras ensinava que os números definem as formas e as ideias e que eles são a causa dos deuses e dos demônios.

As cartas do nascimento (método de Mary K. Greer)

Uma maneira pela qual os tarólogos usam o simbolismo dos números é selecionando as cartas dos arcanos maiores que correspondem aos números numerologicamente reduzidos da data de nascimento de uma pessoa. Esse cálculo é feito somando o dia, o mês e o ano de nascimento e continuando a somar os dígitos individuais do resultado, um método sugerido por Mary K. Greer em seu livro *Tarot for Your Self*.* O exemplo abaixo deixará claro o processo:

Consideremos Madre Teresa, nascida em 26 de agosto de 1910:

Dia de nascimento =   26
Mês de nascimento =   8
Ano de nascimento =   1910

Somamos o dia, o mês e o ano do seu nascimento: 26 + 8 + 1910 = 1944.

Depois somamos os dígitos do resultado acima, 1 + 9 + 4 + 4 = 18, que corresponde à carta da Lua (XVIII) dos arcanos maiores.

---

* Uma calculadora de cartas do nascimento pode ser encontrada *on-line* no site da Tarot School: www.tarotschool.com/Calculator.html (em inglês).

Podemos reduzir 18 ainda mais: 1 + 8 = 9, que corresponde ao Eremita (IX).

Portanto, cremos que as cartas da Lua e do Eremita têm uma importância simbólica que dura a vida a toda para alguém nascido nessa data. Se considerarmos que a carta da Lua está ligada a Peixes, o signo do serviço altruísta, e a carta do Eremita ligada à busca da verdade espiritual, essas duas cartas de fato parecem ter relação com a vida de Madre Teresa.

Mary Greer chamaria a Lua de a "carta da personalidade" de Madre Teresa, e sua redução para 9 (1 + 8) sua "carta da alma". Se ocorrer de a soma dos dígitos do nascimento ser um número de 1 a 9, as cartas da personalidade e da alma são as mesmas.

Quando calcular a carta do nascimento, se a soma dos dígitos for maior do que 22, você precisará reduzir o número novamente até obter um número entre 1 e 22. Cada número corresponde a um trunfo do tarô, e 22 representa o Louco, pois a soma dos números do nascimento não pode ser igual a 0.

As cartas do ano (método de Mary K. Greer)

Assim como pode calcular as cartas que têm importância simbólica para você no seu ano de nascimento, você também pode identificar aquelas que são significativas para qualquer ano da sua vida (sendo que um ano é medido de um aniversário até outro). Vejamos um exemplo:

O ex-presidente Bill Clinton nasceu no dia 19 de agosto de 1946. Portanto, encontramos suas cartas do nascimento somando 19 + 8 + 1946 = 1973 e depois reduzindo 1973: 1 + 9 + 7 + 3 = 20. A carta da personalidade de Clinton é 20, o Julgamento (XX), e sua carta da alma é 20 reduzido: 2 + 0 = 2, a Sacerdotisa (II).

Para calcular as cartas dele para o ano em que ele sofreu *Impeachment* (1998), somaríamos o mês e o dia do seu nascimento (19 de agosto) ao ano em questão, 1998: 19 + 8 + 1998 = 2025. Então, reduzindo 2025, obtemos 2 + 0 + 2 + 5 = 9, o Eremita (IX). Portanto, o ano que vai do aniversário de Clinton em agosto de 1998 até agosto de 1999 foi um tempo de retiro e de se voltar para o interior para buscar sabedoria espiritual. Temas de introspecção e de integridade pessoal são típicos de um ano de Eremita.

Um método alternativo para calcular as cartas do nascimento e do ano

Um método alternativo para calcular as cartas do nascimento também aparece na literatura. Diferentemente do método de Mary Greer, essa técnica alternativa envolve apenas somar todos os dígitos da data de nascimento, em vez de somar o dia mais o mês mais o ano.

No caso de Madre Teresa, faríamos o seguinte:

26 de agosto de 1910 → 2 + 6 + 8 + 1 + 9 + 1 + 0 = 27, que reduz para 2 + 7 = 9, ou o Eremita (IX). Nesse método, tanto a carta da personalidade quanto a carta da alma de Madre Teresa são o Eremita (IX).

No caso de Bill Clinton, seu nascimento em 19 de agosto de 1946 reduz da seguinte maneira: 1 + 9 + 8 + 1 + 9 + 4 + 6 = 38, que reduz para 3 + 8 = 11 (Força ou Justiça, a carta da personalidade). O número 11 então se reduz para 1 + 1 = 2, a Sacerdotisa (a carta da alma). Observe que no tradicional Tarô de Marselha, a carta XI era Força (a qual Crowley renomeou Luxúria). No Tarô de Rider-Waite-Smith, a carta XI se tornou Justiça. Pode-se dizer que os temas de força, luxúria e justiça caracterizaram a vida e a personalidade do presidente Clinton.

Número	Simbolismo
0	Puro potencial sem forma.
1	A primeira centelha, vontade, criação, inspiração, começos, nova vida, nascimento, a primeira manifestação de potencial.
2	Dualidade, parcerias, relacionamentos, escolha, decisão, equilíbrio, gestação, mais de uma opção, entre duas opções, em cima do muro.
3	Fertilidade, os primeiros frutos de um empreendimento conjunto, empreitadas cooperativas, relacionamentos triplos, criar algo novo, os frutos da combinação de pares complementares.
4	Estrutura, estabilidade, ordem, lógica, fundação, manifestação, matéria, a capacidade de suportar e permanecer.
5	Instabilidade, rompimentos, esforços, conflito, dificuldades, perturbações, crises, recessão, tensão, incerteza, purificação, desequilíbrio.
6	Equilíbrio reestabelecido, harmonia, justiça, equidade, comunicação, compartilhamento, compaixão.
7	Verificação, reflexão, reavaliação, estar no limiar de algo, buscar vantagens.
8	Movimento, ação, poder, determinação, o começo do fim.
9	O último dígito, o final do ciclo dos dígitos, culminação, os resultados, concretização.
10	Um além do último dígito, um em excesso ou um a mais, mais do que o suficiente, finalização total de um ciclo, prontidão para continuar e começar de novo.

Tabela de simbolismo dos números

Outra maneira pela qual os números contribuem com o simbolismo do tarô é pelo elo entre as propriedades simbólicas dos números e as cartas correspondentes a eles. Algumas dessas propriedades estão resumidas na tabela. À medida que você for se familiarizando com o tarô, poderá acrescentar seus próprios significados a essa lista.

Primum non nocere

Convém fazer um alerta sobre o simbolismo dos números. Na minha opinião, o uso do simbolismo dos números para interpretar o tarô deve dar poder para que o consulente escolha o seu caminho na vida. As melhores interpretações do tarô são aquelas que empoderam e libertam o cliente, como na passagem bíblica: "E conhecereis a verdade, e a verdade vos libertará" (João 8:32, Bíblia King James Atualizada). Comentários que provocam medo ou que induzem dependência podem ser prejudiciais ao consulente. Do mesmo modo que os médicos fazem o juramento de *primum non nocere* – primeiro não fazer mal –, o tarólogo também deve se focar em beneficiar o cliente e em evitar consequências negativas. Se a leitura do tarô decai para uma prática supersticiosa, é quase certo que coisas ruins venham a acontecer.

Um caso desses ocorreu na Birmânia em 1987, durante a ditadura de Ne Win, um líder supersticioso que dependia em demasia da assessoria de numerólogos. Ne Win estava convencido de que o seu número da sorte era 9. Por causa disso, em 5 de setembro daquele ano, o governo birmanês anunciou (sem aviso ou compensação) que iria demonetizar as notas de 25, 35 e 75 *kyats*, pois essas denominações não eram divisíveis por 9 e, portanto, traziam má sorte. Além disso, notas de 45 e 90 *kyats* foram introduzidas, pois eram divisíveis por 9. Os efeitos dessa mudança súbita na moeda foram devastadores. Num piscar de olhos, 75% da moeda do país perdeu completamente o valor, fazendo com que as famílias perdessem seu dinheiro guardado. Manifestações se iniciaram, e um golpe militar tirou Ne Win do poder em 1988. No final das contas, o número 9 não era bem o número da sorte do ditador supersticioso!

O tarô e os quatro elementos

Os gregos antigos desenvolveram a teoria dos quatro elementos básicos para explicar a natureza da realidade. A ideia de que tudo na natureza pode ser explicado em termos de quatro princípios elementares foi influente por mais de dois mil anos e teve um grande impacto na filosofia, na medicina, na arte, na ciência e na divinação. A física moderna, por exemplo, fala de quatro forças fundamentais da natureza. No campo da psicologia, Carl Jung fez uso da teoria dos quatro elementos para desenvolver suas ideias sobre o funcionamento da mente humana. Os populares tipos de personalidade de Myers-Brigs são baseados nessa teoria antiquíssima dos quatro elementos.

Boa parte do simbolismo da astrologia e do tarô modernos é derivada dos quatro elementos da Grécia Antiga: Fogo, Ar, Água e Terra. É importante lembrar que os quatro elementos são princípios filosóficos abstratos e não objetos concretos no mundo material. Pode-se pensar sobre os quatro elementos em termos metafóricos como variedades de energia, tipos de consciência ou maneiras diferentes de abordar o mundo.

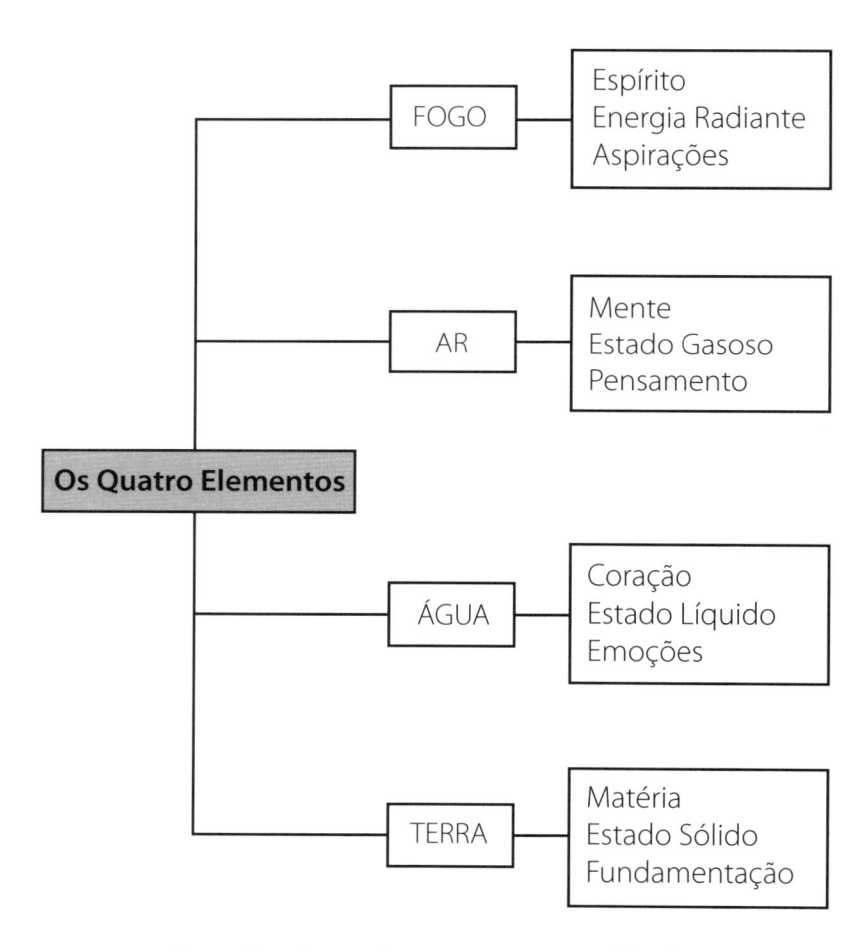

```
                          ┌─── FOGO ─── Espírito
                          │             Energia Radiante
                          │             Aspirações
                          │
                          ├─── AR ───── Mente
                          │             Estado Gasoso
    Os Quatro Elementos ──┤             Pensamento
                          │
                          ├─── ÁGUA ─── Coração
                          │             Estado Líquido
                          │             Emoções
                          │
                          └─── TERRA ── Matéria
                                        Estado Sólido
                                        Fundamentação
```

Os quatro elementos e suas correspondências

Um exame dos quatro elementos revela que dois deles, Fogo e Ar, tendem a subir *acima* da superfície da Terra, enquanto os outros dois, Água e Terra, tendem a descer *abaixo* da superfície da Terra. Portanto, Fogo e Ar são considerados mais fálicos, centrífugos e extrovertidos, enquanto Água e Terra são considerados mais receptivos, centrípetos e introvertidos.

Sendo gasoso, o Ar sobe. O elemento Fogo também sobe, pois representa energia radiante que pode escapar da atmosfera terrestre. A luz (Fogo) do sol viaja através do espaço para alcançar o nosso planeta. Os dois elementos direcionados para cima e para fora, Fogo e Ar, são considerados princípios *ativos e masculinos*. No tarô, em geral o naipe de Paus é associado com o Fogo e o naipe de Espadas, com o Ar. As cartas numéricas de Paus e Espadas costumam representar circunstâncias e situações emocionais com um movimento para cima e para fora (entusiasmo, aventura, conflito, viagem, expansão, mudança, partidas etc.).

A Água desce e é contida num receptáculo formado pela Terra, o mais pesado dos quatro elementos. Portanto, Água e Terra vão *para baixo* e são considerados elementos *receptivos e femininos*, introvertidos ou voltados para dentro. No tarô, em geral o naipe de Copas é associado com a Água e o naipe de Ouros, com a Terra. As cartas numéricas dos naipes de Copas e Ouros costumam representar circunstâncias e situações emocionais com um movimento para baixo ou para dentro (reflexão, contemplação, alegria, tristeza, cura, celebração, felicidade familiar, chegadas etc.).

Palavras-chave para os quatro elementos

Como a maioria dos tarôs modernos se apoia bastante nesse simbolismo, faremos muitas referências aos quatro elementos neste livro. A lista a seguir resume alguns dos principais significados e associações de cada um dos elementos:

Fogo: energia, impulso, entusiasmo, iniciativa, poder, ação, franqueza, inspiração, espontaneidade, dinamismo, expansão, aventura, exploração, capacidade de geração, autossuficiência, liberdade; o naipe de Paus; os signos de Fogo (Áries, Leão e Sagitário).

Terra: bens materiais, recursos, dinheiro, trabalho, prazer sensual, construção, resultados tangíveis, segurança, estabilidade; visão de objetivo, prático, analítico, organizado, paciente, persistente, fundamentado, deliberado, engenhoso; o naipe de Ouros; os signos de Terra (Touro, Virgem e Capricórnio).

Ar: comunicação, compartilhar ideias, curiosidade, agilidade mental, inter-relações, ligar os pontos, lógica, sagacidade, objetividade tranquila, velocidade, astúcia, persuasão, estratégia, pensamentos, palavras, intelecto; o naipe de Espadas; os signos de Ar (Gêmeos, Libra e Aquário).

Água: emoções, humores, sentimentos, sensibilidade, intuição, receptividade, empatia, nutrição, intimidade, compaixão, intuição, assuntos ocultos, profundezas ocultas, unidade, espiritualidade; o naipe de Copas; os signos de Água, (Câncer, Escorpião e Peixes).

O tarô e a astrologia

No final do século XIX, a Ordem Hermética da Aurora Dourada incorporou a astrologia na sua compreensão do simbolismo do tarô. Arthur Edward Waite, um membro da Golden Dawn, instruiu a artista Pamela Colman Smith ("Pixie") a ilustrar as cartas numéricas do Tarô de Waite-Smith de acordo com o entendimento dela da influência dos signos do zodíaco em cada um dos quatro naipes do tarô. Portanto, todos os que usam o Tarô de Waite-Smith se apoiam no simbolismo astrológico, em geral sem o saber. Publicado pela primeira vez em 1909, o baralho de Waite-Smith se tornou o tarô mais popular dos últimos cem anos nos países de língua inglesa. Devido à grande influência da Golden Dawn, a astrologia desempenhou um papel muito importante na definição dos significados das cartas de tarô de hoje.

O zodíaco: doze partes de um círculo

O zodíaco consiste de doze signos, cada um com uma largura de 30 graus. Por definição, os signos astrológicos são uma divisão matemática do círculo de 360 graus em doze partes. Com muita frequência, algum repórter científico ignorante diz que os astrônomos descobriram um décimo terceiro signo, enquanto, na verdade, eles estão se referindo a uma décima terceira constelação. Dizer que existem treze signos é um absurdo, pois por definição um signo é um doze avos de um círculo. Não é possível haver treze partes em doze, exceto no mundo dos repórteres científicos que pontificam sobre assuntos dos quais nada sabem.

Os signos do zodíaco derivam seus nomes das constelações (agrupamentos de estrelas) do antigo zodíaco. A Golden Dawn atribuiu os signos do zodíaco a doze das cartas dos arcanos maiores. Observe que as datas a seguir são aproximadas. Enquanto lê a lista de características, tente pensar em alguém que você conheça que nasceu com aquele signo solar. Quão precisos você acha que os signos do zodíaco são para descrever as pessoas que você conhece?

1. Áries – Fogo (21 de março – 20 de abril), o Imperador

Regido pelo deus guerreiro Marte, Áries vem em primeiro lugar no zodíaco. Um signo cardinal empreendedor, Áries, o carneiro, marca o início da primavera no hemisfério Norte, que, em muitas culturas, é o começo do ano-novo. Como primeiro signo do ciclo anual das estações, Áries é associado ao Imperador, trunfo IV, uma carta em geral representada com tons vermelhos de fogo. A Rainha de Paus se enquadra bastante em Áries, signo cujos nativos são caracterizados pelos seguintes traços:

Assertivo	Independente	Gosta de uma boa briga
Fogoso	Ativo	Gosta de começar coisas novas
Audaz	Enérgico	Busca estabelecer uma identidade própria
Desbravador	Extrovertido	Nem sempre bom para dar continuidade a projetos
Direto	Competitivo	Impaciente para agir
Decidido	Combativo	Tem capacidade para liderança
Corajoso	Ambicioso	Bom em vender as próprias ideias
Franco	Impaciente	Não gosta de ser dependente
Carismático	Impulsivo	Quer ser o número um
Empreendedor	Gosta de desafios	Prefere a batalha à conciliação para resolver conflitos
Confiante	Cabeça dura (numa discussão, jamais cede)	Ganhar não é tudo, é a única opção
Pioneiro	Gosta de usar o corpo	

2. Touro – Terra (21 de abril – 20 de maio), o Papa

Regido pela deusa do amor, Vênus, Touro vem em segundo lugar no zodíaco. Touro, um signo fixo persistente que demora para mudar, é associado ao Hierofante (o Sumo Sacerdote ou o Papa), o trunfo V. O Rei de Ouros se enquadra bastante em Touro, signo cujos nativos são caracterizados pelos seguintes traços:

Sensual	Cioso da própria segurança	Gosta de boa comida e de conforto corporal
Fundamentado	Determinado	Gosta de construir
Sólido	Estável	Ama a natureza
Confiável	Digno de confiança	Gosta da paz e da serenidade
Firme	Leal	Tem o sentido do tato desenvolvido
Prático	Teimoso	Gosta de conforto material
Realista	Esforçado	Não gosta de ser apressado
Constante	Sensato	Busca valor
Calmo	Familiar	Previsível
Imperturbável, exceto quando levado à raiva	Doce	Prefere a simplicidade e a funcionalidade a coisas chamativas mas supérfluas
Persistente	Amante da boa-vida	Possessivo
Pragmático		

3. Gêmeos – Ar (21 de maio – 20 de junho), os Enamorados

Regido pelo ligeiro Mercúrio, o mensageiro dos deuses, Gêmeos vem em terceiro no zodíaco. Gêmeos é um signo adaptável e mutável associado com os Enamorados, o trunfo VI. Na mitologia grega, os gêmeos eram os filhos de Zeus, um mortal e outro imortal, e se amavam tanto que o membro divino do par tomou a decisão de deixar de ser imortal para que pudesse permanecer com seu irmão mortal por toda a eternidade, juntos na constelação de Gêmeos no zodíaco. O Cavaleiro de Espadas se enquadra bastante em Gêmeos, signo cujos nativos são caracterizados pelos seguintes traços:

Inquisitivo	Mental	Sempre em movimento
Falador	Comunicativo	Ama a variedade
Verbal	Adaptável	Muitas vezes autodidata
Perceptivo	Esperto	Gosta de acumular informações e partilhá-las

Inquieto	Engenhoso	Valoriza estar bem informado
Mente ágil	Jovial	Gosta de expressar ideias
Versátil	Espirituoso	Ama ler e está sempre aprendendo
Intelectual	Disperso	Não suporta o tédio
Bom contador de histórias	Ágil	Gosta de se manter ocupado
Tem boa lábia	Sempre em movimento	Pode se perder em detalhes
Sociável	Se distrai com facilidade	Pode ser inconstante ou superficial
Amigável	Mutável	Tende à inconstância
Curioso	Se entedia com facilidade	Se dedica a muitas atividades ao mesmo tempo
Observador	Bom com as palavras	

4. Câncer – Água (21 de junho – 21 de julho), o Carro

Regido pela Lua, o signo de Câncer vem em quarto lugar no zodíaco. O Caranguejo é um signo cardinal, que representa o início de uma estação do ano, e é associado com o Carro, o trunfo VII. Na filosofia de Tomás de Aquino, popular na época da criação dos primeiros tarôs no norte da Itália, a carruagem e seu condutor eram símbolos da virtude cardeal da Prudência. As outras três virtudes cardeais – Justiça, Força e Temperança – também têm cartas de trunfo específicas que levam seus nomes. A Rainha de Copas se enquadra bastante em Câncer, signo cujos nativos são caracterizados pelos seguintes traços:

Sensível	Defensivo	Tem boa memória
Empático	Cuidadoso	Dedicado ao lar e à família
Intuitivo	Indireto	Gosta de ser o mentor de outras pessoas
Emocional	Quieto	Gosta de que os outros precisem dele
Temperamental	Envergonhado	Gosta de aprender sobre história e tradições
Gentil	Tímido	Adora o contato emocional com outras pessoas
Protetor	Protege-se de si mesmo e dos outros	Sente e responde prontamente aos sentimentos dos outros

Terno	Se magoa facilmente	Não gosta que lhe digam o que fazer
Bondoso	Cioso da própria segurança	Costuma evitar confrontos diretos
Dado	Doméstico	Esconde os sentimentos sob uma fachada de compostura
Maternal	Tribal	Duro por fora, suave por dentro
Curador	Cuidador	Nostálgico
Acolhedor		

5. Leão – Fogo (22 de julho – 22 de agosto), a Força

Regido pelo Sol, Leão vem em quinto lugar no zodíaco. Leão, um signo fixo consolidador, é associado à Força, o trunfo VIII. (Observe que em tarôs mais antigos a Força é o trunfo XI, mas a Golden Dawn mudou a numeração para combinar as cartas do tarô com a ordem dos signos astrológicos.) O Rei de Paus se enquadra bastante em Leão, signo cujos nativos são caracterizados pelos seguintes traços:

Dominador	Radiante	Gosta de estar no centro das atenções
Confiante	Animado	Precisa sentir que o apreciam
Dramático	Orgulhoso	*Showman* nato
Expressivo	Arrogante	Gosta de ser o centro das atenções
Criativo	Distinto	Precisa de admiração e de reconhecimento social
Gosta de se apresentar diante do público	Leal	Prefere ser o lobo (ou o leão) alfa
Autoritário	Generoso	Gosta de posições de liderança
Dinâmico	Aberto	Busca a integridade
Carismático	Ambicioso	Não gosta de mesquinharias
Teatral	Caloroso	Gosta de trabalhar com crianças
Mandão, às vezes insistente	Generativo	Deseja ser admirado pela sua autoexpressão criativa
Ativo	Pula de cabeça	Pode se ofender ao ser criticado
Enérgico	Gosta de estar na chefia	Disposto a correr riscos
Dedicado		

6. Virgem – Terra (23 de agosto – 22 de setembro), o Eremita

Regido pelo comunicativo Mercúrio, o mensageiro dos deuses, Virgem vem em sexto lugar no zodíaco. Virgem, um signo mutável e adaptável, é associado ao Eremita, o trunfo IX. O Cavaleiro de Ouros se enquadra bastante em Virgem, signo cujos nativos são caracterizados pelos seguintes traços:

Metódico	Tímido	Cioso da própria saúde
Analítico	Introvertido	Tende a se preocupar demais
Criterioso	Humilde	Gosta dos animais
Consciencioso	Cuidadoso	Bom com as palavras
Perspicaz	Prudente	Gosta de prestar serviço aos outros
Observador	Organizado	Busca significado por meio do trabalho
Perfeccionista	Adaptável	Valoriza estar sozinho (como o Eremita)
Sempre busca o autoaperfeiçoamento	Busca ajudar	Não gosta de perder tempo de modo improdutivo
Trabalha duro	Atencioso	Capaz de se sacrificar
Inteligente	Crítico	Não gosta de viver sob os holofotes
Cético	Ordeiro	Prefere trabalhar atrás dos bastidores
Cuidadoso	Olha mais para os detalhes	Esconde os próprios talentos
Reservado	Meticuloso	Quer estar sempre certo
Modesto	Curioso	Pode se perder nos detalhes
Frugal	Econômico	"Todo cuidado é pouco"

7. Libra – Ar (23 de setembro – 22 de outubro), a Justiça

Regido por Vênus, a deusa do amor, Libra vem em sétimo lugar no zodíaco. Libra, a Balança da Justiça, um signo cardinal ativo, de iniciativa, é associado com a Justiça, o trunfo XI. (Observe que em tarôs mais antigos a Justiça é o trunfo VIII, mas a Golden Dawn mudou a numeração para combinar as cartas do tarô com a ordem do zodíaco astrológico.) A Rainha de Espadas se enquadra bastante em Libra, signo cujos nativos são caracterizados pelos seguintes traços:

Gracioso	Imparcial	Tenta reconciliar pontos de vista opostos
Elegante	Respeitoso	Tem um bom senso de beleza e proporção
Diplomático	Complacente	Busca o equilíbrio e a harmonia
Pacífico	Na moda	Sempre busca conciliar coisas aparentemente incompatíveis
Refinado	Artístico	Quer que os outros gostem dele
Sensível esteticamente	Indeciso	Dá valor a relações pessoais
Atencioso	Tem inclinação intelectual	Busca completar-se numa alma gêmea
Objetivo	Costuma ser indeciso	Paz a qualquer preço
Equilibrado	Capaz de ver todos os lados de um problema	Se preocupa com a justiça e com direitos humanos
Charmoso	Considera todas as opções antes de tomar uma decisão	Partilha com os outros
Sociável	Gosta da interação entre ideias	Prefere negociar em vez de lutar para resolver os problemas
Equitativo		

8. Escorpião – Água (23 de outubro – 21 de novembro), a Morte

Regido por Marte, o deus guerreiro, e na astrologia moderna por Plutão, Escorpião é o oitavo signo. Escorpião, um signo fixo de energia concentrada, é associado à carta da Morte, o trunfo XIII. O Rei de Copas se enquadra bastante em Escorpião, signo cujos nativos são caracterizados pelos seguintes traços:

Intenso	Incisivo	Dão bons psicólogos e psicanalistas
Determinado	Hipnótico	Devotado a gerar transformações
Inteligente	Misterioso	Busca uma compreensão profunda
Profundamente perceptivo	Penetrante	Pode ir direto ao ponto de uma discussão
Analítico	Astuto	Pode ter talento para curar os outros
Perspicaz	Precipita a purificação	Interessado em motivações inconscientes

Resoluto	Investigativo	Aprecia a sexualidade humana
Passional	Reservado	Gosta de descobrir o que está escondido ou oculto
Magnético	Introspectivo	Pode ferroar como um escorpião
Poderoso	Temperamental	Dão bons pesquisadores e detetives
Intuitivo	Obsessivo	Gosta de ir até o fundo das coisas
Envolvente	Quer viver a vida intensamente	Pode guardar rancor
Leal	Adora desenterrar a verdade	Tem emoções fortes que podem explodir com força
Engenhoso	Se sintoniza com as emoções dos outros	

9. Sagitário – Fogo (22 de novembro – 21 de dezembro), a Temperança

Regido pelo expansivo Júpiter, Sagitário vem em nono lugar no zodíaco. Sagitário, o Centauro Arqueiro, um signo mutável flexível, é associado à Temperança, o trunfo XIV. O Cavaleiro de Paus se enquadra bastante em Sagitário, signo cujos nativos são caracterizados pelos seguintes traços:

Aventureiro	Gregário	Busca a verdade e a sabedoria
Expansivo	Ama a diversão	Sempre aprendendo algo novo
Sincero	Entusiasmado	Gosta de transmitir ideias
Enérgico	Impulsivo	Idealista
Idealista	Inspirador	Luta para preservar seus direitos
Otimista	Bem-humorado	Disposto a correr riscos
Independente	Pode ter dificuldade para se comprometer num relacionamento	Ama explorar ideias e filosofias estrangeiras
Orientado para o futuro	Não gosta de restrições	Propenso ao desejo de viajar
Certeiro	Gosta do perigo	Sempre buscando expandir seus horizontes
Inquieto	Gosta de viajar e de culturas estrangeiras	Não gosta de críticas
Adaptável	Gosta do ar livre	"Não me prenda"
Enérgico	Gosta de esportes e atividades físicas	Dá valor à liberdade pessoal
Franco		

10. Capricórnio – Terra (22 de dezembro – 20 de janeiro), o Diabo

Regido por Saturno, o feitor, Capricórnio vem em décimo lugar no zodíaco. Capricórnio, o Cabrito Montês ou a Cabra-Marinha, um signo cardinal ativo, de iniciativa, é associado ao Diabo, o trunfo XV. A Rainha de Ouros se enquadra bastante em Capricórnio, signo cujos nativos são caracterizados pelos seguintes traços:

Ambicioso	Firme	Trabalha duro
Busca seus objetivos	Diligente	Lento, mas seguro
Prático	Estratégico	Quer subir ao topo
Disciplinado	Engenhoso	Busca reconhecimento e aprovação profissionais
Cuidadoso	Determinado	Planeja para o longo prazo
Cético	Paciente	Se compromete a alcançar um objetivo demonstrável
Sensato	Autossuficiente	Respeita a experiência e a sabedoria
Eficiente	Tradicional	Busca o respeito dos outros
Prudente	Conservador	Gosta de música
Responsável	Consciente de seu status	Tem uma forte libido sexual (como o luxurioso deus grego Pan)
Autoritário	Introvertido	Pode ser inconstante
Fundamentado	Disciplinado	Não tolera a estupidez

11. Aquário – Ar (21 de janeiro – 19 de fevereiro), a Estrela

Regido pelo feitor Saturno e na astrologia moderna por Urano, Aquário é o décimo primeiro signo. Aquário, um signo fixo consolidador, é associado à Estrela, o trunfo XVII. O Rei de Espadas se enquadra bastante em Aquário, signo cujos nativos são caracterizados pelos seguintes traços:

Estranho	Com opiniões fortes	Pode ser excêntrico ou iconoclasta
Individualista	Assertivo	Gosta de experimentar novas maneiras de fazer as coisas
À frente de seu tempo	Revolucionário	Defensor dos direitos humanos

Original	Rebelde	Gosta de passar tempo com conhecidos, mas tem poucos amigos próximos
Criativo	Avançado	Gosta da tecnologia moderna
Inventivo	Libertário	Gosta de debater e de discussões intelectuais
Inteligente	Inovador	Disposto a defender causas
Curioso	Olha para a frente	Se recusa a ser amarrado pelas convenções
Dissidente	Vulnerável	Tem um senso forte da própria individualidade
Amigável	Sensível	Convicto de que o seu ponto de vista é o correto
Singular	Frio e lógico	Facilmente fica descontente com aqueles que não se colocam à altura de seus ideais
Excêntrico	Objetivo	Não gosta de seguir ordens
Independente	Cerebral (cabeça antes do coração)	Costuma culpar os outros pelas suas próprias falhas
Não conformista	Humanitário	Dança conforme a própria música
Teimoso	Utópico	"Sê fiel a ti mesmo."
Obstinado	Idealista	Desapegado emocionalmente
Intransigente		

12. Peixes – Água (20 de fevereiro – 20 de março), a Lua

Regido pelo expansivo Júpiter e na astrologia moderna por Netuno, Peixes, signo místico, é o décimo segundo e último signo. Peixes, um signo mutável adaptável, é associado com a carta da Lua, o trunfo XVIII. O Cavaleiro de Copas se enquadra bastante em peixes, signo cujos nativos são caracterizados pelos seguintes traços:

Sensível	Criativo	Se comove com o sofrimento humano
Bondoso	Artístico	Se conecta com facilidade aos sentimentos dos outros
Empático	Paranormal	Gosta de ajudar os outros, sobretudo os menos afortunados

Adaptável	Intuitivo	Ciente da interconexão entre todos os seres vivos
Imaginativo	Misterioso	Interessado no inconsciente
Intuitivo	Terno	Compreende o papel das ilusões na criação de visões de mundo
Compassivo	Meditativo	Valoriza a paz e a tranquilidade
Prestativo	Ingênuo	Fascinado pelos mistérios do universo
Receptivo	Vulnerável	Busca entender a unicidade de toda a criação
Sonhador	Interessado em religião e espiritualidade	Gosta de passar o tempo sozinho ou em locais tranquilos
Doce	Capaz de grandes sacrifícios	Pode desempenhar o papel de mártir nos relacionamentos
Poético	Gosta de música e dança	Costuma pensar globalmente ou em termos de princípios universais
Romântico	Defende os mais desfavorecidos	

Os planetas

A astrologia antiga lidava com os sete planetas ("andarilhos") visíveis a olho nu. O conhecimento sobre essas sete "estrelas" viajantes deu origem aos sete dias da semana, que em muitas línguas levam o nome dos planetas visíveis – em inglês, por exemplo: *Sunday* (domingo, *Sun day* – dia do Sol), *Monday* (segunda-feira, *Moon day* – dia da Lua), *Tuesday* (terça-feira, dia de Marte), *Wednesday* (quarta-feira, dia de Mercúrio), *Thursday* (quinta-feira, dia de Júpiter), *Friday* (sexta-feira, dia de Vênus) e *Saturday* (sábado, *Saturn day* – dia de Saturno). Os antigos contavam o Sol e a Lua entre os planetas porque eles viajam pelos céus. A Golden Dawn atribuiu sete das cartas dos arcanos maiores aos sete "planetas" visíveis da Antiguidade.

Sol (o centro vital)

O Sol, o centro do sistema solar e aquele que dá vida, é associado à carta do Sol, o trunfo XIX. O Sol é um "planeta" de esplendor, de clareza, de energia vital, de música e de atividade atlética.

Lua (emoções e a vida interior)

A Lua é a rainha da noite que reflete a luz do Sol. Ela é associada à Sacerdotisa ou Papisa, o trunfo II. A Lua é o "planeta" dos humores, das emoções, da maternidade, do inconsciente, da vida interior, dos ciclos, da água (as marés) e das viagens.

Mercúrio (comunicação e destreza)

Mercúrio é o mensageiro dos deuses, associado ao Mago, o trunfo I. Mercúrio é um planeta de comunicação, de viagens, de comércio, de destreza, de prestidigitação, de trocas, de escrita, de roubo e de magia.

Vênus (amor e associação)

Vênus é a deusa do amor, do prazer e da beleza. Ela é associada à Imperatriz, o trunfo III. Vênus é um planeta de amor, de afeição, de reconciliação, de paz e de harmonia.

Marte (discórdia e conflito)

Marte, o planeta vermelho, é o deus da guerra, do derramamento de sangue e da masculinidade. Ele é associado à Torre, o trunfo XVI. Marte é um planeta de assertividade, de discórdia, de conflito, de agressão, de força, de guerra e de dominação.

Júpiter (expansão e boa fortuna)

Júpiter é o rei dos deuses, que concede a boa sorte. Ele é associado à Roda da Fortuna, o trunfo X. Júpiter é o planeta da expansão, da abundância, do aumento de horizontes e da boa sorte.

Saturno (contração e dificuldades)

Saturno é o Pai do Tempo e o planeta visível mais distante. Representando os deveres e o princípio da realidade, ele é associado ao Mundo, o trunfo XXI, a última carta dos arcanos maiores. Saturno é um planeta dos deveres, da contração, da estrutura, dos limites, dos obstáculos, do peso e da melancolia.

A Golden Dawn não fazia uso dos chamados planetas modernos: Urano, Netuno e Plutão. Em vez disso, eles associavam os três arcanos maiores ainda não associados (o Louco, o Enforcado e Julgamento) com os quatro elementos clássicos, como é explicado a seguir.

Os quatro elementos e os arcanos maiores

Ar: o Louco

O elemento Ar é associado ao Louco, uma carta sem número, mas às vezes numerada com 0 nos tarôs modernos. Os astrólogos modernos muitas vezes associam Urano a Aquário e ao Louco.

Água: o Enforcado

O elemento Água é associado ao Enforcado, o trunfo XII. Os astrólogos modernos às vezes associam Netuno a Peixes e ao Enforcado.

Fogo: o Julgamento

O elemento Fogo é associado ao Julgamento, o trunfo XX, talvez porque durante o Juízo Final, Deus decidirá quem entra no Paraíso e quem queimará eternamente no fogo do Inferno. Os astrólogos modernos muitas vezes associam Plutão a Escorpião e ao Julgamento.

Terra

O elemento Terra não tem nenhum arcano maior associado a ele, talvez porque represente todo o universo material onde aprendemos as lições dos arcanos maiores.

O sistema do Tarô da Golden Dawn, os decanatos e o simbolismo numérico

A Golden Dawn usava associações numéricas de diversas maneiras para dar significados às cartas do tarô. Uma das suas ideias fundamentais foi combinar as 36 cartas numéricas numeradas de dois a dez com os 36 decanatos do zodíaco. O que é um decanato?

O sistema de decanatos divide o círculo de 360 graus dos signos do zodíaco em 36 partes iguais com 10 graus cada. Cada signo compreende três decanatos. Há doze signos, totalizando

12 × 3 = 36 decanatos. Por milhares de anos, os astrólogos atribuíram esses decanatos aos planetas visíveis. Portanto, cada carta do tarô numerada de dois a dez é associada a um decanato e ao planeta que o rege. No seu livro *Mystical Origins of the Tarot*, o autor Paul Huson mostra como os significados esotéricos dos decanatos influenciaram a interpretação das cartas da Golden Dawn.

A ideia da Golden Dawn era simples. Na astrologia ocidental, o zodíaco é baseado nas estações do ano. Trabalhando com as cartas numeradas de dois a dez em cada um dos quatro naipes, a Golden Dawn atribuiu:

- 2, 3, 4 ao primeiro mês das estações.
- 5, 6, 7 ao segundo mês das estações.
- 8, 9, 10 ao terceiro e último mês das estações.

Examinemos esse sistema de tarô da Golden Dawn com mais detalhes:

Primavera: Paus-Ouros-Espadas**

- Primeiro mês: Áries (Fogo) – Dois, Três e Quatro de Paus.
- Segundo mês: Touro (Terra) – Cinco, Seis e Sete de Ouros.
- Terceiro Mês: Gêmeos (Ar) – Oito, Nove e Dez de Espadas.

Verão: Copas-Paus-Ouros

- Primeiro mês: Câncer (Água) – Dois, Três e Quatro de Copas.
- Segundo Mês: Leão (Fogo) – Cinco, Seis e Sete de Paus.
- Terceiro Mês: Virgem (Terra) – Oito, Nove e Dez de Ouros.

Outono: Espadas-Copas-Paus

- Primeiro mês: Libra (Ar) – Dois, Três e Quatro de Espadas.
- Segundo mês: Escorpião (Água) – Cinco, Seis e Sete de Copas.
- Terceiro mês: Sagitário (Fogo) – Oito, Nove e Dez de Paus.

---

* O sistema da Golden Dawn, da mesma maneira que a astrologia em geral, considera as estações no hemisfério Norte. (N. do T.)

Inverno: Ouros-Espadas-Copas

- Primeiro mês: Capricórnio (Terra) – Dois, Três e Quatro de Ouros.
- Segundo mês: Aquário (Ar) – Cinco, Seis e Sete de Espadas.
- Terceiro mês: Peixes (Água) – Oito, Nove e Dez de Copas.

A correlação entre os planetas e as cartas numéricas do Tarô da Golden Dawn

A tabela a seguir mostra o sistema da Golden Dawn dos signos do zodíaco e regentes planetários associados às cartas numéricas. Alguns tarólogos usam a série de datas associadas a cada carta como um auxílio para julgar o momento em que acontecerão os eventos evidenciados nas tiragens. (Na tabela: P = Paus, O = Ouros, E = Espadas e C = Copas.)

Signo	Regente	Regentes dos Decanatos	Cartas Numéricas	Datas do Signo Solar Tropicais (aproximadas)	Cartas da Corte
Leão (Força) Fixo	Sol (Sol)	Saturno Júpiter Marte	5 P 6 P 7 P	22 jul. – 1º ago. 2 ago. – 11 ago. 12 ago. – 22 ago.	Rei P Rei P Cavaleiro O
Virgem (Eremita) Mutável	Mercúrio (Mago)	Sol Vênus Mercúrio	8 O 9 O 10 O	23 ago. – 1º set. 2 set. – 11 set. 12 set. – 22 set.	Cavaleiro O Cavaleiro O Rainha E
Libra (Justiça) Cardinal	Vênus (Imperatriz)	Lua Saturno Júpiter	2 E 3 E 4 E	23 set. – 2 out. 3 out. – 12 out. 13 out. – 22 out.	Rainha E Rainha E Rei C
Escorpião (Morte) Fixo	Marte (Torre)	Marte Sol Vênus	5 C 6 C 7 C	23 out. – 1º nov. 2 nov. – 12 nov. 13 nov. – 22 nov.	Rei C Rei C Cavaleiro P
Sagitário (Temperança) Mutável	Júpiter (Roda da Fortuna)	Mercúrio Lua Saturno	8 P 9 P 10 P	23 nov. – 2 dez. 3 dez. – 12 dez. 13 dez. – 21 dez.	Cavaleiro P Cavaleiro P Rainha O
Capricórnio (Diabo) Cardinal	Saturno (Mundo)	Júpiter Marte Sol	2 O 3 O 4 O	22 dez. – 30 dez. 31 dez. – 9 jan. 10 jan. – 19 jan.	Rainha O Rainha O Rei E

Signo	Regente	Regentes dos Decanatos	Cartas Numéricas	Datas do Signo Solar Tropicais (aproximadas)	Cartas da Corte
Aquário (Estrela) Fixo	Saturno (Mundo)	Vênus Mercúrio Lua	5 E 6 E 7 E	20 jan. – 29 jan. 30 jan. – 8 fev. 9 fev. – 18 fev.	Rei E Rei E Cavaleiro C
Peixes (Lua) Mutável	Júpiter (Roda da Fortuna)	Saturno Júpiter Marte	8 C 9 C 10 C	19 fev. – 29 fev. 1º mar. – 10 mar. 11 mar. – 20 mar.	Cavaleiro C Cavaleiro C Rei O
Áries (Imperador) Cardinal	Marte (Torre)	Marte Sol Vênus	2 P 3 P 4 P	21 mar. – 30 mar. 31 mar. – 10 abr. 11 abr. – 20 abr.	Rainha P Rainha P Rei O
Touro (Hierofante) Fixo	Vênus (Imperatriz)	Mercúrio Lua Saturno	5 O 6 O 7 O	21 abr. – 30 abr. 1º maio – 10 maio 11 maio – 20 maio	Rei O Rei O Cavaleiro E
Gêmeos (Enamorados) Mutável	Mercúrio (Mago)	Júpiter Marte Sol	8 E 9 E 10 E	21 maio – 31 maio 1º jun. – 10 jun. 11 jun. – 20 jun.	Cavaleiro E Cavaleiro E Rainha C
Câncer (Carro) Cardinal	Lua (Sacerdotisa)	Vênus Mercúrio Lua	2 C 3 C 4 C	21 jun. – 1º jul. 2 jul. – 11 jul. 11 jul. –21 jul.	Rainha C Rainha C Rei P
Louco Enforcado Julgamento	Ar (Urano) Água (Netuno) Fogo (Plutão)	Repare na ordem Caldaica acima		As datas acima são apenas para a posição do Sol	P = Paus O = Ouros E = Espadas C = Copas

A cabala e a Árvore da Vida

Além de usar a astrologia para compreender as cartas, a Golden Dawn incluiu a cabala para explicar o simbolismo do tarô. As interpretações das cartas numéricas refletem o significado do número correspondente na Árvore da Vida. Essa ideia, de ligar o tarô com o alfabeto hebraico e com a cabala, aponta para Athanasius Kircher, um estudioso alemão jesuíta de interesses enciclopédicos. Nascido por volta de 1601, Kircher demonstrou ainda jovem um interesse pela ciência, pela medicina, pela filosofia e pelas culturas antigas. Aprendeu hebraico com um rabino e ficou fascinado pela cultura do Antigo Egito, vindo a acreditar que o Egito era a fonte dos mistérios antigos. A adaptação de Kircher da Árvore da Vida ainda é usada por magos cerimoniais e tarólogos modernos.

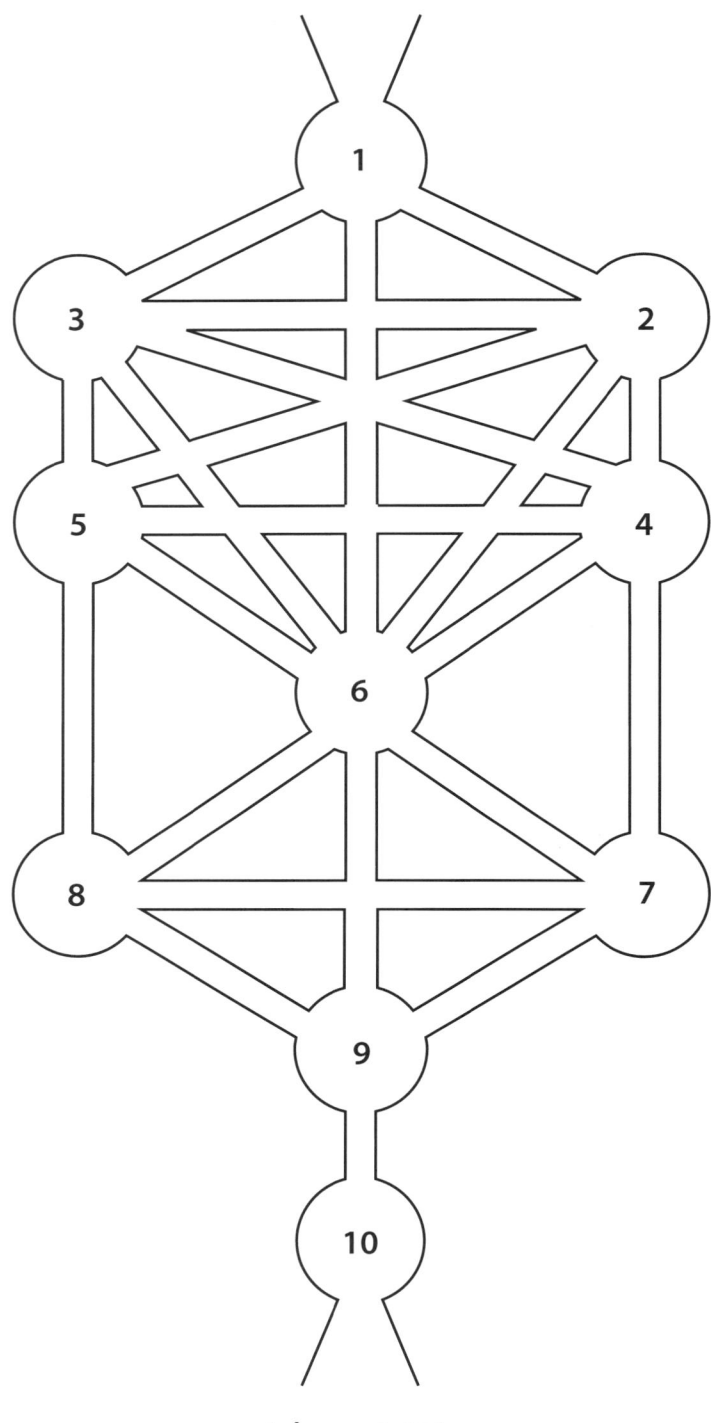

A Árvore da Vida

Como mencionado, os ocultistas da Golden Dawn usaram a cabala para atribuir significados às cartas do tarô. Combinaram, sobretudo, os significados das Sephiroth (emanações) numeradas da Árvore da Vida com os das cartas de mesmo número. A Árvore da Vida é orientada no espaço como o Enforcado, crescendo de cima para baixo. A centelha inicial da criação fica em cima da árvore na Sephirah Kether ("a Coroa"), que leva o número 1. As raízes da árvore estão no céu, e seu fruto final se manifesta em baixo, em Malkuth ("o Reino da Terra"), que leva o número 10. As palavras-chave para a Árvore da Vida incluem:

1. Kether (Coroa)

A Coroa – a centelha inicial da criação. Kether é associada ao *primum mobile* e, de acordo com alguns astrólogos modernos, ao planeta Plutão. As cartas do tarô relacionadas ao número 1 são o Mago (I), a Roda da Fortuna (X, 1 + 0 = 1), o Sol (XIX, 1 + 9 = 10 → 1 + 0 = 1) e os quatro azes, que representam o potencial puro e a centelha inicial dos quatro elementos.

2. Chokmah (Sabedoria)

Sabedoria – o Grande Pai. Chokmah é associada ao círculo inteiro do zodíaco e, de acordo com alguns astrólogos modernos, com o planeta Netuno. As cartas do tarô relacionadas ao número 2 são a Sacerdotisa (II), a Força ou Justiça (XI, 1 + 1 = 2), o Julgamento (XX, 2 + 0 = 2) e todas as cartas numéricas de número 2. Chokmah representa os quatro elementos em sua forma mais pura.

3. Binah (Entendimento)

Entendimento – a Grande Mãe. Binah é associada ao planeta Saturno. As cartas do tarô relacionadas ao número 3 são a Imperatriz (III), o Enforcado (XII, 1 + 2 = 3), o Universo (XXI, 2 + 1 = 3) e todas as cartas numéricas de número 3.

4. Chesed (Misericórdia)

Misericórdia/Paz. Chesed é associada à Júpiter, o planeta da generosidade, das viagens que expandem a mente e da boa sorte. As cartas do tarô relacionadas ao número 4 são o Imperador (IV), a Morte (XIII, 1 + 3 = 4), o Louco (0 ou XXII, 2 + 2 = 4) e todas as cartas numéricas de número 4.

5. Geburah (Severidade)

Severidade/Força/Justiça – purgação necessária. Geburah é relacionada às forças destrutivas que eliminam aquilo que não é mais útil. Geburah é associada também à Marte, o planeta do conflito e da discórdia. As cartas do tarô relacionadas ao número 5 são o Hierofante (V), a Temperança (XIV, 1 + 4 = 5) e todas as cartas numéricas de número 5.

6. Tiphareth (Harmonia)

Harmonia/Beleza – o Filho. Tiphareth é associada ao Sol que dá vida, que "morre" ao se pôr apenas para renascer na manhã seguinte. As cartas do tarô relacionadas ao número 6 são os Enamorados (VI), o Diabo (XV, 1 + 5 = 6) e todas as cartas numéricas de número 6.

7. Netzach (Vitória)

Vitória/Eternidade. Netzach é associada à Vênus, o planeta do amor, da beleza, da intuição criativa, da arte e das emoções carinhosas. As cartas do tarô relacionadas ao número 7 são o Carro (VII), a Torre (XVI, 1 + 6 = 7) e todas as cartas numéricas de número 7.

8. Hod (Esplendor)

Glória/Esplendor. Hod é associada ao planeta Mercúrio e, portanto, com o pensamento racional e com a organização do universo. As cartas do tarô relacionadas ao número 8 são Força ou Justiça (VIII), a Estrela (XVII, 1 + 7 = 8) e todas as cartas numéricas de número 8.

9. Yesod (Fundação)

Fundação. Yesod é associada à Lua e, portanto, com os sonhos, com a imaginação, com a introspecção, com os ciclos naturais e com a fertilidade. As cartas do tarô relacionadas ao número 9 são o Eremita (IX), a Lua (XVIII, 1 + 8 = 9) e todas as cartas numéricas de número 9.

10. Malkuth (Manifestação)

Manifestação – o Reino – Terra – a Filha. Malkuth é associada à Terra, com a realidade tangível e com tudo o que vive. As cartas do tarô relacionadas ao número 10 são a Roda da Fortuna (X), o Mago (I, 1 = 1 + 0), o Sol (XIX, 1 + 9 = 10) e todas as cartas numéricas de número 10.

Runas e tarô

Muitos tarólogos estão familiarizados com as runas nórdicas (*futhark*) que podem ser usadas para divinação. Alguns historiadores acreditam que as runas se originaram com os antigos etruscos e se espalharam pelo norte da Europa por meio das rotas de comércio. De acordo com uma teoria, o conhecimento das runas pode ter desempenhado um papel no desenvolvimento do tarô, mas há poucas provas que apoiem essa conjectura. As runas e o tarô são sistemas divinatórios diferentes e não há correspondências entre eles. Não obstante, as runas e as cartas do tarô têm algumas imagens arquetípicas em comum, das quais a mais surpreendente é o Enforcado do tarô, suspenso de cabeça para baixo como Odin na Yggdrasil, a Árvore do Mundo da mitologia nórdica.

Seis

Inversões e Dignidades

Inversões do tarô

Se você embaralhar um tarô para misturar as cartas aleatoriamente, algumas delas aparecerão de cabeça para baixo quando forem dispostas numa tiragem. Livros inteiros foram escritos sobre como interpretar as cartas viradas ou invertidas. O livro *Complete Book of Tarot Reversals* de Mary K. Greer é um excelente material de referência. Alguns tarólogos apenas ignoram as cartas invertidas e leem todas elas como se estivessem na posição normal. Outros acham que as cartas invertidas são indispensáveis. Este capítulo apresenta alguns pontos de vista sobra cartas invertidas, e você precisará fazer experimentos para decidir se quer usá-las ou não.

Um princípio fundamental é que o significado essencial das cartas não muda apenas porque ela aparece de cabeça para baixo. O que muda é a maneira com a qual você a percebe, não o que a carta significa em sua essência. Se você plantar bananeira, a sala em que você está ainda será a mesma sala. A sua percepção dos seus arredores, contudo, será outra. Em outras palavras, a sala permanece a mesma, mas *você* tem uma experiência diferente.

É indigno que uma carta de tarô se apresente invertida?

Só de brincadeira, no meu livro *Tarot Beyond the Basics*, comparei as cartas invertidas com rolos de papel higiênico invertidos. Algumas pessoas preferem que o papel higiênico saia por cima do rolo e outras preferem que ele saia por baixo.* Quer você puxe o papel por cima ou por baixo, todos os rolos de papel higiênico servem ao mesmo propósito. Com as cartas do tarô, no entanto, estar de cabeça para baixo pode dificultar que você veja o que está acontecendo; então, você talvez precise ajustar a carta para apreciar seu significado de modo mais completo. Da mesma maneira, uma carta de tarô invertida numa tiragem pode significar uma necessidade de se ajustar a uma situação ou se esforçar mais para apreciar o que está acontecendo.

Façamos um experimento. Pegue a Torre (trunfo XVI) do seu tarô. No Tarô Clássico da Llewellyn, a cena representa uma torre que foi atingida e destruída por um raio. Dois habitantes da torre caem de cabeça para baixo em direção às pedras do solo. Na mitologia, o raio é a arma favorita dos deuses, que demonstram seu descontentamento jogando relâmpagos nos mortais lá embaixo. O filósofo grego Heráclito acreditava que o deus do céu Zeus representava o padrão de ordem do universo, e que os relâmpagos de Zeus simbolizavam a força divina controlando o curso dos acontecimentos.

Com essa mitologia, podemos construir um significado para a carta na posição normal. Os habitantes da torre construíram seu edifício sem consideração pelos princípios espirituais ou pela lei divina. Como resultado, a divindade (Zeus, no caso da Grécia antiga) decidiu lhes ensinar uma lição destruindo a torre deles, obrigando-os a reavaliar suas vidas espirituais e recomeçar.

Se invertermos a carta da Torre, obteremos uma visão diferente da situação. Agora, o terreno pedregoso está acima dos dois indivíduos e o raio se origina do canto esquerdo da carta, debaixo de seus pés. Eles não veem o perigoso raio pois estão "olhando para cima", para as pedras na parte de cima da carta invertida. Não estão cientes do descontentamento divino representado pelo raio embaixo deles. Portanto, ignoraram uma mensagem espiritual importante e não aprenderam com as circunstâncias difíceis.

Essas são as minhas impressões da torre representada nessa carta, na posição normal e na posição invertida. Como exercício, tente colocar a carta da Torre na posição normal e depois a inverta. Observe como a sua percepção da carta muda quando você muda a orientação dela no espaço. No decorrer do tempo, faça o mesmo experimento com cada uma das cartas do tarô e anote as suas impressões no seu bloco de notas de tarô. Se você usar cartas invertidas nas suas leituras, registre como os significados das cartas invertidas acontecem na vida do consulente.

---

* De acordo com a patente nº 465.588 dos Estados Unidos, registrada em 22 de dezembro de 1891, o inventor do papel higiênico pretendia que ele fosse puxado por cima e não por baixo. (Para ver um diagrama do seu uso pretendido, acesse www.today.com/home/toilet-paper-over-or-under-debate-resolved-1891-patent-t9776.)

Chegará uma hora em que você terá acumulado uma coleção útil de significados para as cartas na posição normal e para as cartas invertidas.

A Torre Invertida

A literatura do tarô é cheia de ideias sobre o que as cartas invertidas podem significar. Muitos autores sugerem que se decida de antemão o que você quer que as cartas invertidas signifiquem, antes de fazer a leitura. Dessa maneira, não haverá confusão sobre o significado de alguma carta que apareça invertida na tiragem. A seguir, algumas ideias comuns sobre o que as cartas invertidas podem significar:

- O exato oposto da carta na posição normal.
- Um atraso, um bloqueio ou uma limitação.
- Esforço para se apreciar o que acontece.
- A necessidade de fazer ajustes para se conciliar com a situação.
- Uma diminuição na intensidade ou na efetividade da carta na posição normal.
- A libertação da influência da carta na posição normal.

- A necessidade de voltar para a lição da carta anterior na sequência (uma ideia de Paul Fenton-Smith).
- Fatores ocultos ou inconscientes em oposição aos significados explícitos ou conscientes da carta virada para cima.
- Significados específicos como aqueles dados em textos clássicos por Etteilla ou A. E. Waite, por exemplo. (Na discussão das cartas individuais neste livro, cito alguns significados clássicos para facilitar as referências.)

Por muitos anos usei as cartas invertidas na minha prática do tarô. Em época mais recente, no entanto, decidi manter todas as cartas na posição normal. Ao fazer isso, considero todos os significados potenciais das cartas nas leituras, tanto os positivos quanto os negativos. Podemos usar a energia representada por qualquer carta de maneira construtiva ou prejudicial. Comentar sobre todos os significados, inclusive os usos potencialmente negativos de uma carta na posição normal, tem o potencial de entregar aos clientes o poder e o dever de se responsabilizarem pelo que está acontecendo em sua vida.

Um aviso sobre o significado das cartas do tarô invertidas

Nos capítulos que detalham os significados das cartas individuais, incluí interpretações possíveis para cada carta na posição normal ou invertida. Por favor, absorva essas descrições com cautela. Um dos motivos pelos quais parei de usar cartas invertidas foi porque muitas vezes o suposto significado da carta invertida era também levado pela carta na posição normal, e vice-versa. Quando você ler as ideias apresentadas nesse texto, considere que tanto o "significado" da carta na posição normal quanto o da invertida podem se aplicar ao caso em pauta, independentemente de a carta aparecer virada para cima ou para baixo.

Sobre as dignidades do tarô

A ideia de as cartas do tarô terem "dignidades" vem da Ordem Hermética da Aurora Dourada e se baseia na filosofia dos quatro elementos. Quando falamos de uma carta ter dignidade, nos referimos à posição da carta ou à sua importância relativa em relação às outras cartas numa tiragem. Esse conceito pode ser um pouco complicado, e os iniciantes talvez prefiram ler rapidamente esta seção e voltar para ela mais tarde, quando tiverem uma noção melhor das cartas.

Como vimos, cada carta do tarô pode ser associada a um dos quatro elementos clássicos da Antiguidade. Como explicaremos mais adiante, as combinações dos elementos determinam como as cartas em questão afetam as dignidades umas das outras. Recapitulando:

- Fogo = Paus.
- Água = Copas.
- Ar = Espadas.
- Terra = Ouros.

Cada carta dos arcanos maiores é associada a um dos quatro elementos. Essas associações podem ser encontradas nas descrições das cartas no capítulo dos arcanos maiores. Para interpretar as disposições das cartas, a Golden Dawn usava uma combinação de contagem de cartas junto com um método de análise das interações dos quatro elementos para julgar a dignidade ou importância relativa de cada carta na tiragem. Comecemos dando uma olhada na contagem de cartas.

Contagem de cartas

Ao contrário dos tarólogos modernos, que usam inversões e tiragens complexas, a Golden Dawn mantinha todas as cartas na posição normal e as dispunha numa fileira. Eles começavam a ler a sequência de cartas partindo do significador do consulente, usando um método chamado de contagem de cartas na direção para onde a figura do significador está voltada. Fazia-se isso atribuindo para cada carta um valor numérico da seguinte maneira:

- Azes valem 5 (Crowley contava os Azes como 11).
- Reis, Rainhas e Cavaleiros valem 4.
- Valetes valem 7.
- As cartas numéricas valem o número da carta.
- Os arcanos maiores valem 12 para as cartas associadas aos signos do zodíaco, 9 para as cartas associadas aos planetas e 3 para as cartas associadas aos elementos.
- A carta a partir da qual a contagem começava era considerada a primeira carta na sequência de contagem.

Vejamos um exemplo de contagem de cartas. Vamos supor que o significador do consulente seja o Cavaleiro de Paus. No Tarô Clássico da Llewellyn, esse Cavaleiro olha para a esquerda, então a contagem é feita nessa direção. Como a carta é um Cavaleiro (vale 4) olhando para a esquerda, contaríamos quatro cartas para a esquerda, começando com o Cavaleiro de Paus como a carta número 1.

Por exemplo, considere esta sequência de sete cartas:

9 de Copas	2 de Copas	5 de Espadas	Torre	Cavaleiro de Paus	Ás de Ouros	3 de Espadas
(Água)	(Água)	(Ar)	(Fogo)	(Fogo)	(Terra)	(Ar)
4	3	2	1			

Começando do Cavaleiro significador como número 1, contamos quatro para a esquerda e chegamos no Dois de Copas, que sugere que o consulente pode ter um relacionamento amoroso ou uma parceria próxima em mente.

Dignidades dos elementos

A Golden Dawn usava o sistema de dignidades dos elementos para determinar como duas cartas adjacentes afetam umas às outras e também para julgar como as duas cartas laterais numa sequência de três cartas interagem para afetar a dignidade da carta central. Os princípios básicos são:

- Duas cartas do mesmo elemento aumentam bastante a influência uma da outra.
- Fogo (Paus) e Água (Copas) são inimigos e enfraquecem bastante a influência um do outro. (Na filosofia grega, o Fogo é quente e seco enquanto a Água é fria e úmida. Fogo e Água, portanto, não têm qualidades em comum e são contrários um ao outro.)
- Terra (Ouros) e Ar (Espadas) são inimigos e diminuem bastante a influência um do outro. (Na filosofia grega, a Terra é fria e seca enquanto o Ar é quente e úmido. Terra e Ar, portanto, não têm qualidades em comum e são contrários um ao outro.)
- Combinações de cartas de elementos não conflitantes aumentam um pouco a influência umas das outras porque elas têm uma das qualidades básicas (quente, frio, úmido, seco) em comum.

As qualidades dos elementos

- As qualidades básicas dos elementos são:
- Fogo = quente + seco.
- Água = fria + úmida (fluida).
- Ar = quente + úmido (fluido).
- Terra = fria + seca.

A lista abaixo ilustra essas relações.

- Quente é o oposto de frio.
- Úmido é o oposto de seco.
- Fogo (Paus) é contrário à Água (Copas).
- Ar (Espadas) é contrário à Terra (Ouros).
- Ar (Espadas) e Fogo (Paus) têm "quente" em comum.
- Ar (Espadas) e Água (Copas) têm "úmido" em comum.
- Terra (Ouros) e Fogo (Paus) têm "seco" em comum.
- Terra (Ouros) e Água (Copas) têm "frio" em comum.

No método da Golden Dawn, cada carta é modificada pelas cartas que estão adjacentes nos dois lados dela. Portanto, se uma carta é flanqueada por cartas do mesmo naipe, sua força é muito intensificada para o bem ou para o mal, dependendo da natureza da carta. Se uma carta é flanqueada por cartas do naipe contrário, ela fica muito enfraquecida, para o bem ou para o mal. Outras combinações de cartas laterais têm um efeito intermediário, já que compartilham uma das qualidades essenciais de seu elemento. A natureza do efeito se reflete na qualidade sensível de que se trata:

- O quente sobe, expande, acelera, excita, anima e se movimenta para cima e para fora.
- O frio afunda, contrai, desacelera, atrasa, acalma, esfria e se movimenta para baixo e para dentro.
- O úmido flui, mistura, adapta, associa, é flexível e tem limites permeáveis indistintos.
- O seco endurece, resiste à mudança, distingue, diminui para o essencial, é rígido e tem limites fixos e bem definidos.

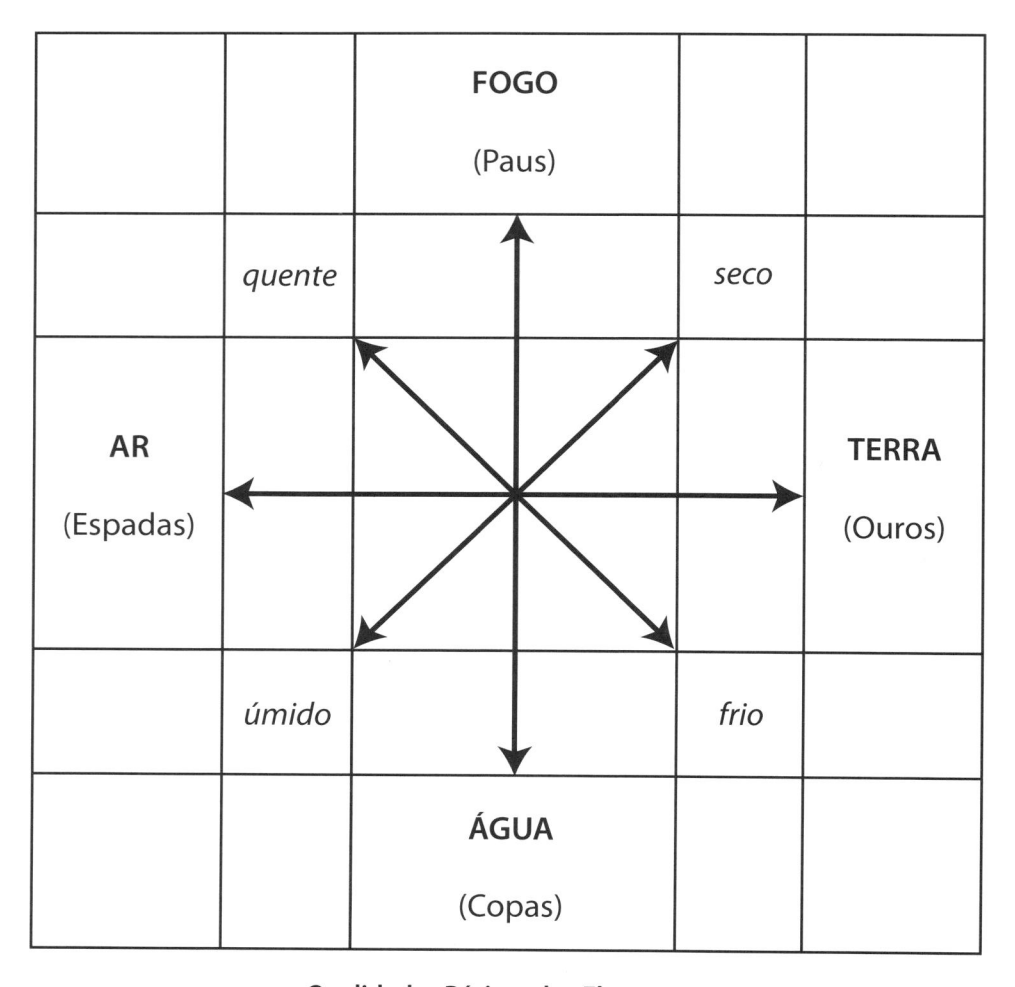

		FOGO (Paus)		
	quente		*seco*	
AR (Espadas)				**TERRA** (Ouros)
	úmido		*frio*	
		ÁGUA (Copas)		

Qualidades Básicas dos Elementos

Determinando as dignidades: um exemplo

9 de Copas (Água) 2 de Copas (Água) 5 de Espadas (Ar) Torre (Fogo) Cavaleiro de Paus (Fogo) Ás de Ouros (Terra) 3 de Espadas (Ar)

Na tiragem de sete cartas discutida acima, pode-se perguntar qual efeito a Torre (uma carta de Fogo) tem na leitura. Como a Torre (Fogo, quente + seco) está entre uma carta de Espadas (Ar, quente + úmido) e uma de Paus (Fogo, quente + seco), a influência da Torre é aumentada, mas não tanto como seria se estivesse flanqueada por cartas de Fogo dos dois lados. O "úmido" da carta de Ar à esquerda da Torre cancela o "seco" da carta de Fogo à direita da Torre, deixando um pouco do "quente" do Ar para aumentar o fogo da torre. Nessa leitura, o consulente pode esperar algum imprevisto moderadamente prejudicial, simbolizado por uma carta de Torre um pouco fortalecida ou um pouco mais quente.

Determinando as dignidades: um segundo exemplo

9 de Copas	2 de Copas	5 de Espadas	Torre	Cavaleiro de Paus	Ás de Ouros	3 de Espadas
(Água)	(Água)	(Ar)	(Fogo)	(Fogo)	(Terra)	(Ar)
	4	3	2	1		

Como uma segunda ilustração, considere o Dois de Copas, que foi a primeira carta para a qual o método de contagem nos guiou a partir do significador do consulente, o Cavaleiro de Paus. Nessa tiragem, o Dois de Copas (Água, fria + úmida) está entre uma carta de Copas (Água, fria + úmida) e uma de Espadas (Ar, quente + úmido). O "frio" da carta de Copas da esquerda cancela o "quente" da carta de Espadas da direita, deixando uma quantidade extra da qualidade "úmida" para aumentar a propriedade já "úmida" do Dois de Copas. Portanto, podemos esperar que o Cavaleiro de Paus siga esse forte fluxo "úmido" e se perca no relacionamento sugerido pelo dois de copas "mais úmido".

Um exemplo de dignidades da Golden Dawn

Por fim, consideremos um exemplo dos anais da Golden Dawn, que considerava que o Dez de Copas, uma carta em geral favorável, tinha uma influência negativa quando aparecia nesta sequência de três cartas: 10 de Paus – 10 de Copas – 5 de Espadas. As cartas aos lados do Dez de Copas nesse caso têm o efeito de converter o prazer significado por ele em algo que não vale a dor e a comoção necessárias para ser obtido. Como a Golden Dawn chegou a essa conclusão?

10 de Paus	10 de Copas	5 de Espadas
(quente + seco)	(frio + úmido)	(quente + úmido)

O Dez de Copas (Água, frio + úmido) é flanqueado por uma carta de Paus (Fogo, quente + seco) à esquerda e por uma de Espadas (Ar, quente + úmido) à direita. O "seco" da carta de Paus cancela o "úmido" da carta de Espadas, deixando dois "quentes" em excesso aos lados da carta do centro. Esses dois "quentes" em excesso cancelam o "frio" do Dez de Copas, deixando "quente + úmido" no centro do trio. O resultado é que agora o Dez de Copas se comporta mais como o Dez de Espadas (quente + úmido), de modo que o prazer normal do Dez de Copas se torna doloroso de obter (Dez de Espadas). Em outras palavras, o Dez de Copas permanece com o seu significado feliz essencial, mas a dor e o sofrimento das Espadas (quente + úmido) muda essa felicidade.

A decisão de usar dignidades elementares depende da personalidade do tarólogo. Alguns gostam desse tipo de raciocínio sistemático e quase matemático quando leem as cartas; outros acham que exige muito esforço e preferem ler intuitivamente. É questão de gosto e preferência.

É possível chegar a uma interpretação parecida sem levar em conta as dignidades elementares, evitando a ginástica mental do método da Golden Dawn. Olhando para a mesma tiragem de três cartas, um tarólogo intuitivo pode raciocinar que o Dez de Paus indica um peso opressivo e o Cinco de Espadas, uma situação dolorosa e humilhante. Como o Dez de Copas está entre essas duas cartas difíceis, é quase certo que o prazer prometido pelas Copas seja comprometido pelas situações estressantes em volta.

Sete

Como Fazer uma Pergunta ao Tarô

A qualidade da resposta é semelhante à da pergunta

Quando se fazem perguntas ao tarô, a qualidade da resposta depende da qualidade da pergunta. Uma pergunta bem pensada e aberta é pré-requisito para se obter uma leitura útil das cartas. Neste capítulo, vamos ver diversas maneiras de se construírem perguntas, algumas das quais são produtivas e outras que podem resultar em leituras ambíguas ou prejudiciais.

O Oráculo de Delfos

Muito antes de o tarô existir, o povo do Mediterrâneo buscava orientação junto ao Oráculo de Delfos. Generais e governantes não tomavam decisões importantes antes de consultar o Oráculo, o representante de Apolo na Terra. Na Grécia Antiga, o deus Apolo tinha o poder de prever o futuro, poder esse que ele concedeu à sacerdotisa do templo de Delfos.

    Tanto dignitários quanto pessoas comuns iam para o santuário em Delfos e pagavam grandes somas em dinheiro para terem uma audiência com a sacerdotisa de Apolo. Depois de coletar o dinheiro, o oráculo entrava na câmara interna do templo, sentava num tripé e inalava os gases psicotrópicos que saíam de uma fenda na terra. Pouco tempo depois, ela entrava em transe (hoje em dia diríamos que ela estava viajando) e começava a fazer comentários ininteligíveis para a mente humana. Esses comentários descreviam visões do futuro, vindas diretamente da mente de

Apolo. Felizmente, os sacerdotes presentes eram capazes de traduzir os murmúrios do oráculo para a linguagem comum, mas sempre havia alguma "pegadinha".

A mente de um deus funciona de maneiras que vão além da compreensão humana. Para a mente humana as profecias de Delfos pareciam ambíguas, cheias de duplos sentidos e passíveis de interpretações contraditórias. Mesmo assim, o Oráculo de Delfos adquiriu uma reputação de 100% de precisão. Se um general de exército perguntasse sobre uma batalha futura, o Oráculo poderia responder: "Um grande general sairá triunfante". O líder militar então juntaria seus recursos, planejaria uma estratégia e entraria na batalha confiante de que a vitória era certa para um grande general. No entanto, o Oráculo não havia especificado qual grande general ganharia a batalha.

Um cético pode concluir que o Oráculo de Delfos não passava de um vigarista que embolsava o dinheiro dos clientes inocentes em troca de quase nada. Um crítico mais sofisticado pode considerar essa história como prova da sabedoria de Apolo: o deus sabia que, se projetasse uma visão inequívoca do futuro, seus devotos não assumiriam a responsabilidade por suas ações, impedindo-os de crescer espiritualmente, encolhendo seu próprio destino.

A sabedoria da física moderna

A nossa visão da natureza da realidade mudou drasticamente desde os tempos do Oráculo de Delfos. A física moderna fala de reinos subatômicos e de universos múltiplos. O método científico sugere que as nossas teorias sobre a realidade são provisórias; é possível que elas mudem à medida que crescemos em experiência e obtemos mais conhecimento.

O célebre físico Werner Heisenberg disse uma vez (grifo meu): *"O que observamos não é a natureza em si, mas a natureza exposta ao nosso método de questionamento [...] fazemos perguntas sobre a natureza na linguagem que possuímos e tentamos obter respostas com experimentos feitos com os meios que temos à nossa disposição"*.* Se pensarmos no tarô à luz do que disse Heisenberg, ler as cartas é o nosso método de questionamento, e a resposta que recebemos depende da linguagem que possuímos e dos meios que estão à nossa disposição. Vejamos esses três ingredientes do inquérito descritos por Heisenberg.

---

* Werner Heisenberg. *Physics and Philosophy: The Revolution in Modern Science* (1958), p. 78, em www.todayinsci.com/H/Heisenberg_Werner/HeisenbergWerner-Quotations.htm, acessado em 10 de abril de 2015.

1. O método de fazer perguntas

Tanto fatores práticos quanto fatores intangíveis fazem parte do nosso método de fazer perguntas. É claro que precisamos de um baralho de tarô para embaralhar e misturar bem, randomizando a sequência de cartas. Cortamos o baralho e dispomos uma quantidade de cartas num padrão pré-determinado. Depois tentamos interpretar as cartas e suas relações para alcançar uma compreensão divinatória. Um componente essencial intangível é fazer a nossa pergunta com a expectativa sincera de receber uma resposta das cartas. Se o consulente e o tarólogo não são sinceros na intenção de obter uma resposta útil, a divinação com o tarô vira um mero jogo de salão. A sinceridade da intenção é essencial. A qualidade da resposta depende da qualidade da pergunta. Não convém brincar com a Mãe Natureza.

2. A linguagem que possuímos

Os tarólogos possuem a linguagem do simbolismo. A linguagem do tarô tem suas raízes nos símbolos da mitologia, dos sonhos, das histórias bíblicas, da religião, da poesia, da literatura, da música, da psicologia profunda, da experiência pessoal, do inconsciente coletivo e de diversas tradições esotéricas (astrologia, cabala, numerologia, alquimia, magia ritual etc.). Arthur E. Waite, o pai intelectual do tarô Waite-Smith, comentou que "o verdadeiro Tarô é simbolismo; ele não fala nenhuma outra língua e não oferece nenhum outro sinal."* Nesse sentido, o questionamento por meio do tarô é diferente do questionamento feito pela ciência, que se apoia na linguagem da matemática para fazer as suas investigações. O grosso deste livro é dedicado à exploração da linguagem simbólica do tarô.

3. Os meios à nossa disposição

Os meios à nossa disposição são a sinceridade da intenção, as cartas de tarô, um ambiente meditativo silencioso e uma compreensão do simbolismo arquetípico por trás da mitologia, da literatura, da psicologia e das religiões do mundo. A capacidade dos seres humanos de utilizarem símbolos para dar sentido às suas vidas é o que distingue o animal humano das outras espécies. Em poucas palavras, o tarô nos conecta com aquela parte da nossa mente que faz de nós verdadeiros seres humanos.

---

* A. E. Waite. *The Pictorial Key to the Tarot* (Secaucus, NJ: Citadel Press, 1959), p. 4.

Quais perguntas são mais apropriadas e quais são menos apropriadas para o tarô

Não muito tempo atrás, eu compareci a um *workshop* de final de semana de Rachel Pollack, cujo livro *78 Degrees of Wisdom: A Psychological Approach to the Tarot*, de 1980, teve grande influência na mudança da maneira com a qual o tarô é praticado no mundo que fala inglês. Em certo ponto da conferência, Rachel comentou que ela e Mary K. Greer receberam o crédito por "resgatar o tarô da previsão do futuro" nos anos 1980. Antes dessa época, o tarô era utilizado principalmente para prever o futuro.

Durante a era da predição do futuro, os clientes costumavam fazer perguntas de sim ou não (Vou passar nos exames?), esperavam que as cartas tomassem as decisões por eles (Devo aceitar o trabalho com Edsel?), perguntavam sobre o momento exato de eventos (Quando vou me casar?), usavam as cartas para espionar os outros (Meu namorado/namorada está me traindo?), procuravam descobrir exatamente o que o futuro lhes reservava (Qual será o nome do meu futuro parceiro?) ou buscar aconselhamento médico, legal ou de investimentos (Vale a pena comprar as ações da Apple Computers?). Hoje em dia é melhor fazer essas perguntas para um tarô dedicado especificamente à predição do futuro, como o Petit-Lenormand.

O tarô, por outro lado, evoluiu e se tornou uma ferramenta para entrar em contato com a intuição, compreender as próprias motivações, obter *insights* e fazer *brainstorms*. O foco moderno do uso do tarô mudou da previsão do futuro para a obtenção de perspectiva, a elucidação de problemas e assumir a responsabilidade pela própria vida. Os aspectos mais antigos de previsão do futuro não combinam com a abordagem atual de dar poder aos clientes para que possam eles próprios tomar decisões informadas. Na verdade, a maioria dos tarólogos modernos preferem não serem vistos como simples videntes.

Do ponto de vista moderno, as perguntas mais úteis são as mais abertas, que ajudam o cliente a elucidar situações e levam a novos *insights* sobre as questões envolvidas na tomada de uma decisão. As cartas agem como ferramentas que permitem que nós (o intérprete e o consulente) entremos em contato com as nossas intuições e acessemos a nossa sabedoria interior. Nós, e não as cartas, somos os que dão as respostas. Parafraseando o presidente John F. Kennedy, a pessoa que enfoca a previsão do futuro pergunta "o que o futuro fará por mim?", enquanto aquela que tem o enfoque moderno pergunta "o que posso fazer para afetar o meu futuro?"

As perguntas a seguir são exemplos de perguntas relevantes que podem ser feitas ao tarô:

- O que preciso saber sobre esta situação para tomar uma decisão sensata?
- Há algum problema em particular a que eu deva dar atenção especial? O que posso estar ignorando?
- O que posso fazer nesta situação para aumentar as chances de um resultado favorável?
- De que maneira posso estar agindo contra os meus melhores interesses?
- Qual papel eu desempenho no que está acontecendo?
- Qual é a melhor estratégia para realizar tal e tal coisa? O que devo evitar?
- Como posso aumentar as minhas chances nesta situação? O que seria um bom próximo passo?
- Quais obstáculos devo confrontar para alcançar meus objetivos?
- O que é que eu mais preciso saber sobre esta situação? O que não estou vendo com clareza?
- O que posso aprender nesta situação ou com os meus erros do passado?
- Me ajude a compreender minhas motivações para que eu possa ver o meu caminho com mais clareza.
- Se eu seguir este caminho em particular, como a situação tende a se desenrolar?
- Para leituras gerais: em quais assuntos devo me focar na minha vida agora?

Oito

Como Ler o que Está Escrito nas Cartas

O tarô como arte

Como a medicina, o tarô é uma arte. Para se tornar especialista em qualquer arte, o estudante precisa aprender a ciência básica e as habilidades essenciais do campo e colocá-las em prática. Em essência, as cartas do tarô apresentam uma série de imagens que o leitor interpreta para contar uma história. O pressuposto básico é que as histórias que contamos a nós mesmos mudam a imagem que temos de nós mesmos e influenciam a maneira como conduzimos nossa vida. Ao dar voz às imagens nas cartas, o tarólogo oferece ao consulente uma narrativa para ponderar. A importância de dar expressão verbal à sequência de imagens do tarô pode ser vista nas ideias do conhecido linguista Saussure sobre o papel das palavras na vida comum:

> "Palavras não são meras etiquetas vocais ou adjuntos comunicacionais sobrepostos a uma ordem já dada das coisas. São produtos coletivos da interação social, instrumentos essenciais pelos quais os seres humanos constituem e articulam o seu mundo."*

---

* Roy Harris. *Language, Saussure and Wittgenstein* (Londres: Routledge, 1988), p. ix.

Deus ama uma boa narrativa

Muito tempo atrás, num vilarejo remoto da Europa Oriental, os membros de uma pequena comunidade judaica recorreram ao seu rabino em busca de ajuda com um problema complicado. O rabino, homem devoto, foi para um local consagrado na floresta, acendeu um fogo sagrado, recitou uma oração especial e, falando alto, contou a história do vilarejo ao Senhor. Pouco tempo depois, teve uma visão clara de como resolver o problema.

Gerações se passaram, e o vilarejo mais uma vez se encontrou assolado por dificuldades. Como de costume, os habitantes recorreram ao rabino que foi para a floresta para fazer a oração especial, mas logo percebeu que o método tradicional de acender o fogo sagrado havia sido perdido na história. Mesmo assim, falando alto, ele contou a história do vilarejo ao Senhor e recebeu orientação sobre como consertar a situação.

Séculos se passaram, e o vilarejo mais uma vez recorreu ao rabino para pedir ajuda. O novo rabino foi para a floresta, mas não sabia onde era o local consagrado nem sabia como acender o fogo sagrado. Havia até esquecido as palavras da oração especial. Mesmo assim, falando alto, o rabino contou a história do vilarejo ao Senhor e logo se encheu de sabedoria para remediar a situação. O ato em si de falar alto para contar a história do vilarejo ao Senhor, com a expectativa sincera de receber orientação divina, era o ingrediente essencial desse ritual.

O autor Rami M. Sharpiro, que narra esses contos chassídicos, explica: "Os seres humanos são animais contadores de histórias [...]. As nossas histórias nos definem, nos instruem, nos criam. Sem as nossas histórias, nós não existimos [...] para nós a nossa história é o nosso eu [...] e a história que você conta determina o significado que você deriva dos eventos da sua vida".* O tarô também é um ritual de contar histórias que nos permite recontar e até mesmo mudar as nossas histórias de um jeito que possa nos curar. O livro *Confessions of a Tarot Reader*, de Jane Stern, ilustra essa abordagem de contar histórias; ela conta contos da vida real de alguns dos clientes dela para ilustrar os significados arquetípicos de cada uma das cartas dos arcanos maiores.

O segredo para ler as cartas

Ler o que está escrito nas cartas é uma arte que pode ser dominada com uma combinação de estudo e prática suficientes. A divinação com o tarô usa as imagens das cartas para contar uma história que é relevante para o consulente. Em essência, ler o tarô é uma forma de criação de mitos,

---

* Rami M. Shapiro. *Hasidic Tales* (Woodstock, VT: SkyLight Paths Publishing, 2003), p. xxii.

que funciona como as narrativas da Antiguidade, permitindo acesso a pensamentos, sentimentos e imagens pelos quais podemos ver o significado das nossas experiências e dar sentido às nossas vidas. Facilitar o acesso a essas imagens arquetípicas é a parte fundamental do processo.

Um crítico pode dizer que o tarólogo apenas inventa histórias que se conectam com as preocupações do consulente por coincidência. Até certo ponto essa objeção é válida, mas a maioria dos tarólogos logo descobre que as cartas mais relevantes muitas vezes aparecem de maneira extraordinária.

O poder do tarô está no fato de que cada carta representa uma situação arquetípica pela qual todos nós podemos ter passado em algum momento de nossa vida. Criando uma plataforma que permite que o tarólogo e o consulente meditem juntos sobre esses arquétipos, uma boa leitura do tarô quase sempre toca em questões de grande importância pessoal e, como na história do rabino chassídico, tem o potencial de curar.

Os críticos também dirão que a teoria dos arquétipos é uma mera especulação fantasiosa, com pouco apoio científico. De maneira interessante, estudos recentes na Universidade Emory demonstraram que memórias de experiências compartilhadas pelos nossos ancestrais podem ser transmitidas pelo nosso DNA. Por exemplo, os cientistas conseguiram demonstrar que ratos treinados para temerem um odor específico passam essas emoções para as gerações futuras, talvez fazendo com que os ratos futuros estejam mais bem preparados para enfrentar situações semelhantes. Como explica o dr. Brian Dias, da Universidade Emory: "Nossos resultados nos permitem apreciar como as experiências de um pai ou uma mãe, antes mesmo de conceber filhos, influenciam marcadamente tanto a estrutura quanto a função do sistema nervoso nas gerações subsequentes."*

Como, então, alguém domina a arte de contar histórias com as cartas? Paul Huson, renomado especialista em história do tarô, acredita que o segredo para ler o tarô *está mais na pessoa que faz a divinação* que nas cartas em si: "Do meu ponto de vista, as regras e os regulamentos da cartomancia foram reunidos de diversas fontes, e eu pertenço à escola de pensamento que diz que o segredo para fazer uma boa divinação se encontra no adivinho. Na verdade, acredito que qualquer um que queira ler as cartas não apenas tem o direito de o fazer, como também precisa desenvolver um método pessoal para fazê-lo…"**

---

* Dr. Brian Dias, citado em "Science Is Proving Some Memories Are Passed Down From Our Ancestors". *The Galactic Free Press*, 05 de abril de 2015, em soundofheart.org/galacticfreepress/content/science-proving-some-memories-are-passed-down-our-ancestors, acessado em 5 de maio de 2015 (em inglês).
** Paul Huson, citação do seu website: www.paulhuson.com/ (em inglês).

Um exemplo de narrativa

Para ilustrar a técnica de contagem de histórias, considere a seguinte leitura. Ela foi feita para uma universitária que perguntou sobre fazer pós-graduação em psicologia, o curso em que havia se formado na faculdade. Um orientador a tinha avisado que o campo da psicologia estava se tornando cada vez mais competitivo e ela estava preocupada, pois poderia obter uma pós-graduação para a qual haveria pouca demanda no futuro. Decidimos fazer uma tiragem de três cartas; ela tirou o Cinco de Paus, o Sete de Ouros e o Valete de Espadas.

Cinco de Paus, Sete de Ouros e Valete de Espadas (da esquerda para a direita)

A primeira carta mostra cinco jovens envolvidos numa competição vigorosa, espelhando muito de perto a situação que a fez buscar uma leitura. A segunda carta mostra um jovem agricultor fazendo uma pausa para refletir sobre as suas plantações (o Sete de Ouros) e fazendo planos para o direcionamento futuro dos seus esforços. A terceira carta, o Valete de Espadas, às vezes aparece quando o consulente está esperando ou lidando com notícias ou conselhos indesejáveis. Esse Valete é muito inteligente, esperto e engenhoso. Parecia que o tarô estava dizendo que essa estudante estava de fato confrontando uma feroz competição e precisaria planejar seus passos futuros com maior cuidado, usando toda a sua inteligência e recursos mentais. Depois de ponderar sobre essa interpretação, ela pediu para pegar mais uma carta para elucidar as implicações do Valete de Espadas, e ela pegou o Três de Ouros.

Essa carta mostra um jovem artesão trabalhando com diligência para criar um objeto belo em cooperação com dois indivíduos que respeitam seu trabalho e que estão dispostos a pagá-lo bem pelo seu habilidoso ofício. Aqui, o tarô parece estar aconselhando a estudante a dominar uma área do seu ofício e estabelecer uma reputação por fazer o seu trabalho com diligência e competência.

Três de Ouros

As cartas como entidades vivas

O famoso ocultista Aleister Crowley comparou aprender o tarô com fazer um novo grupo de amigos. Visualizando as cartas como indivíduos vivos, Crowley sugeriu métodos que permitem que os estudantes formem relações pessoais com as entidades do tarô. A visão das cartas como seres vivos pode parecer um pouco distante da realidade, mas não é muito diferente da visão junguiana de que o tarô significa arquétipos universais do inconsciente coletivo.

Crowley acreditava que os novatos no tarô só poderiam apreciar verdadeiramente as cartas se observassem de perto como o tarô se comporta por um período substancial de tempo. Em outras palavras, a compreensão do tarô vem apenas por meio da experiência extensiva com as cartas, tratando-as como se fossem seres sencientes. Como se chega no Carnegie Hall? Praticando, praticando e praticando!

Crowley avisa que o mero ato de intensificar o estudo das cartas como objetos, em vez de encará-las como indivíduos vivos, não é o bastante. O estudante precisa viver com as cartas e as cartas, por sua vez, precisam viver com o estudante. O iniciante no tarô e as cartas cheias de vida precisam de tempo para se conhecer. De que outra maneira um relacionamento pode se formar e crescer?

Para citar Crowley: "Uma carta não é isolada de suas companheiras. As reações das cartas, a interação entre elas, devem ser construídas na vida do estudante... Como ele mistura a sua vida com a delas? A maneira ideal é a contemplação... A maneira prática para o dia a dia comum é a divinação".*

A ocultista Dion Fortune levou a metáfora das cartas como entidades vivas de Crowley ainda além, sugerindo que os estudantes dormissem com as suas cartas, como jovens amantes que passam noites juntos explorando cada pequeno detalhe dos corpos um do outro.

Embaralhando e selecionando as cartas

Se ler o tarô envolve usar as cartas para preparar a sua intuição para que você possa contar uma história coerente, então dominar a arte da divinação com o tarô requer prática em contar histórias. Como diz o ditado, uma imagem vale mais que mil palavras. A arte do tarô envolve traduzir as imagens nas cartas para um conto mitológico que possa beneficiar o consulente. Quando lê as cartas para alguém, você colabora com a pessoa para criar uma narrativa que dá significado a algum aspecto da vida dela. Nesse processo, o tarólogo e o consulente são estimulados pelas imagens nas cartas.

As seguintes sugestões podem ajudar estudantes iniciantes de tarô a desenvolver essa habilidade:

- Confie na sua intuição e dê atenção especial aos primeiros pensamentos e impressões que vêm à mente quando você olha para as cartas.
- Pratique inventando uma história sobre cada carta no seu baralho e a conte em voz alta. Qual é o clima emocional da carta? As cores da carta evocam o que na sua imaginação? Que tipo de situação pode ser que a carta represente? O que os personagens estão pensando e

---

* Aleister Crowley. *The Book of Thoth* (São Francisco: Weiser, 1969), p. 249.

sentindo? De onde eles vieram para chegar ao ponto em que estão na carta? Para onde eles vão depois que a cena na carta terminar? O que suas posturas e expressões faciais sugerem? Se eles pudessem falar, o que estariam dizendo? Se você estivesse na situação deles, o que estaria sentindo? O que você faria?

- Faça o mesmo exercício com grupos de duas ou mais cartas. Como cada carta se relaciona com as outras? O que elas têm em comum? De que maneira contrastam umas com as outras? O que precisaria acontecer para a situação de uma carta se transformar na situação representada na outra? Quais personagens estão olhando uns para os outros? Quais estão olhando para direções opostas um do outro? Como os personagens em cartas diferentes poderiam interagir?
- Faça esse exercício com cada carta para cada posição de uma tiragem do tarô. Posições comuns de tiragem incluem passado, presente, futuro, obstáculos, auxílio, conselhos, prós e contras, problemas ocultos, o ambiente, esperanças e medos, resultado possível e outros. Um exemplo detalhado desse exercício pode ser encontrado no livro *Tarot Decoder*, de Kathleen McCormack, no qual a autora dá as suas impressões do significado de cada carta em cada uma das dez posições da tiragem da Cruz Celta.
- Coloque todas as cartas de algum naipe em particular em sequência e invente uma história que ligue uma carta à outra. Solte a sua imaginação.
- Vá com calma e tenha paciência. Roma não foi construída num dia só.

Ler pela internet

Tradicionalmente, as pessoas consultam tarólogos pessoalmente. Apesar de algumas autoridades do tarô acreditarem que apenas o tarólogo (e não o consulente) deve manusear o baralho, a maioria dos tarólogos acredita que é importante para o consulente participar no embaralhamento e no corte como parte do processo de selecionar as cartas. Esse envolvimento pessoal do consulente faz com que o tarô ressoe de maneira mais eficaz com as preocupações daquele que faz a pergunta.

Nesta era da internet, leituras de tarô podem ser feitas *on-line* com o consulente bastante distante do tarólogo e, portanto, incapaz de ter contato físico com as cartas. Para dar ao consulente uma participação ativa, desenvolvi o seguinte método para fazer leituras *on-line*. Depois de discutir as preocupações do consulente e o tipo de leitura que pode ser apropriado, peço a ele que reflita sobre a questão enquanto eu embaralho as cartas. Eu o instruo para que me diga para parar de embaralhar quando parecer a hora certa. Então corto as cartas e remonto o baralho, colocando a parte de baixo do corte em cima.

Depois, peço que o consulente pense num número de um a dez e conto de cima para baixo no baralho até a carta correspondente ao número escolhido. Repito o processo de embaralhar, cortar e selecionar um número de um a dez até que eu e o consulente tenhamos escolhido, juntos, todas as cartas da tiragem. Dessa forma, o consulente participa de modo ativo do embaralhamento, do corte e da seleção de todas as cartas para a leitura, e eu atuo apenas como seu agente. Os consulentes costumam se surpreender com o quanto as cartas que escolhem pensando num número "aleatoriamente" de um a dez se enquadram na natureza das suas preocupações. Coloquei a palavra "aleatoriamente" entre aspas porque é possível que a escolha de cada carta seja um exemplo de sincronicidade junguiana.

Previsão de datas com o tarô

É possível prever datas?

Há uma divergência de opiniões sobre a possibilidade de se prever datas com o tarô. O meu ponto de vista baseado na experiência é que as cartas *não* dão o momento exato em que um determinado evento pode ocorrer. A astrologia é mais útil para esse propósito. Em vez disso, vejo o tarô como uma técnica que dá poder aos consulentes para que elucidem situações e tomem decisões eficientes que influenciarão seu futuro. O que acontecerá no futuro depende de como pensamos, sentimos, agimos e decidimos no presente. Se mudarmos o nosso padrão de pensamentos e os nossos sistemas de crenças, o futuro mudará com eles. Vejamos algumas das técnicas de previsão sugeridas na literatura.

A técnica de previsão mais simples

Uma técnica simples e eficaz de previsão é incluir uma faixa específica de tempo na pergunta. Por exemplo, em vez de fazer uma pergunta genérica sobre um novo relacionamento, você pode fazer a pergunta da seguinte maneira: "Como este relacionamento evoluirá *durante os próximos três meses?*" Outros exemplos de perguntas com limites de tempo são: "O que preciso aprender com você *hoje?*" ou "no que preciso me focar *durante esta semana, este mês/ano?*" e assim por diante. Em poucas palavras, se você tem uma pergunta sobre um período de tempo específico, simplesmente inclua a faixa de tempo na pergunta.

Correlações com as estações do ano

O tarô tem quatro naipes e o ano tem quatro estações; portanto, podemos associar cada naipe do tarô com uma das estações. Essas associações guiarão a sua intuição para julgar um momento de possível ocorrência. Uma série de associações normalmente usadas vem da astrologia:

- Paus – Fogo – Primavera.
- Copas – Água – Verão.
- Espadas – Ar – Outono.
- Ouros – Terra – Inverno.

Se você preferir um sistema de associações que não seja o astrológico, vá em frente e use-o.

O método a seguir é uma maneira simples de responder a pergunta: "quando (em qual estação do ano) tal e tal ocorrerá?". Embaralhe as cartas enquanto se concentra na pergunta com a intenção sincera de obter uma resposta. Quando você sentir que é a hora, corte e remonte o baralho. Agora vá virando as cartas em ordem. O primeiro Ás que aparecer indicará a resposta de acordo com o seu naipe. Por exemplo, se o primeiro Ás pertence ao naipe de Ouros, a resposta é "no inverno".

Com que rapidez as coisas evoluirão

Em vez de dar um período de tempo específico, este método sugere a rapidez com que uma situação se desenvolverá, dependendo do naipe da carta do resultado ou da predominância de um naipe em particular na tiragem. Paus, sendo quente e de Fogo, sugere uma ação rápida. Espadas, sendo quente e de Ar, é um naipe rápido mas não tanto quanto Paus. Copas, sendo frio e de Água, é um pouco lento. Por fim, Ouros, sendo frio e de Terra, é o mais lento de todos. Para resumir:

- Paus – quente e de Fogo – muito rápido (em horas ou dias).
- Espadas – quente e de Ar – moderadamente rápido (em dias ou semanas).
- Copas – frio e de Água – moderadamente lento (de semanas a meses).
- Ouros – frio e de Terra – muito lento (de meses a anos).

Por fim, devo mencionar que a Golden Dawn associou cada carta do tarô a um período de tempo específico. Essas associações estão inclusas nas descrições individuais das cartas nos capítulos subsequentes. Sugiro que você faça experimentos com os métodos acima. Você também pode buscar no Google técnicas de previsão de datas com o tarô para ver se alguma das sugestões são aplicáveis na sua prática do tarô.

Nove

Dispondo as Cartas para Fazer a Leitura

O que é uma tiragem de tarô

Os tarólogos geralmente dispõem as cartas num padrão predeterminado chamado *tiragem*. Cada posição na tiragem recebe um significado particular, e a carta que cai naquele local é interpretada no contexto do significado atribuído ao ponto na disposição. Por exemplo, numa tiragem de três cartas de passado-presente-futuro, a carta na primeira posição se refere ao passado, a carta do centro dá informação sobre o presente e a carta final indica as tendências do futuro.

A literatura do tarô está repleta de tiragens para toda ocasião. Muitos livros que detalham uma grande variedade de maneiras de dispor as cartas estão disponíveis. Talvez a tiragem mais popular do último século seja a disposição da Cruz Celta, popularizada por A. E. Waite em seu influente livro de 1910 sobre o tarô. A Cruz Celta foi a tentativa de Waite de oferecer uma alternativa simples ao método intricado e complexo do Abrir da Chave, que ele havia aprendido com a Golden Dawn.

Hoje em dia, muitos tarólogos preferem inventar suas próprias tiragens para se adaptarem à questão em mãos, fornecendo dessa forma as informações específicas desejadas pelo consulente. Em 2013, a editora Llewellyn publicou um *"kit de ferramentas"* para construir tiragens chamado de *The Deck of 1000 Spreads* [O Baralho de 1000 Tiragens], do autor Tierney Sadler. A contracapa desse *kit* diz que os usuários podem "misturar e combinar estas 59 cartas identificadas e 6 cartas em branco para customizar qualquer leitura de tarô imaginável. Cada uma contém um tema identificado por cor, o nome de uma disposição de tiragem usada com frequência e uma descrição por escrito da disposição". Os temas identificados por cor incluem o foco da questão, as influências às quais o consulente deve prestar atenção, os personagens envolvidos na situação, o período de tempo e os pontos relacionados ao resultado, incluindo conselhos relevantes, a resolução em potencial e quaisquer lições a serem aprendidas.

A carta diária

Muitos tarólogos tiram uma carta ao acaso todos os dias como um foco para a contemplação. Não há nada de especial em tirar uma carta nova a cada dia. Se a sua carta "diária" parecer particularmente significativa, fique à vontade para ponderar sobre ela por vários dias antes de passar para a próxima carta. Se ela parecer irrelevante, você é livre para escolher uma outra carta para o dia. A minha prática particular é manter um baralho de tarô na minha mesa para que eu possa embaralhar as cartas e tirar uma sempre que o espírito me move. As seguintes sugestões podem ajudá-lo na sua carta diária:

- Embaralhe as cartas num estado tranquilo e meditativo com a intenção sincera de puxar uma carta que será significativa para você no momento.
- Quando você sentir que é a hora, puxe uma carta aleatoriamente.
- Falando alto, descreva a carta como se estivesse conversando com um amigo. Lembre-se do conto do rabino que contou a história do vilarejo para o Senhor. Não tente analisar o significado da carta neste estágio. Apenas fale em voz alta o que vê na carta.
- Se você tiver algum *insight* enquanto estiver falando sobre a carta, anote-o no seu diário de tarô.
- Depois pense sobre as interpretações possíveis da carta. Algum desses significados tem alguma relação com a sua vida agora? Se tiver, anote no seu diário. Sinta-se à vontade para ler o que autores de tarô escreveram sobre a carta, tendo em mente que ninguém tem monopólio sobre a verdade.
- Mais tarde no mesmo dia, reflita sobre a carta e faça as mesmas perguntas a si mesmo. De que maneira o significado arquetípico da carta se manifestou na sua vida diária? Pode ser que você tenha visto um dos temas da carta numa interação com um amigo ou numa notícia, num programa de TV e outras coisas desse tipo. O que você aprendeu com a carta? Mais uma vez, anote *insights* e experiências como essas no seu diário.

- Se a carta parece particularmente significativa, sinta-se à vontade para ponderar sobre ela por vários dias antes de passar para a próxima carta.
- Se tirar só uma carta por dia não lhe parece muito interessante, tente tirar várias cartas regularmente. Lembre-se de que é crucial criar o hábito de fazer isso.

Leituras de uma só carta

Da mesma maneira que na carta diária, você pode tirar uma carta de modo aleatório para elucidar uma situação. Como de costume, embaralhe as cartas num estado meditativo com a intenção sincera de lançar luz sobre o problema. O que vem a seguir é um exemplo de leitura de uma só carta. Antes de ler os detalhes da situação, olhe a imagem do Dez de Espadas e diga o que você vê. Que tipo de situação esta carta pode representar?

Dez de Espadas

A situação

Antes de continuar lendo, não deixe de olhar a imagem do Dez de Espadas e considerar que tipo de situação ele pode representar. A história é a seguinte: Faço parte de um grupo semanal que pratica intercâmbio de línguas *on-line*. Em certa ocasião a líder do grupo deixou uma mensagem dizendo que não poderia participar pois seu marido havia caído doente de súbito e ela precisava acompanhá-lo ao hospital. Preocupado pela doença do marido dela, tirei uma carta do tarô: o Dez de Espadas.

Essa carta ameaçadora mostra um homem caído no chão com dez espadas perfurando o seu corpo. A carta parecia sugerir que o estado de saúde do marido dela era bastante grave. Ninguém no grupo ouviu falar dela durante a semana seguinte e ela não apareceu na reunião seguinte. Estávamos todos um pouco preocupados.

No final da segunda semana, ela mandou um *e-mail* explicando que seu marido havia sido levado de ambulância ao hospital e entrado na Unidade de Tratamento Intensivo. Ela ficou com ele no hospital e não tinha acesso a um computador para entrar em contato com o grupo. A vida dela havia virado de cabeça para baixo. Ela não sabia quando poderia voltar ao grupo, pois ela e o marido estavam enfrentando visitas constantes a médicos, enfermeiros e terapeutas, e ela não sabia por quanto tempo aquilo iria durar. A imagem do Dez de Espadas capturou bem a experiência dela com a doença do marido. Felizmente ele acabou tendo alta do hospital e aos poucos se recuperou, algo talvez simbolizado pelo brilho do sol no plano de fundo distante da carta.

Leituras com duas cartas

As leituras de uma só carta são limitadas, pois uma só carta não dá um senso da sequência dos eventos. Para obter um indício de como as coisas progredirão, em geral é necessário tirar duas ou mais cartas. O texto a seguir é um exemplo de leitura com duas cartas.

A pergunta foi feita por uma mulher cujo filho havia sido preso por dirigir embriagado. As penalidades no estado em que ela morava eram bem severas para uma infração dessas, e ela temia que o filho fosse preso. Como não tínhamos muito tempo, fiz com que tirasse apenas duas cartas com a intenção de entender o resultado possível do dia que o filho dela passaria no tribunal. Ela tirou o Seis de Espadas e o Dez de Copas, nessa ordem.

A sequência de cartas sugere um distanciamento da situação difícil em direção a um período de tranquilidade familiar. A primeira carta, o Seis de Espadas, mostra um barqueiro empurrando uma mulher e uma criança (a consulente e o filho?) para longe de águas revoltas. O barqueiro poderia representar o advogado que o filho dela havia consultado para cuidar do caso. Ela e o filho confiavam na habilidade do advogado. No final, o filho dela não foi para a prisão. Em vez disso, ele recebeu uma sentença suspensa com um requisito de prestar serviços comunitários e de comparecer num aconselhamento contra o uso de álcool. Um pouco mais para a frente, nós veremos uma outra tiragem para a mesma situação, mas desta vez com a pergunta feita pelo marido da mulher.

Seis de Espadas e Dez de Copas (da esquerda para a direita)

Leituras de três cartas: um salve para Hegel

A leitura de três cartas é uma maneira popular de se ler o tarô. A eficácia da tiragem de três cartas pode ter as suas raízes na filosofia de Hegel: tese – antítese – síntese. A tese se refere a uma ideia ou a uma proposição, a antítese é uma reação ou uma negação à proposição, e a síntese é uma resolução criativa que soluciona o conflito entre as duas. O tema hegeliano de uma síntese criativa surgindo da reconciliação de duas forças contraditórias também aparece na Temperança, o trunfo XIV, uma carta associada com o centauro Sagitário.

O autor James Ricklef escreveu um livro inteiro sobre tiragens de três cartas chamado *Tarot Tells the Tale* (Llewellyn, 2004). Nele, Ricklef demonstra o poder dessa tiragem (que só é simples na aparência) com uma grande quantidade de leituras de exemplo. Dentre as muitas variações das disposições de três cartas na literatura do tarô, é possível encontrar:

- Passado – Presente – Futuro.
- Mente – Corpo – Espírito.
- Fundamento – Problema – Conselho.
- Preocupação Central – Obstáculo – Resolução.
- Sim, se – Não, se – Talvez, se…
- Dilema – Opção 1 – Opção 2.
- Situação – Ação – Resultado.
- Abordagem Yang – Abordagem Yin – Síntese Criativa.
- Consulente – Outra Pessoa – Relacionamento.
- Caminho Espiritual – Práticas – Postura (do *website* Art of Change Tarot).
- Vantagens – Desvantagens – Resultado (se confrontado com múltiplas opções, você pode fazer uma tiragem de "vantagens – desvantagens – resultado" para cada opção para ajudar a esclarecer o melhor a se fazer.)

Experimente inventar as suas próprias tiragens de três cartas para questões específicas. Você pode encontrar muitos exemplos dessa disposição *on-line*. É uma técnica poderosa que não sobrecarrega o tarólogo, mas ao mesmo tempo fornece visões úteis. O tarô deve gratidão a Hegel.

Uma leitura pessoal de três cartas

Esta leitura foi feita numa terça-feira, 29 de julho de 2014. Enquanto eu fazia pesquisas para este livro, caí no *site* da Llewellyn de leituras de tarô, que oferece interpretações gratuitas geradas por computador.* Ali selecionei uma tiragem de Passado – Presente – Futuro. Como eu estava dando os primeiros passos para escrever este livro, perguntei: "No final, como este livro se sairá?". As seguintes cartas apareceram:

A Sacerdotisa invertida na posição do passado fazia sentido. Eu estava me sentindo travado, tentando imaginar o que escrever e como falar. O acesso à minha intuição parecia temporariamente bloqueado.

---

* Llewellyn Worldwide. "Tarot Reading", http://www.llewellyn.com/tarot_reading.php (em inglês).

O Três de Ouros na posição normal e do presente era encorajador. Essa carta sugeria que eu usasse os meus talentos e trabalhasse em colaboração com o meu editor na Llewellyn para progredir no livro. O foco deveria ser na qualidade e num trabalho bem feito. Eu precisaria continuar talhando o bloco de mármore para revelar a forma de dentro.

O Quatro de Paus na posição normal e do futuro também era um bom sinal. O *site* da Llewellyn deu as palavras-chave "repouso após dificuldades" e acrescentou "alcançar um estado de equilíbrio, paz e contentamento após uma longa provação". As cartas sugeriam que eu persistisse e me focasse na qualidade apesar da longa provação. No final, o resultado deveria ser favorável e trazer contentamento. Espero que as cartas estejam certas.

Sacerdotisa (invertida), Três de Ouros (na posição normal) e Quatro de Paus (na posição normal) (da esquerda para a direita)

A tiragem do tema com variações

Essa tiragem consiste em cinco cartas dispostas num quadrado com uma carta no centro e uma em cada um dos quatro cantos, representando variações sobre um mesmo tema. Se você tiver um problema em particular que gostaria de esclarecer, a carta 5 representaria o tema principal e as outras quatro cartas significariam as várias características daquele tema.

Um exemplo de tiragem do tema com variações

O consulente é um jovem engenheiro que terminou o curso na Espanha, no entanto não conseguiu encontrar trabalho por lá devido à crise econômica. Por fim, ele encontrou um trabalho, mas teria que se mudar para a China, para a decepção da sua família, que lhe disse que sentiria muito a sua falta se ele se mudasse para outro país. Ele pediu uma leitura geral, e apareceram as seguintes cartas:

- **Carta 1**: Valete de Espadas.
- **Carta 2**: O Enforcado.
- **Carta 3**: O Hierofante (Papa, Sumo Sacerdote).
- **Carta 4**: Três de Copas.
- **Carta 5**: O Tema Principal: O Carro.

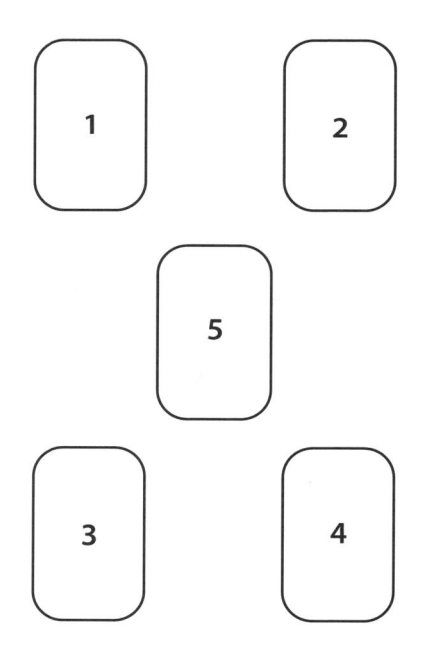

Tiragem de Cinco Cartas

Como tema central, o Carro representava a jornada dele para a China para encontrar trabalho na sua profissão. Enquanto eu e ele discutíamos as variações desse tema, ficou claro que o Valete de Espadas estava relacionado a uma conversa recente que ele havia tido com sua família, na qual lhe disseram que gostariam que ele voltasse à Espanha para viver mais próximo deles, se casasse e constituísse uma família (temas relacionados ao Hierofante). Para a família dele, a decisão de viver e trabalhar na China parecia uma maneira muito incomum de se buscar uma carreira (simbolizada pelo Enforcado). Ele esperava que no fim todos se contentassem com a sua decisão e celebrassem o seu sucesso (Três de Copas).

Entrevistando um novo tarô com a tiragem do tema com variações

A maioria dos entusiastas do tarô tem mais de um baralho e usa baralhos específicos para propósitos específicos. Por exemplo, você pode usar um tarô para ler para si mesmo, outro para meditação e outro ainda como inspiração criativa ao iniciar projetos. Uma maneira de se familiarizar com um novo tarô é "entrevistá-lo" por meio de uma tiragem. A disposição do tema com variações serve para esse propósito.

A carta 5 no centro deve representar a sua experiência geral de trabalhar com o baralho, e variações sobre esse tema devem ser atribuídas às outras quatro cartas. Decida o que quer explorar e faça uma lista de significados para cada posição na tiragem. Por exemplo:

- **Carta 1:** Qual é a minha parte no relacionamento com estas cartas?
- **Carta 2:** Quais qualidades especiais e experiências de aprendizado estas cartas têm a oferecer?
- **Carta 3:** Qual a forma mais produtiva de usar estas cartas?
- **Carta 4:** Quais limitações ou obstáculos posso enfrentar ao usar estas cartas?
- **Carta 5:** Como será a minha experiência geral ao trabalhar com estas cartas?

A tiragem em ferradura

A tiragem em ferradura é útil para quando não estamos certos sobre o melhor curso de ação. Ela leva esse nome porque as cartas são dispostas no formato de uma ferradura, com cada carta representando um aspecto da situação. Dizem que as ferraduras trazem boa sorte e algumas pessoas penduram ferraduras na porta de casa para protegê-la e atrair boa sorte. Um ponto de discórdia é se a ferradura deve ser pendurada com a sua abertura para baixo ou para cima. Colocar as duas pontas da ferradura viradas para cima (em forma de U) teoricamente ajuda a coletar e a guardar as boas vibrações.

O diagrama incluso representa a disposição típica da tiragem em ferradura. Se você acredita que deixar a ferradura com as pontas para baixo pode derramar toda a boa sorte, basta inverter o diagrama para segurar toda a boa sorte!

Existem muitas variações na literatura sobre as maneiras de se usar essa tiragem. A abordagem a seguir costuma ser útil, mas os tarólogos devem se sentir à vontade para atribuir seus próprios significados às posições para adaptar ao problema em mãos.

1. Influências do passado afetando a situação atual.
2. Questões do presente relacionadas ao problema.
3. Desdobramentos futuros que precisarão de atenção.
4. Conselho sobre o melhor curso de ação.
5. Como aqueles próximos ao consulente (família, amigos, sócios etc.) se relacionam com o problema.
6. Obstáculos e influências ocultas que o consulente pode ter de levar em consideração para resolver o problema.
7. O possível resultado do curso de ação proposto.

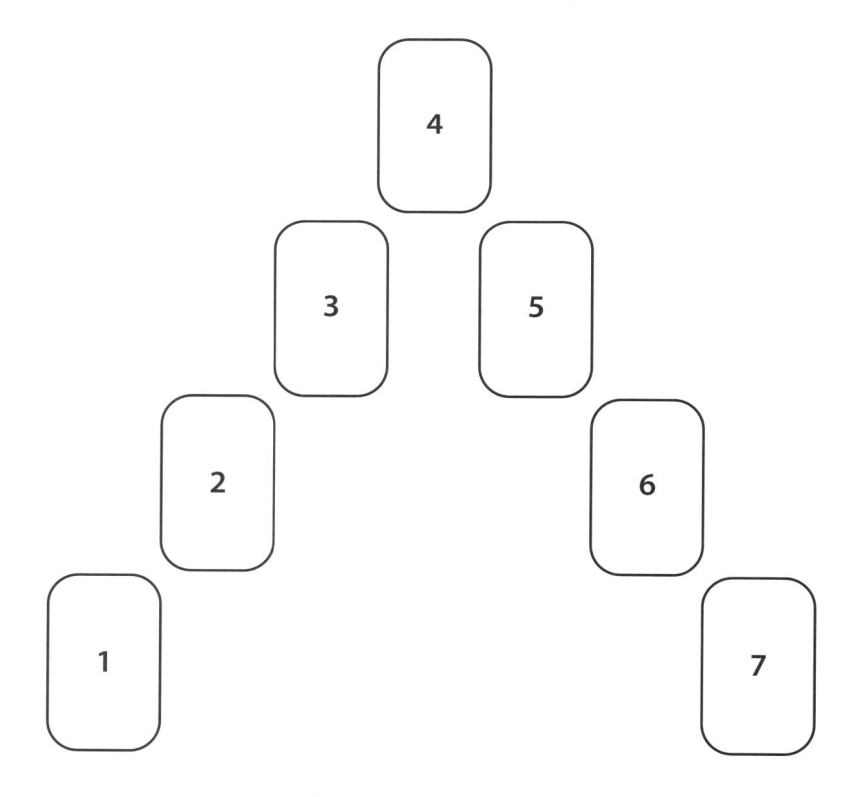

Tiragem em Ferradura

Um exemplo de tiragem em ferradura

Este é um exemplo de uma tiragem em ferradura. O consulente estava preocupado com o seu filho adulto, que havia sido detido havia pouco tempo por dirigir embriagado. O consulente e a esposa ajudaram o filho a encontrar um advogado e o acompanharam ao tribunal. A carta de motorista do filho foi suspensa e ele foi condenado a um ano de liberdade condicional. Nos dias após a audiência no tribunal, o filho foi ficando cada vez mais isolado e deprimido. Os pais ficaram preocupados com a possibilidade de que o filho desenvolvesse tendências suicidas. O pai fez a seguinte pergunta aberta: "Qual a melhor maneira pela qual posso ajudar meu filho nesta situação?". Nós fizemos uma tiragem em ferradura.

- **Carta 1,** influências do passado: *O Rei de Paus*. O consulente sentiu que o Rei de Paus se referia ao seu papel ativo em ajudar o filho a encontrar um advogado.
- **Carta 2,** questões do presente: *O Sumo Sacerdote*. É quase certo que o Sumo Sacerdote, que é um porta-voz do comportamento moral e dos valores tradicionais, se referia à necessidade de seu filho buscar ajuda para enfrentar o alcoolismo e atender aos requisitos da liberdade condicional.
- **Carta 3,** o futuro próximo: *Três de Ouros*. Esta carta pode se referir a buscar uma solução criativa em cooperação com outras pessoas.
- **Carta 4,** conselho: *Dez de Copas*. O conselho do Dez de Copas é para manter o foco no amor e no apoio familiar. Acusações e recriminações não ajudariam. A esposa do consulente também havia tirado o Dez de Copas numa tiragem de duas cartas sobre o mesmo problema.
- **Carta 5,** aqueles próximos ao consulente: *Dois de Ouros*. Era possível que os outros membros da família estivessem ocupados, lidando com muitas responsabilidades. Na verdade, os outros filhos do consulente também precisavam de atenção naquela ocasião.
- **Carta 6,** obstáculos e complicações ocultas: *A Imperatriz*. O consulente pensava que a Imperatriz provavelmente se referia à sua esposa, que estava muito angustiada com a depressão do filho e com o risco de suicídio. Ele sentia a necessidade de estar disponível emocionalmente tanto para o filho deprimido quanto para a esposa, por causa do seu estado mental perturbado.

- **Carta 7,** o possível resultado: *Quatro de Paus*. Esta carta em geral representa paz e segurança. A tiragem parecia aconselhar o consulente a continuar apoiando seu filho de maneira amorosa como um membro querido da família. Apesar da culpa e da depressão, a percepção do filho do amor e do cuidado de seus pais o ajudaria a superar esses tempos difíceis.

Esclarecendo as opções com a tiragem em ferradura

Você também pode utilizar a tiragem em ferradura de sete cartas para obter esclarecimento sobre duas opções. Nesse caso, a carta central (4) representa a situação sobre a qual a pergunta foi feita. Saindo da posição central estão as cartas 3, 2 e 1 que representam respectivamente as vantagens, as desvantagens e o resultado possível da primeira opção; e as cartas 5, 6 e 7, que significam as vantagens, as desvantagens e o resultado possível da segunda opção.

(Opção Um)	SITUAÇÃO Carta 4	(Opção Dois)
Vantagens Carta 3		*Vantagens* Carta 5
Desvantagens Carta 2		*Desvantagens* Carta 6
Resultado Carta 1		*Resultado* Carta 7

Esclarecendo Opções

A disposição da Cruz Celta

A Cruz Celta é a minha disposição do tarô favorita. Ela foi popularizada por A. E. Waite em seu livro *The Pictorial Key to the Tarot*, no qual ele a oferece como uma alternativa à tiragem longa e complexa da Abertura da Chave usada pela Golden Dawn. O método que eu sigo é muito parecido com o original de Waite, com algumas modificações mínimas.

Waite começava escolhendo uma carta significadora para representar o consulente. Ele então usava a direção para onde a figura da carta estava orientada para determinar as posições de passado e futuro da tiragem. O futuro ficava à frente do significador do consulente e o passado, atrás. A minha prática é omitir o significador e partir imediatamente para a tiragem.

A Cruz Celta consiste em duas cruzes, uma pequena de duas cartas no interior com uma maior, de quatro cartas, na parte de fora ao redor, mais uma coluna de quatro cartas na direita. Eu disponho as cartas como no diagrama a seguir.

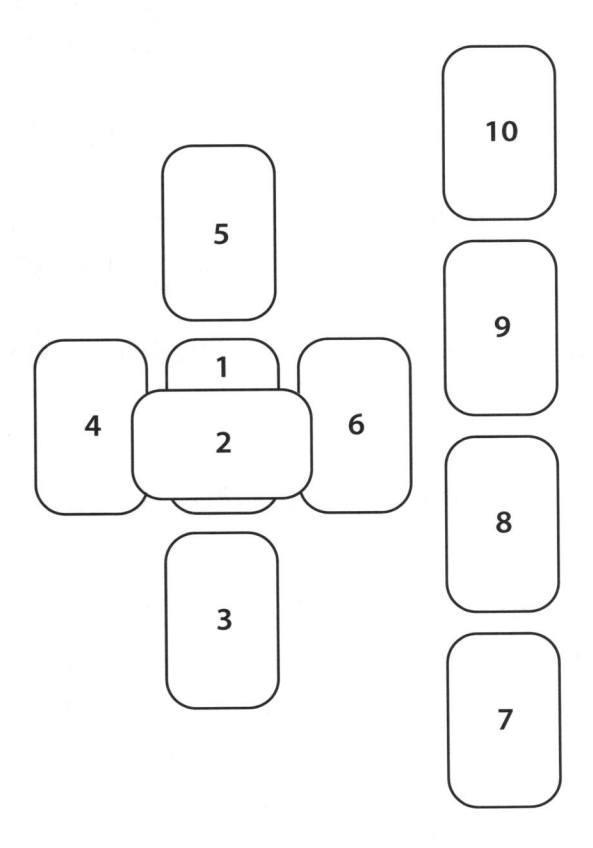

A Tiragem da Cruz Celta

- **A carta 1** "cobre" o significador, se você o usa, e é a carta central que representa o tema principal da leitura.
- **A carta 2** "cruza" a carta central e representa um desafio ou problema que o consulente precisa superar enquanto lida com a questão central da carta 1. Juntas, essas duas cartas formam a cruz central da leitura.

As cartas 3, 4, 5 e 6 formam uma segunda cruz envolvendo a cruz central.

- **A carta 3** é a base ou os fundamentos da questão.
- **A carta 4** se refere a um evento, um sentimento ou uma ideia do passado recente que tem influência direta na questão central.
- **A carta 5** mostra um potencial ou um resultado ideal, ou seja, o que pode acontecer ou o que o consulente talvez queira que aconteça. Alguns tarólogos veem essa carta como representação do que está acontecendo no presente na vida do consulente.
- **A carta 6** aponta para algo que acontecerá no futuro próximo que se relaciona ao assunto.

A coluna de quatro cartas à direita destas duas cruzes dá informações adicionais.

- **A carta 7** representa a atitude e a experiência do consulente em relação ao tema central.
- **A carta 8** mostra a atitude e a experiência daqueles próximos ao consulente em relação ao tema principal.
- **A carta 9** se refere às esperanças e aos medos do consulente no assunto central.
- **A carta 10** sugere o resultado provável.

Um exemplo de leitura com a Cruz Celta

O exemplo a seguir deixará claro o processo. O consulente é um profissional liberal de trinta e poucos anos. Ele mora com sua namorada de muitos anos. Ele pediu uma leitura geral para revelar quais questões podiam ser importantes na sua vida naquele momento.

A **carta 1** era a Rainha de Espadas. Ela podia representar uma mulher importante na vida dele ou um traço de personalidade que ele devia cultivar naquele momento. Se essa carta se referir a uma situação, ela envolverá uma certa quantidade de tristeza, lamentação ou perda. A Rainha de Espadas costuma ser chamada de carta da "viúva", pois ela é uma mulher que sofreu perda ou privação. De maneira interessante, um dos significados tradicionais dessa carta é "esterilidade".

A **carta 2** era a Imperatriz. A Imperatriz é uma mulher fértil e produtiva, que muitas vezes está relacionada com questões de casamento, gravidez e maternidade. Vendo a Rainha de Espadas cruzada pela Imperatriz, uma combinação de duas mulheres poderosas, eu perguntei se algo relacionado à namorada dele estava em sua mente. O consulente respondeu que sua namorada havia se consultado com um médico no dia anterior e ele disse que, se ela não engravidasse logo, ela poderia nunca mais ser capaz de ter filhos. Ela sempre quisera ter um filho e estava apreensiva, pois poderia envelhecer sem constituir sua própria família.

A **carta 3** era a Rainha de Paus, outra mulher importante, desta vez na posição dos alicerces da leitura. Essa rainha é uma mulher enérgica que gosta de se manter ocupada e de estar no controle. Considerando o que o consulente havia dito sobre sua namorada, eu me perguntei se ela sentia necessidade de fazer algo para garantir que ficasse grávida logo e constituir uma família. Ele disse que sua namorada era uma pessoa enérgica.

A **carta 4**, a posição do passado recente, era a Torre, uma carta de distúrbio súbito. Sua namorada havia ouvido as palavras do médico como um raio do céu. A possibilidade de nunca ser mãe abalaria o plano de vida que ela havia idealizado para si mesma.

A **carta 5**, o resultado possível, era o Cinco de Paus, um grupo de jovens envolvidos em rivalidades e competição. Essa carta sugeria que ele e sua namorada não concordavam sobre ter um filho naquele momento. Ele concordou, acrescentando que começar uma família naquele momento abalaria muito a sua carreira.

A **carta 6**, do futuro próximo, era o Nove de Espadas, às vezes chamada de carta do pesadelo. Ela mostra uma mulher, talvez uma freira enclausurada, sentada numa cama de noite num estado de preocupação. O consulente disse que a possibilidade de não ser capaz de ter filhos estava pesando na mente de sua namorada. Além disso, a saúde da mãe dela era outro motivo de preocupação recente.

A **carta 7**, a experiência do consulente na questão, era o Julgamento, que mostra um anjo tocando uma trombeta no fim dos tempos para acordar as almas dos mortos e chamá-las para uma nova fase de existência. O consulente sentia que ter um filho naquele momento seria como entrar numa fase da vida completamente nova. Ele ainda disse que o anjo na carta do Julgamento o lembrava do nome da sua namorada, que era Angela!

A **carta 8**, a experiência daqueles próximos ao consulente, era o Nove de Copas, muitas vezes chamada de "carta do desejo". É quase certo que essa carta se referia à crença de sua namorada de que ficar grávida seria um desejo se tornando realidade.

A **carta 9**, esperanças e medos, era o Valete de Copas. Os valetes representam crianças, então o Valete de Copas poderia representar o seu próprio desejo de ter filhos e também o seu medo de dependência.

A **carta 10**, o resultado final, era a Roda da Fortuna. A tiragem parecia indicar que forças maiores do que os dois membros do casal estavam em ação. O resultado poderia depender, de alguma maneira, de uma virada do destino. A Roda podia também significar que a oportunidade de ter filhos agora era presente, mas que passaria com o tempo, como havia dito o médico. Os dois tinham uma decisão importante a tomar enquanto a possibilidade de ter filhos ainda estava aberta.

Uma leitura com a Cruz Celta para um estudante cético

De tempos em tempos, um consulente **cético**, mas curioso, pede uma leitura. Nesse caso, o consulente era um universitário que estudava tradução e linguística. Por causa do seu interesse em línguas estrangeiras, ele pediu uma leitura para ter uma ideia de como as cartas são lidas.

A **carta 1** era o Ás de Ouros. Essa carta sugere que o tema principal da leitura tem a ver com oportunidades e recursos materiais.

A **carta 2** era o Rei de Copas. Esse rei é muitas vezes um profissional que pode ajudar o consulente, talvez alguém que pudesse ajudá-lo a alcançar o objetivo financeiro da carta 1.

A **carta 3** era o Diabo, um arcano maior que sugeria que um assunto de grande importância estava nas bases da leitura. A carta do Diabo muitas vezes tem a ver com alguma ambição material sendo perseguida, às vezes de modo obsessivo, excluindo outras questões de maior importância espiritual.

A **carta 4**, a posição do passado recente, era o Carro, um arcano maior que pode indicar que uma jornada ou ambição importantes estavam na mente dele no passado recente.

A **carta 5**, o resultado possível ou ideal, era o *Cinco de Paus*, mostrando um grupo de homens jovens envolvidos em rivalidades e competição.

A **carta 6**, o futuro próximo, era o Quatro de Paus, que mostra uma pessoa segurando com força dinheiro e recursos. Talvez no futuro próximo ele precisaria guardar o seu dinheiro para o propósito indicado pela carta 1.

A **carta 7**, a experiência do consulente na questão, era o Oito de Copas, que mostra um personagem se afastando de oito cálices, talvez em busca de uma situação mais satisfatória.

A **carta 8**, a experiência daqueles próximos ao consulente, era o Dez de Paus, mostrando um homem andando com um fardo de dez paus. Pode ser que as pessoas próximas a ele estivessem se sentindo um pouco sobrecarregadas.

A **carta 9**, das esperanças e dos medos, era o Quatro de Paus, que mostra pessoas celebrando um trabalho bem feito.

A **carta 10**, o resultado final, era o Ás de Paus. A tiragem parecia estar indicando que ele receberia uma oportunidade para buscar uma ambição empolgante, pessoal ou profissional.

Aliando as cartas ao fato de ele ser um estudante de língua estrangeira, sugeri que o tema principal da tiragem pudesse ter relação com a busca de uma bolsa de estudos (Ás de Ouros) com a ajuda de um mentor ou conselheiro (Rei de Copas) para ir atrás do objetivo de estudar no exterior (o Carro) para progredir na carreira (Ás de Paus), por causa de uma certa insatisfação com aquilo que ele poderia aprender na universidade em que estudava (Oito de Copas). Esse objetivo poderia apresentar-se para ele como uma obsessão (o Diabo), exigiria um gerenciamento cuidadoso de recursos (Quatro de Ouros) e envolveria competição com outros estudantes (Cinco de Paus).

O estudante cético disse que os meus comentários estavam corretos de maneira geral, mas que o fato de essas cartas aparecerem na leitura era provavelmente apenas coincidência. Ele confirmou que esperava passar um ano no exterior estudando línguas e que seria caro, que precisaria ser muito cuidadoso com as finanças. Não se convenceu de que o tarô tinha algo de útil a lhe oferecer.

A tiragem das casas do horóscopo

Para os interessados em astrologia, a disposição das Casas do Horóscopo oferece uma visão útil dos diversos aspectos da vida descritos pelas doze casas. Cada casa astrológica representa um campo diferente da experiência.

Para usar essa tiragem, coloque uma ou mais cartas em cada casa da roda do horóscopo e interprete as cartas no contexto do significado da casa. Muitos tarólogos colocam uma décima terceira carta (ou grupo de cartas) no centro da roda para representar o tema geral da leitura. As seguintes palavras-chave se aplicam às casas:

- **Casa 1:** O corpo, vitalidade, integridade física, caráter, estilo de personalidade, a motivação básica na vida, o começo dos assuntos.
- **Casa 2:** Renda, recursos, bens, posses, valores, finanças, habilidade nos negócios, talentos, capacidade de ganhar dinheiro, riqueza material.

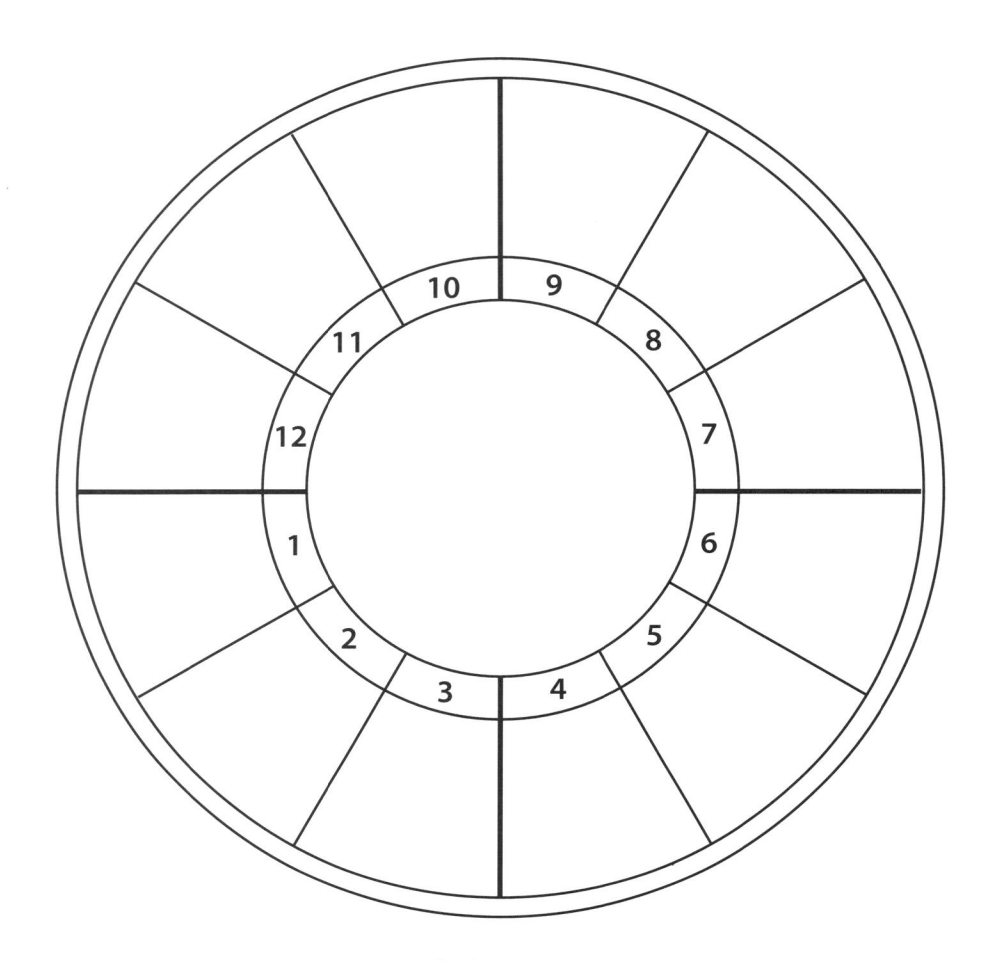

A Roda do Horóscopo

- **Casa 3:** Viagens locais ou curtas, habilidades motoras, mente prática, fala, capacidade de usar a linguagem, capacidades mentais, comunicação, notícias, cartas, documentos, mensagens, veículos, irmãos, parentes, vizinhos, ambiente local.
- **Casa 4:** O lar, ambiente da tenra infância, local de residência, família, pai, raízes, patrimônio, casas, imóveis, terrenos, clima, velhice, antepassados, tradição, condições no fim da vida, o final dos assuntos.
- **Casa 5:** Romance, amantes, assuntos do coração, aquilo que você faz para se divertir, prazeres, sexo, criatividade, filhos, gravidez, lazer, jogos, recreação, feriados, férias, enfeites, atividades criativas, *hobbies*, teatro, esportes, riscos, jogos de azar, empreitadas especulativas.

- **Casa 6:** Trabalho diário, colegas de trabalho, serviçal, subordinados, empregados, ambiente de trabalho, dependentes, serviço, preocupações com a saúde, dieta, tratamentos médicos, doenças, preocupações, infortúnios, pequenos animais, animais de estimação.
- **Casa 7:** Esposa ou marido, sócio, relacionamento conjugal, companheiro, relacionamentos pessoais, acordos contratuais, diplomacia, processos judiciais, adversários, inimigos declarados.
- **Casa 8:** Os recursos e o dinheiro de outras pessoas, impostos, heranças, morte, mortalidade, bens dos mortos, assuntos ocultos, compreensão profunda, transformação, penetração, procedimentos médicos ou cirúrgicos, crises pessoais, grandes mudanças de vida, perda parcial de algum aspecto da vida da pessoa.
- **Casa 9:** Educação superior, pensamento abstrato, viagens de longa distância, publicações, radiodifusão, línguas estrangeiras, lidar com estrangeiros, viagens para domínios não familiares, divinação, religião, deveres sacerdotais, filosofia, sabedoria, ciência, a lei, a busca pela verdade e pela justiça, expansão dos horizontes.
- **Casa 10:** Carreira, assuntos profissionais, figuras de autoridade, honras, sucessos, reconhecimento, imagem pública, reputação, dignidade, ambições, avanços, *status* mundano, o chefe, a mãe.
- **Casa 11:** Amizades, conselheiros, orientadores, benfeitores, questões humanitárias, clubes, grupos de pessoas parecidas; as nossas aspirações, objetivos, ideais, esperanças e desejos.
- **Casa 12:** Ruína, confinamento, limitações, sacrifício, adversidade, obstáculos, isolamento, introspecção, espiritualidade, a mente subconsciente, fantasia, ilusão, retiro espiritual, instituições que restringem a liberdade (hospitais, mosteiros e prisões, por exemplo), doenças crônicas, hospitalização, grandes animais, limitações pessoais, autossabotagem, escândalo, inimigos secretos, atividades por trás do pano.

Lendo a tiragem das casas com o baralho completo

Esse método usa o baralho completo de 78 cartas dividido em treze tiragens de seis cartas ($13 \times 6 = 78$). Escolha uma carta de significador para representar o consulente. Isso pode ser feito combinando a personalidade do consulente com uma das cartas da corte ou de qualquer outra maneira que você e o consulente achem cabível. Embaralhe e corte as cartas e depois remonte o baralho. Começando da casa 1, vá colocando uma carta em cada casa e uma carta no centro da roda (treze cartas ao todo). Continue com esse processo até que todo o baralho seja usado.

Agora você terá treze pilhas de cartas, uma em cada casa e uma no centro da roda. Cada pilha conterá seis cartas.

Encontre a pilha que contém o significador. Se você dispuser as cartas na posição normal, será fácil identificar o significador enquanto você estiver colocando as cartas. Repare em qual casa do horóscopo o significador está. Essa casa indica o assunto que mais preocupa o consulente. Disponha as seis cartas da pilha na ordem em que apareceram e relacione-as por tema para contar uma narrativa sobre os assuntos governados pela casa na qual elas caíram.

Agora faça o mesmo com a pilha de seis cartas no centro da roda. A pilha central faz um comentário geral sobre o curso da vida do consulente naquele momento.

Se outras perguntas surgirem enquanto vocês estiverem falando sobre essas duas pilhas de cartas, encontre a casa que diz respeito à pergunta, disponha as seis cartas e interprete-as no contexto das preocupações do consulente sobre esse aspecto de sua experiência de vida.

Uma tiragem simplificada de doze casas

Paul Marteau, restaurador francês do tarô, publicou um livro muito influente, *Le Tarot de Marseilles*, em 1949. Nele, apresentava uma tiragem de horóscopo que usava todas as 78 cartas. Uma versão simplificada desse método envolve selecionar doze cartas dos arcanos maiores e dispô-las na roda, uma carta em cada casa do horóscopo. O próximo passo é tirar uma carta para cada casa das 66 cartas restantes (arcanos maiores e menores misturados) e dispô-las na roda, uma em cada casa. A primeira rodada de arcanos maiores é lida da mesma maneira que você leria os planetas e os signos do zodíaco nas casas de um mapa astrológico. A segunda carta, que pode ser um arcano maior ou menor, revela as tendências futuras da casa. Se o consulente tiver mais perguntas sobre os assuntos de uma casa, uma terceira carta pode ser tirada para elucidar a situação.

Por exemplo, a Imperatriz (Vênus) na casa 9 dos assuntos estrangeiros pode sugerir uma agradável viagem para fora do país. Se acontecer de a próxima carta da casa 9 ser o Quatro de Ouros, essa viagem pode custar mais do que o consulente gostaria de pagar. A Golden Dawn associava o Quatro de Ouros com o sol em Capricórnio, sugerindo que o consulente pode viajar para um lugar de clima ensolarado (o sol) e gerenciar os gastos da viagem com um bom senso financeiro (Capricórnio).

A tiragem dos doze signos do zodíaco

A tiragem do zodíaco é disposta da mesma maneira que a tiragem das Casas do Horóscopo. A diferença é que, em vez de interpretar as cartas no contexto das *casas*, que representam *campos distintos da experiência de vida*, o leitor interpreta as cartas com referência aos significados arquetípicos dos *signos* do zodíaco, que representam *modos de ser* ou maneiras de se comportar no mundo. Uma característica adicional dessa tiragem é que cada signo do zodíaco é associado com um arcano maior que deve ser levado em conta na interpretação.

Na astrologia ocidental, um signo do zodíaco é definido como um doze avos do círculo do zodíaco. Cada signo mede 30 graus e recebe seu nome de uma das constelações do zodíaco da antiguidade. Por convenção, começamos o zodíaco com o signo Áries no primeiro dia da primavera do hemisfério Norte.

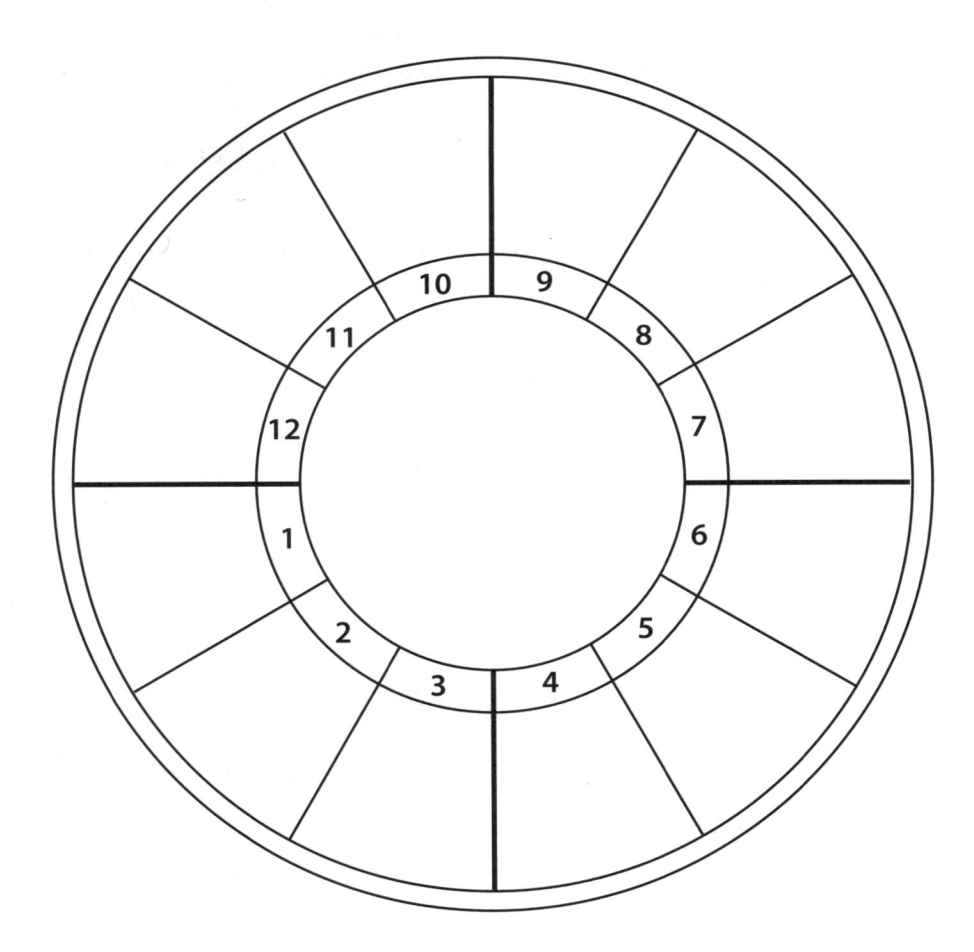

A Roda do Horóscopo

Usando o mesmo diagrama que você usou na tiragem das Casas do Horóscopo, use os seguintes conceitos e exemplos de perguntas para enquadrar a interpretação das cartas. À medida que você for adquirindo experiência com os significados dos signos e os arcanos maiores associados a eles, fique à vontade para usar as suas próprias perguntas em vez das que eu sugiro.

Interpretando a tiragem dos signos do zodíaco

- **Signo 1: Áries e o Imperador** – Como você está expressando o seu poder, a sua autoridade e a sua identidade individual no mundo?
- **Signo 2: Touro e o Hierofante (Papa, Sumo Sacerdote)** – Como você está buscando orientação na tradição ou numa autoridade superior para informar o seu senso de valores e a sua busca por significado na vida?
- **Signo 3: Gêmeos e os Enamorados** – O que você ama de verdade e como isso influencia nas grandes decisões que você tem que tomar na vida?
- **Signo 4: Câncer e o Carro** – Como você está mantendo o foco num objetivo importante da sua jornada? Você está assumindo o controle para que possa seguir em frente de maneira segura?
- **Signo 5: Leão e a Fortaleza (Força, Luxúria)** – De que maneira você está agindo corajosamente para confrontar a situação, regular as suas paixões e domar a fera interior?
- **Signo 6: Virgem e o Eremita** – De que maneira você está conseguindo se acalmar, permanecer centrado e acessar a sua sabedoria interior?
- **Signo 7: Libra e a Justiça** – Você está tratando a si mesmo e aos outros com equidade, honestidade e justiça?
- **Signo 8: Escorpião e a Morte** – Como você está aceitando a necessidade de transformação na sua vida? De que aspectos da vida você precisa se desapegar para que possa seguir em frente?
- **Signo 9: Sagitário e a Temperança** – Você está agindo com equilíbrio e moderação na reconciliação de aspectos conflitantes da sua vida numa síntese criativa?
- **Signo 10: Capricórnio e o Diabo** – Você está mantendo uma perspectiva espiritual enquanto vai atrás de ambições materiais importantes? Com quais tentações ou desejos obsessivos você está lidando?
- **Signo 11: Aquário e a Estrela** – Você está mantendo viva a esperança de modo a beneficiar você e aqueles próximos de você? Qual é o desejo do seu coração?

- **Signo 12**: **Peixes e a Lua** – Você está se mantendo aberto para a intuição e para ideias visionárias sem cair em ilusões e no pensamento fantasioso? De que maneiras você prejudica a si mesmo?

A tiragem da Árvore da Vida

Dez cartas (ou grupos de cartas) podem ser dispostas no padrão da Árvore da Vida Cabalística. Cada carta do tarô é interpretada no contexto do significado da Sephirah em que ela cai. A palavra em hebraico *Sephiroth* (plural de Sephirah) significa "emanações". As dez Sephiroth da Árvore da Vida podem ser vistas como dez emanações ou atributos por meio dos quais o *Ein Sof* (o Infinito) se revela e cria o universo em todos os seus aspectos. Como foi mencionado, a Árvore da Vida cresce de cima para baixo; suas raízes estão nos céus e os seus últimos frutos aparecem aqui na Terra.

As seguintes palavras-chave podem servir como guia para interpretar as cartas que caem em cada uma das posições. Na medida em que você for se familiarizando com essa tiragem, sinta-se à vontade para usar suas próprias palavras-chave e perguntas em vez das sugeridas.

Interpretando a tiragem da Árvore da Vida

1. **Kether.** A Coroa. A centelha da criação. Começos. O não manifesto. Fatores espirituais. Inspiração. O objetivo espiritual de uma pessoa. Qual é a centelha criativa que o está inspirando na sua situação atual? Qual o seu propósito espiritual neste momento?
2. **Chokmah.** O Pai. Sabedoria. Potência masculina. Virilidade. Yang. A masculinidade primordial. Responsabilidades. Os elementos na sua forma mais pura. O que você está tentando criar de modo assertivo e ativo? Como você está expressando a sua potência?
3. **Binah.** Compreensão. O Trono. A Grande Mãe. Sabedoria feminina. A feminilidade primordial. Yin. Receptividade. A escuridão dentro do útero. O ciclo de morte e nova vida. Problemas. Dificuldades. Decisões a serem tomadas. Associado ao planeta Saturno. De que maneira você está recebendo energia criativa e permitindo que ela cresça internamente? O que você deve deixar morrer para que novas vidas possam surgir e você possa criar algo de novo no mundo? Como você está lidando com os limites necessários impostos pela realidade?
4. **Chesed.** Misericórdia. Bondade. Majestade. Benevolência. Ajuda. Proteção. Fatores favoráveis (pontos positivos). Associado ao planeta Júpiter. Quais são os pontos positivos do seu curso de ação possível? Que tipo de ajuda e apoio estão disponíveis?

5. **Geburah.** Severidade. Força. Testes. Julgar e avaliar. Confusões. Fatores opostos (pontos negativos). Associado ao planeta Marte. Quais são os pontos negativos que conflitam com o seu curso de ação possível? Que tipo de obstáculos e provações você precisa confrontar? Que batalhas você precisa travar para alcançar os seus objetivos?

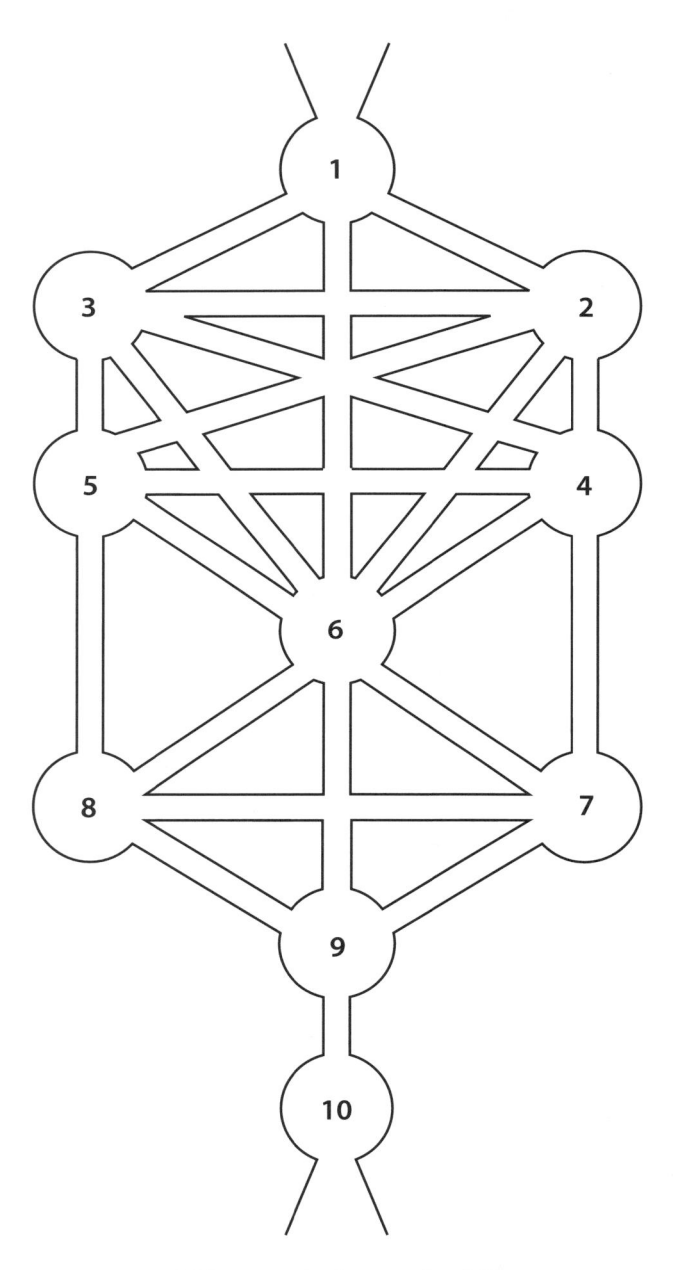

A Tiragem da Árvore da Vida

6. **Tiphareth.** Harmonia. Beleza. O deus que morre para renascer. O Centro. Iluminação. Sacrifício para um bem maior. Associado com o sol. Qual é o bem maior que resultará do seu curso de ação? As suas escolhas o farão se sentir mais centrado? Que sacrifícios você está disposto a fazer?
7. **Netzach.** Vitória. Sucesso. Realização. Relacionamentos. Amor. Desejo. Arte. Fatores emocionais. Associada com Vênus-Afrodite. Como a situação ressoa emocionalmente em você? Como ela afetará os seus relacionamentos pessoais? Alcançar o sucesso pessoal será uma obra de arte?
8. **Hod.** Glória. Esplendor. Intelecto. Carreira. Comunicação. Escrita. Ciência. Razão. Fatores mentais. Associado ao planeta Mercúrio. Você está pensando racional e estrategicamente sobre o melhor curso de ação? Com quem você precisa se comunicar? Você verificou todos os fatos e juntou indícios suficientes? Está se expressando com clareza?
9. **Yesod.** Fundamentos. Fatores inconscientes. O Inconsciente coletivo. Misticismo. Ilusão. Meditação. O mundo interior de uma pessoa. Associado à lua. Até que ponto as suas ações são baseadas na fantasia e num otimismo deslocado? Você presta atenção o suficiente na sua voz interior? Você precisa refletir bastante sobre uma decisão antes de agir?
10. **Malkuth.** O Reino. Nossa Terra. Satisfação. Finalização. Forma. Manifestação. Estabilidade. Lar. Família. O Mundo. Qual é o resultado final que você busca? Você alcançou a estrutura e a estabilidade que buscava? Como as suas ações afetam o seu lar, a sua família e a sua percepção das suas raízes?

A tiragem das cartas invertidas

Se você decidir usar cartas invertidas nas suas leituras, pode ser que você ache este método útil. Como as cartas invertidas chamam mais a atenção do que as outras cartas numa tiragem, você pode ler as cartas invertidas como se elas estivessem tentando passar uma mensagem especial. Leia apenas as cartas invertidas de qualquer tiragem do tarô em sequência, ignorando todas as cartas na posição normal. Assuma que as cartas invertidas estão tentando enfatizar uma questão importante à qual você precisa prestar mais atenção.

Por exemplo, na minha tiragem de três cartas que descrevi antes neste capítulo, a Sacerdotisa era a única carta invertida:

Sacerdotisa (invertida)
Três de Ouros (na posição normal)
Quatro de Paus (na posição normal)

Se eu presumir que a Sacerdotisa invertida tem uma mensagem especialmente importante a passar, qual poderia ser essa mensagem? Talvez ela esteja dizendo que o ingrediente mais importante para escrever este livro é entrar em contato com a minha intuição.

Dez

Os Arcanos Maiores

As cartas de Trionfi da Renascença

Os artistas renascentistas do século XV que inventaram o tarô acrescentaram um quinto naipe de cartas de trunfo (*trionfi*) ao baralho tradicional que foi para a Europa por meio dos mamelucos do Egito. O naipe adicional de trunfos, agora chamados de arcanos maiores ("segredos maiores"), consiste em 22 imagens alegóricas inspiradas pela mitologia greco-romana e pela Bíblia. Muitos tarólogos veem a sequência de trunfos como uma série de lições morais que o Louco deve dominar na sua jornada para a salvação. Os ocultistas muitas vezes chamam essas cartas de "chaves" por causa de uma especulação de 1781, de Antoine Court de Gébelin, que dizia que cada carta dos arcanos maiores representava uma chave para a sabedoria mágica ancestral do deus egípcio Thoth, cujos mistérios estariam cifrados no simbolismo das cartas.

Depois de os franceses conquistarem Milão e Piemonte da Itália, em 1499, levaram o jogo de tarô para a região de Marselha, na França, como um dos espólios de guerra. O tarô se tornou popular no sul da França e a indústria de cartas de jogo de Marselha cresceu e prosperou. Talvez por motivos de produção, os fabricantes de cartas franceses estabeleceram um *design* padronizado e uma quantidade e uma sequência específicas para os seus baralhos de tarô. Esse padrão ficou conhecido como o Tarô de Marselha e estabeleceu a norma para o que é considerado um baralho de tarô nos dias de hoje.

Em jogos de cartas, a sequência das cartas de trunfo é crucial, pois as cartas de nível mais elevado ganham das de nível baixo. As imagens nas cartas e a importância relativa delas umas em relação às outras sem dúvida refletiam o clima cultural, político e religioso de onde foram criadas. Muitos livros de tarô, no entanto, diminuem o papel desempenhado pelo simbolismo e pelos ensinamentos morais cristãos no desenvolvimento do tarô.

Para ilustrar essa questão, acompanhemos a jornada do Louco pelos arcanos maiores, como se o Louco fosse um iniciado na cristandade que precisava aprender como alcançar a salvação por meio dos ensinamentos da igreja medieval. Nos primeiros baralhos de tarô, o Louco não tem número. Ele é muitas vezes representado como um homem insano, um andarilho ou mendigo; fica completamente separado da sequência de trunfos do baralho de tarô. Nos jogos de tarô do norte da Itália, o Louco era considerado como uma espécie de coringa, pois jogar o Louco dispensava o jogador de jogar uma carta do mesmo naipe ou jogar uma carta de trunfo sobre uma carta específica. Em termos metafóricos, o Louco funciona como alguém de fora olhando para dentro; ele dá ao jogador uma desculpa para não seguir as regras estabelecidas do jogo.

A influência cristã nos arcanos maiores

Trunfo 1: O Malabarista (o Mago) é o trunfo de nível mais baixo. Tradicionalmente ele é um mágico de rua, um vigarista ou um charlatão. Por meio da prestidigitação com copos e bolas ele consegue roubar o dinheiro suado dos visitantes. Os sacerdotes do Antigo Egito, que transformaram os seus cajados em serpentes durante a confrontação de Moisés com o Faraó, são uma personificação típica dessa imagem arquetípica. Os truques baratos dos sacerdotes egípcios não eram páreo para a força de Yahweh, cujo poder era capaz de abrir o Mar Vermelho e destruir o exército do Faraó sob as suas águas. O mago vigarista é o trunfo menos potente de todos.

Trunfo 2: a Papisa (a Sacerdotisa) está um passo acima do mágico de rua, mas ainda é uma charlatã. É inspirada na lendária Papisa Joana, uma mulher brilhante que se disfarçou de homem para poder assumir o papado. Na Europa patriarcal, Deus era sem dúvida do gênero masculino, e o porta-voz *Dele* na Terra jamais poderia ser uma mulher. Infelizmente, a Papisa Joana encontrou um amargo fim. Depois de ter sido descoberta como mulher, uma turba de cristãos piedosos amarrou os pés dela à cauda de um cavalo e a arrastou pelas ruas de Roma, apedrejando-a até a morte durante o caminho. Como pode uma mulher se atrever a enganar a população fingindo ser o Santo Padre!

Trunfo 3: a Imperatriz. Diferente da Papisa, a Imperatriz era uma autoridade feminina legítima na Europa do século XVI. Contudo, sendo mulher, ela fica nos níveis menos elevados. Boa parte da sua autoridade vinha de seu *status* como esposa do Imperador.

Trunfo 4: o Imperador é a mais elevada autoridade secular no tarô, mas é apenas o número quatro na ordem dos trunfos. É evidente que uma autoridade ainda maior existe no caminho da salvação.

Trunfo 5: o Papa (o Hierofante) está acima do Imperador, pois o Santo Padre (um homem, é claro) constitui a ponte entre a humanidade e a divindade. Ele é o porta-voz do Deus patriarcal na Terra, com autoridade divina para nomear um governante secular para servir como Imperador do Sagrado Império Romano.

Trunfo 6: o(s) Enamorado(s). Ainda mais elevado do que a autoridade canônica do Papa é o poder do amor, a maior das três virtudes teológicas da igreja: a fé, a esperança e o amor. De acordo com I Coríntios 13:13, a maior dessas virtudes é o amor. Essa carta também é uma alusão aos fariseus testando Jesus sobre o seu conhecimento da lei judaica:

> "Mestre, qual é o maior mandamento da Lei? Asseverou-lhe Jesus: "Amarás o Senhor, teu Deus, de todo o teu coração, de toda a tua alma e com toda a tua inteligência. Este é o primeiro e maior dos mandamentos. O segundo, semelhante a este, é: 'Amarás o teu próximo como a ti mesmo'. A estes dois mandamentos estão sujeitos toda a Lei e os Profetas" (Mateus 22:36-40, Bíblia King James Atualizada).

Trunfo 7: o Carro retrata uma antiga imagem de um carroceiro racional controlando as forças conflitantes de dois cavalos, um branco (a vontade) e outro preto (o apetite). O teólogo Tomás de Aquino, do século XIII, via essa antiga imagem de um carroceiro controlando os cavalos branco e preto como uma metáfora da virtude da Prudência. Aquino aprendeu com Aristóteles que existem quatro virtudes cardeais das quais todas as outras dependem: a Prudência, a Justiça, a Fortaleza e a Temperança, nessa ordem. As virtudes retratadas nos trunfos do Tarô de Marselha seguem a mesma ordem especificada por Aquino em seus escritos: o Carro (a Prudência, trunfo 7), a Justiça (trunfo 8), a Força (a Fortaleza, trunfo 11) e a Temperança (trunfo 14). Uma vida virtuosa caracterizada pela Prudência (o Carroceiro) vence até o poder do amor.

Trunfo 8: a Justiça tem muitas vezes seu número trocado com a Força em tarôs modernos. Aqui o Tarô de Marselha segue a ordem das virtudes cardeais estabelecida por Tomás de Aquino na sua *Summa Theologica*. A carta da Justiça nos lembra de que todos estão sujeitos à Lei.

Trunfo 9: o Eremita. Apesar de viver uma vida caracterizada por Amor, Prudência e Justiça, pode ser que tenhamos de nos isolar por um tempo para ponderar sobre quem somos, para onde estamos indo e como colocar a nossa vida em perspectiva. Oração e meditação são práticas poderosas que vêm em nono lugar na ordem das cartas de trunfo.

Trunfo 10: a Roda da Fortuna. Independentemente de nossa virtude ou nosso esforço, às vezes coisas ruins acontecem e não há nada que possamos fazer.

Trunfo 11: a Força (a Fortaleza, que tem muitas vezes seu número trocado com a Justiça em tarôs modernos). Aqui mais uma vez o tarô está seguindo a ordem das virtudes cardeais estabelecida por Tomás de Aquino. Devemos cultivar a virtude da Fortaleza para lidar bem com as pedradas e flechadas com que a fortuna (trunfo 10, a Roda da Fortuna), enfurecida, nos alveja.

Trunfo 12: o Enforcado. Apesar dos nossos mais valorosos esforços (trunfo 11, a Fortaleza), a vida pode nos virar de cabeça para baixo e deixar-nos nos sentindo pendurados à mercê do destino. Pode ser que não tenhamos escolha a não ser adotar uma nova perspectiva enquanto aceitamos o nosso destino, da mesma maneira que Jesus aceitou o seu destino de ser pendurado numa cruz para salvar a humanidade.

Trunfo 13: a Morte. Pode-se pensar que a morte triunfa sobre tudo, mas no tarô a Morte é apenas a décima terceira de 21 cartas na sua capacidade de ganhar das outras cartas. Jesus demonstrou que podia derrotar a morte ao ressuscitar no terceiro dia após a sua crucificação.

Trunfo 14: a Temperança. Aqui o tarô mais uma vez segue a ordem das virtudes cardeais estabelecida por Tomás de Aquino. O anjo da Temperança está misturando água e vinho, da mesma forma que o sacerdote católico faz durante o sacrifício da missa. O vinho do sacrifício simboliza a natureza divina de Cristo; a água, a sua natureza humana. Na tradição cristã, Jesus era uma mistura perfeita de Deus e Homem. Ao vencer a Morte (trunfo 13), Cristo ofereceu à humanidade a vida eterna. Essas conquistas deixariam o Diabo (trunfo 15) muito descontente.

Trunfo 15: o Diabo. O Príncipe das Trevas se perturba com as palavras do Novo Testamento: "Porque Deus amou o mundo de tal maneira que deu o seu Filho Unigênito, para que todo aquele que nele crê não pereça, mas tenha a vida eterna". (João 3:16, Bíblia King James Atualizada). Satanás fará tudo o que puder para afastar as pessoas do caminho de retidão, muitas vezes apelando para o orgulho e para as ambições, como veremos no próximo trunfo, a Torre.

Trunfo 16: a Torre. A Torre de Babel bíblica foi fruto do orgulho e da ambição dos humanos que queriam construir uma estrutura que chegasse aos céus. Ao construir uma torre como ela, eles esperavam declarar domínio sobre a criação de Deus. Está claro que foi Satanás (trunfo 15) quem levou os humanos a demonstrar tamanha arrogância. A divindade do Antigo Testamento, porém, não se agradou dessa arrogância. Como explica Gênesis 11:9, em Babel "o Senhor confundiu a língua de todo o mundo. E, assim, desde a Babilônia, o Senhor dispersou a humanidade sobre a face da terra" (Bíblia King James Atualizada).

Trunfo 17: a Estrela. A esperança de salvação se encarna na Estrela de Belém, o corpo celestial que anunciou o nascimento de Jesus. A Estrela do tarô triunfa sobre as maquinações de Satanás (trunfo 15) e a arrogância humana que arrasta a rápida retaliação da divindade do Antigo Testamento (trunfo 16). A Estrela é o primeiro brilho de esperança para a humanidade, a nova religião cristã que mostrará o caminho para a vida eterna no Espírito.

Trunfo 18: a Lua. A Lua, cujos ciclos são correspondentes aos ciclos menstruais da mulher, é um profundo símbolo maternal. De uma perspectiva cristã, a lua simboliza a concepção imaculada da Virgem Maria e a gestação de Jesus em seu útero. Em muitas gravuras religiosas, Maria é representada em pé sobre uma lua crescente – um símbolo de fertilidade, maternidade e proteção ao recém-nascido.

Trunfo 19: o Sol. Na história da mitologia, Jesus integra uma longa linhagem de deuses solares que morrem apenas para ressuscitar pouco tempo depois. Na versão cristã desse mito, Jesus morre na cruz numa sexta-feira e volta dos mortos três dias depois, na manhã de Páscoa, um domingo (Sunday em inglês: *sun* day ou dia do *sol*.)

Trunfo 20: o Julgamento. No fim dos tempos, Jesus volta para julgar todas as almas e determinar se elas servem para entrar no Reino dos Céus (trunfo 21) ou se serão condenadas para passar a eternidade com o Diabo (trunfo 15). A diferença entre essas duas cartas, 21 - 15, é 6, o número da carta do Amor.

Trunfo 21: o Mundo. O trunfo de nível mais alto de todos representa o destino final: a Nova Jerusalém, a Salvação, o Paraíso Reconquistado, a Vida Eterna, os Portões Perolados. O Louco finalmente chega à Terra Prometida.

Como usar as associações para as 78 cartas

Neste capítulo e nos seguintes, cada carta do tarô será discutida em detalhes na forma de uma lista de associações para cada carta. Essas associações estão agrupadas sob os seguintes títulos, sendo que nem todos aparecem em todas as cartas.

Chave: os ocultistas que desenvolveram o tarô moderno consideravam cada carta, sobretudo os arcanos maiores, como "chaves" que destrancavam portas para conhecimentos esotéricos. Dizem que essas verdades misteriosas foram inscritas nos símbolos do tarô por ninguém menos que o deus egípcio Thoth.

Astrologia: o tarô compartilha muito de seu simbolismo com a astrologia. Tanto o tarô quanto a astrologia, por exemplo, usam os quatro elementos da Antiguidade (Fogo, Ar, Água e Terra). A Golden Dawn associou os arcanos maiores com os planetas e os signos do zodíaco. Eles também combinaram as cartas numéricas com os 36 decanatos do zodíaco. Para os leitores que estão familiarizados com a astrologia, essas correlações dão uma dimensão a mais às leituras.

Tempo: alguns tarólogos usam as cartas para determinar o tempo das suas predições. Associações temporais, com raízes na astrologia, podem ajudar no julgamento de quando os eventos futuros acontecerão.

Numerologia e simbolismo dos números: os números em cada carta são símbolos importantes por si mesmos. O simbolismo dos números vem das ideias de Pitágoras na Grécia Antiga. A Golden Dawn conectava os números das cartas com as Sephiroth da Árvore da Vida cabalística, e essas associações numéricas serviram de base para muitos significados modernos dos arcanos menores.

Letra hebraica: a associação das letras do alfabeto hebraico com a Árvore da Vida cabalística e com outros sistemas do ocultismo data no mínimo do século XVI.* Ocultistas como Éliphas Lévi e os membros da Golden Dawn usavam essas associações para desenvolver interpretações para as cartas. Os significados das letras hebraicas neste livro são baseados nas pesquisas do Ancient Hebrew Research Center [Centro de Pesquisas do Hebraico Antigo] e lançam mais luz sobre as associações entre o simbolismo do alfabeto hebraico e os arcanos maiores correspondentes.**

Mitos/arquétipos: Carl Jung acreditava que a mitologia e a literatura tinham poder porque predispunham a alma humana a incorporar certos padrões arquetípicos e imagens dotados de significados universais. Muitos tarólogos modernos acreditam que as cartas do tarô são manifestações desses poderosos arquétipos.

Etteilla: esse nome é o pseudônimo de Jean-Baptiste Alliette (1738-1791), o ocultista francês que popularizou pela primeira vez a divinação com o tarô para um grande público (1785). Os significados das cartas estabelecidos por Etteilla se tornaram o método-padrão de interpretação das cartas pela Europa afora nos séculos XVIII e XIX.***

Mathers: Samuel Liddell MacGregor Mathers foi um ocultista inglês e membro fundador da Ordem Hermética da Aurora Dourada, cujos significados do tarô influenciaram bastante a interpretação do tarô nos países de língua inglesa desde o final do século XIX. O livro dele, *O Tarô*, foi publicado pela primeira vez em Londres, em 1888, e teve um profundo impacto nas gerações seguintes de tarólogos. Os significados listados nesta seção são do livro de 1888.****

Waite: Arthur Edgard Waite, junto com Pamela Colman Smith, desenvolveu o baralho do Tarô Rider-Waite-Smith, o tarô mais popular nos países de língua inglesa desde que foi lançado, em 1909. As definições de Waite se tornaram um padrão para interpretar o tarô no século XX. Por causa da gigantesca influência de Waite na prática do tarô no mundo de língua inglesa, as suas definições (que agora são domínio público) são citadas palavra por palavra de

---

* Helen Farney. *A Cultural History of Tarot: From Entertainment to Esotericism* (Londres: I. B. Tauris, 2009), p. 114.
** O site do centro é www.ancient-hebrew.org/3_al.html (em inglês).
*** As palavras-chave apresentadas nesta seção são a minha tradução de exemplares representativos do *Dictionnaire Synonymique du Livre de Thot* (Paris, 1791) e do *L'Astrologie du Livre de Thot* (Paris, 1785), de Etteilla, publicados por Guy Trédaniel, editor, com comentário por Jacques Halbronn (Paris, 1990).
**** O texto em domínio público de Mathers está disponível como um *e-book* do Kindle, da Amazon Digital Services (ASIN: B004IE9Z14), e *on-line* no *site* http://www.sacred-texts.com/tarot/mathers/ (em inglês).

seu livro *The Pictorial Key to the Tarot* (Londres, Reino Unido: W. Rider, 1911, reproduzido pela Citadel Press, Secaucus, NJ, com uma introdução por Gertrude Moakley, 1959).*

Crowley e a Golden Dawn: Aleister Crowley foi um ocultista inglês que saiu da Golden Dawn mas continuou desenvolvendo as suas próprias interpretações, as quais eram muito próximas dos ensinamentos ocultistas da Ordem. Com Lady Frieda Harris, Crowley publicou o Tarô de Thoth, um dos baralhos esotéricos mais influentes da segunda metade do século XX.**

Palavras-chave (+): as palavras-chave "positivas" refletem alguns dos usos proveitosos e construtivos das energias simbolizadas pela carta.

Palavras-chave (−): as palavras-chave "negativas" refletem alguns dos usos complicados e potencialmente prejudiciais das energias simbolizadas pela carta.

Carta na posição normal: essa seção descreve um significado típico da carta na posição normal. Ela deve ser usada apenas como uma sugestão dos significados possíveis. Com a experiência e a prática contínua, você virá a atribuir os seus próprios significados para as cartas e a desenvolver uma compreensão pessoal mais rica delas.

Carta invertida: essa seção descreve uma interpretação possível da carta invertida. Os significados das cartas invertidas não devem ser lidos de maneira literal, já que cada carta tem um significado central que continua sendo válido independentemente de ela estar na posição normal ou invertida. Alguns tarólogos preferem usar apenas as cartas na posição normal.

---

* O livro de Waite. *The Pictorial Key to the Tarot* está em domínio público e disponível como *e-book* do Kindle, da Amazon Digital Services (ASIN: B00L18UZG4).

** Os significados apresentados nesta seção são parafraseados de um exemplar representativo de palavras-chave do livro de Crowley *The Book of Thoth* (San Francisco: Weiser Books, 2008 e do livro de Regardie *A Golden Down*, 6ª ed. (St. Paul, MN: Llewellyn Publciations, 1989).

Chave 0: o Louco (é tradicionalmente sem número, mas leva o número 0 em alguns tarôs modernos).

Astrologia: o planeta Urano em alguns tarôs modernos.

Elemento: Ar.

Numerologia: 4 (o Imperador) ~ 1 + 3 (a Morte) ~ 2 + 2 (o Louco).

Letra hebraica:* *Aleph* (uma cabeça de touro; uma palavra hebraica que significa força, poder, chefe, líder; também aprender, ensinar, guiar; se unir e arar – o touro era usado para arar).

Mitos/arquétipos: o Bobo da Corte. Percival. *Puer aeternus*. O Inocente. O Órfão. O Buscador. O Idealista. O Andarilho. O Noviço. O Aprendiz de Feiticeiro.

0. O Louco: o Aprendiz de Feiticeiro Idealista

Mathers (1888): *o Tolo*. Loucura, expiação, indecisão; (I) hesitação, instabilidade, problemas resultantes disso.

Waite (1911): loucura, mania, extravagância, embriaguez, delírio, frenesi, traição; (I) negligência, ausência, distribuição, descuido, apatia, nulidade, vaidade.

Golden Dawn: uma pessoa tola nos assuntos materiais da vida diária que sofre de loucura, estupidez, instabilidade e excentricidade por causa do alto nível de idealismo do Louco.

Palavras-chave (+): abertura para novas possibilidades, idealismo, um salto de fé, um recomeço, oportunidades de crescimento, encantamento infantil, confiança, inocência, entusiasmo, curiosidade, inexperiência, iniciação, uma abertura inesperada, embarcar numa jornada emocionante, experimentação, liberdade para explorar, uma busca espiritual, abrir a sua mente para um novo aprendizado, arriscar, viver no agora, não seguir as regras estabelecidas do jogo.

Palavras-chave (–): loucura, insanidade, estupidez, uma atitude fora da realidade, confusão, imaturidade, excentricidade, insegurança, tolice, credulidade, insensatez, paixão desregrada,

---

* Os significados das letras hebraicas são baseados nas pesquisas do Ancient Hebrew Research Center no endereço www.ancient-hebrew.org/3_al.html (em inglês), acessado em 10 de novembro de 2014.

embriaguez, frenesi, arriscar sem necessidade, irresponsabilidade, incerteza, ação prematura, confusão mental, conselhos duvidosos, imprudência, um empreendimento sem sentido, abandonar bens materiais por tolice; um bobo, louco, andarilho, mendigo; "os tolos correm para onde os anjos temem passar".

O Louco na posição normal

Quando na posição normal, o Louco sugere um salto de fé e um desejo de explorar o desconhecido com a "mente de um iniciante". O Louco tem uma confiança básica de que tudo acabará bem, mas ainda não adquiriu a capacidade de navegar com habilidade através dos assuntos práticos da vida diária. Está começando uma jornada nova e emocionante em que encontrará aventuras maravilhosas e buscará crescer espiritualmente. Quando esta carta aparece numa leitura, é importante que você se mantenha atento quando for se arriscar e explorar o desconhecido. Ao mesmo tempo, esta carta adverte você a evitar idealismos tolos e não assumir projetos mundanos a menos que esteja bem preparado para lidar com os aspectos pragmáticos deles.

O Louco invertido

Em algum momento durante a infância, quase todas as crianças já ouviram seus pais dizer bravos: "Se todos os seus amigos pulassem de uma ponte, você também pularia?". Quando invertido, o Louco adverte contra planos fora da realidade, ingenuidade, credulidade, imaturidade, ação prematura e correr riscos ridículos. O Louco invertido demonstra um discernimento deficiente e aponta para uma pessoa indigna de confiança. Faça questão de olhar antes de saltar ou você poderá acabar se dando mal num empreendimento sem futuro. Considere as consequências antes de agir por impulso ou de maneira arriscada. Em particular, evite o uso excessivo de drogas ou de álcool.

1. O Mago: Assim na Terra como no Céu

Chave I: o Mago (malabarista).

Astrologia: Mercúrio, mensageiro dos deuses (Mercúrio rege Gêmeos e Virgem).

Elemento: Ar.

Numerologia: I (o Mago) = 1 + 0 (a Roda da Fortuna) = 1 + 9 (o Sol).

Letra hebraica: *Beyt* ou *Beth* (a planta de uma tenda; uma palavra hebraica que significa tenda, casa, habitação, residência, família, santuário, o templo ou a casa do Senhor; também as palavras "em" e "dentro").

Mitos/arquétipos: Thoth. Hermes Trismegistus. Merlin. Fausto. O Mago. O Malabarista. O Ilusionista.

Mathers (1888): *o Malabarista*. Vontade, força de vontade, destreza; (I) a vontade aplicada para finalidades maléficas, fraqueza de vontade, astúcia, desonestidade.

Waite (1911): habilidade, diplomacia, trato, sutileza; doença, dor, perda, desastre, armadilhas de inimigos; autoconfiança, vontade; o consulente, se for homem; (I) médico, mago, doença mental, desgraça, inquietação.

Golden Dawn: artifício, astúcia, habilidade, adaptabilidade, magia, sabedoria oculta (esses significados são derivados do deus romano Mercúrio e da sua semelhança com os deuses Thoth do Egito e Hermes da Grécia).

Palavras-chave (+): habilidade, maestria, esperteza, inteligência, astúcia, competência, iniciativa, ímpeto, autoconfiança, determinação, propósito, assertividade, intenção focada, destreza, capacidade de fazer malabarismos, força de vontade, batalhar pelo poder, transformar ideias em realidade, controle de forças naturais, capacidade de manipular o mundo físico; "assim na Terra como no céu".

Palavras-chave (–): trapaça, ilusão, truque de salão, enganação, prestidigitação, hesitação, impotência, falta de confiança, confusão de propósitos, o uso de habilidades para o mal; um vigarista, trapaceiro, charlatão, mágico, falso médico, prestidigitador, embusteiro, ladrão.

O Mago na posição normal

Quando na posição normal, o Mago simboliza uma pessoa de grande força de vontade que dominou o conhecimento e as habilidades necessários para alcançar seus objetivos. Como representado no Tarô Clássico da Llewellyn, o Mago tem poder sobre o cosmos acima e a terra abaixo enquanto manipula os quatro elementos para realizar seus desejos. Regido pelo planeta Mercúrio, o Mago tem o dom da comunicação, é capaz de focar intensamente a mente e é capaz de converter ideias em ação efetiva. Os temas relacionados ao Mago têm a ver com direcionar a vontade e focar a consciência para manipular a realidade física.

O Mago invertido

Quando invertido, o Mago pode estar usando sua força de vontade, seu conhecimento e suas habilidades para finalidades não honrosas. Um Mago com pouca dignidade pode estar envolvido com enganações, manipulação ou com o mau uso do poder. Pode ter pouca força de vontade ou autoconfiança, de modo que não consegue usar suas habilidades comunicativas de maneira produtiva. Quando o Mago aparece invertido numa leitura, é recomendável explorar o que o está impedindo de manter o foco mental que permite que você aja como um mago na sua vida.

2. A Sacerdotisa: Guardiã da Sabedoria Secreta

Chave II: a Sacerdotisa (a Papisa).

Astrologia: a Lua (regente do signo de Câncer, o Caranguejo, que é um signo de Água).

Elemento: Água.

Numerologia: 2 (a Sacerdotisa) ~ 1 + 1 (a Justiça ou a Força) ~ 2 + 0 (o Julgamento).

Letra hebraica: *Gamal* ou *Gimel* (pé ou camelo; uma palavra hebraica que significa se reunir num local de beber água, andar para o local da água, negociar, recompensar).

Mitos/arquétipos: Perséfone. Cassandra. Papisa Joana. A Virgem Maria. Sóror Juana. Matris Spirituale. O Oráculo de Delfos. Gestação no útero.

Mathers (1888): ciência, sabedoria, conhecimento, educação; (I) presunção, ignorância, falta de habilidade, conhecimento superficial.

Waite (1911): segredos, mistério, o futuro ainda não revelado; a mulher que interessa o consulente se ele for homem; a própria consulente se for mulher; silêncio, tenacidade; mistério, sabedoria, ciência; (I) paixão, ardor moral ou físico, presunção, conhecimento superficial.

Golden Dawn: mudança, flutuação, alteração (significados derivados das fases da Lua, de água, que estão em constante mudança).

Palavras-chave (+): segredos, o futuro ainda desconhecido, a revelação de assuntos ocultos, sabedoria espiritual, conhecimento oculto, consciência intuitiva, consciência lunar, a voz interior, espaços sagrados, escutar os sonhos, saber extraordinário, levantar o véu, ir para o local de beber água, ver além da superfície, a semente de uma ideia, mistério, flutuação, intuição psíquica, atravessar o véu do inconsciente, uma mulher que interessa o consulente.

Palavras-chave (-): conhecimento superficial, fuga para a fantasia, inconstância, devaneios, palpites errados, divulgar segredos, reprimir os sentimentos verdadeiros, ignorar a intuição, não dar ouvidos à voz interior.

A Sacerdotisa na posição normal

Quando na posição normal, a Sacerdotisa representa a intuição feminina e a sensibilidade empática. Ela dá acesso ao conhecimento oculto (simbolizado pelo corpo de água na carta) e encoraja um julgamento equilibrado por meio da consciência intuitiva. Agora é o momento de silenciar a mente e se abrir para a sabedoria interior. Dê atenção especial aos sonhos e aos pressentimentos intuitivos. Dessa forma você pode obter acesso a algo oculto ou ainda não conhecido sobre os seus planos futuros. Nas palavras de Einstein: "Mas não há maneira lógica de se descobrir estas leis elementares. Há apenas a maneira da intuição, auxiliada por um pressentimento da ordem que está por trás das aparências, e este *Einfühlung* se desenvolve com a experiência".*

A Sacerdotisa invertida

Quando invertida, a Sacerdotisa avisa que informações importantes podem estar ocultas ou obscurecidas da visão. Talvez você se sinta de alguma forma impedido de acessar a sua intuição, ou você pode estar decidindo ignorar pressentimentos importantes. Você está com uma certa dificuldade de encontrar o caminho para o seu local de beber água. Algum aspecto do futuro ainda oculto pode causar um atraso ou uma mudança de planos.

---

* Albert Einsten. "Prefácio" para o livro de Max Planck *Where is Science Going?*, traduzido para o inglês e organizado por George Murphy (Londres: George Allen & Unwin, Ltd., 1933).

3. A Imperatriz: Deusa Fértil do Nascimento

Chave III: a Imperatriz.

Astrologia: Vênus, deusa do amor e da beleza (Vênus rege Touro e Libra).

Elemento: Terra.

Numerologia: 3 (a Imperatriz) ~ 1 + 2 (o Enforcado) ~ 2 + 1 (o Mundo).

Letra hebraica: *Daleth* (a porta de uma tenda, uma passagem; uma palavra hebraica que significa se movimentar, pendurar, balançar, pegar água; também uma entrada, uma porta ou um movimento para a frente e para trás). *Daleth* simboliza o canal de nascimento, ou seja, a porta pela qual o feto emerge como entidade separada necessitada de cuidado maternal e proteção.

Mitos/arquétipos: Deméter. A Mãe Natureza. A Deusa da Terra. A Grande Mãe. A Cuidadora. Gaia. Maria Madalena. Rainha das Rainhas. O Jardim do Éden.

Mathers (1888): ação, planos, compromisso com projetos, movimento num assunto, iniciativa.

Waite (1911): fertilidade, ação, iniciativa, duração dos dias; o desconhecido, clandestino; também dificuldade, dúvida, ignorância; (I) luz, verdade, o desvendamento de assuntos complexos, regozijos públicos; de acordo com outra leitura, vacilação.

Golden Dawn: luxúria, beleza, prazer, felicidade, sucesso; com cartas negativas, indulgência, desperdício (significados derivados de Vênus, a deusa do amor e dos prazeres sensuais).

Palavras-chave (+): fertilidade, gravidez, casamento, maternidade, o desejo de ter filhos, abundância material, luxúria, sensualidade, atração, conforto físico, gestação, o útero, nascimento, o canal de nascimento, nutrir, crescimento, poder feminino, amor pela natureza, prazer sexual, uma imaginação fértil, produtividade, dar frutos, proteger o meio ambiente, gosto por estar ao ar livre.

Palavras-chave (–): excessos, tentação, sexo sem amor, avareza, infertilidade, indolência, recusar afeto, recusar-se a cultivar o jardim, aborto, menopausa, gravidez indesejada, demora para satisfazer um desejo, decidir não ter filhos, fracasso em cuidar dos filhos, esbanjar recursos naturais.

A Imperatriz na posição normal

Quando na posição normal, a Imperatriz simboliza fertilidade, gravidez, maternidade, sensualidade e imaginação criativa. Esta carta pode anunciar um casamento iminente, o desejo por ter filhos ou o nascimento de uma criança. Você está entrando num período de produtividade e abundância, muitas vezes na forma de frutos do corpo ou da mente. É capaz de grande produtividade, assistindo à passagem de suas ideias criativas pelo canal do nascimento. Apoio e nutrição estão disponíveis. É importante cuidar bem do corpo neste momento.

A Imperatriz invertida

Quando invertida, a Imperatriz sugere que você talvez não esteja cuidando dos recursos naturais que foram confiados a você. Talvez esteja negligenciando o seu corpo ou esbanjando a abundância na sua vida. Ou pode estar passando por um período de infertilidade literal ou figurativamente, em que parece difícil produzir qualquer tipo de fruto tanto física quanto mentalmente. Uma ideia criativa pode estar presa no canal de nascimento. A Imperatriz está ligada ao casamento e, invertida, pode significar uma dificuldade nos planos de casamento ou uma demora para iniciar uma família.

4. O Imperador: a Mais Alta Autoridade Secular

Chave IV: o Imperador.

Astrologia: Áries, o Carneiro (um signo de Fogo regido por Marte).

Datas de Áries: 21 de março – 20 de abril (tropical); 14 de abril – 13 de maio (sideral).

Elemento: Fogo.

Numerologia: 4 (o Imperador) ~ 1 + 3 (a Morte) ~ 2 + 2 (o Louco).

Letra hebraica: *He* ou *Hey* (um homem com os braços erguidos; uma palavra em hebraico que significa olhar, revelar, observar uma vista grandiosa, "olhar e ver!". Também o artigo *o*, e uma respiração ou suspiro). Aleister Crowley associava o Imperador com a letra hebraica *Tzaddi*, letra que a Golden Dawn associava com o trunfo XVII, a Estrela.

Mitos/arquétipos: o Grande Pai. O Regente. O Rei dos Reis. Zeus. Yahweh. Ouranós. Príapo. George Washington. Chefe de Estado.

Mathers (1888): realização, efeito, desenvolvimento; (I) interrupção, entrave, imaturo, verde (não maduro).

Waite (1911): estabilidade, poder, proteção, realização; uma grande pessoa; ajuda, razão, convicção; também autoridade e vontade; (I) benevolência, compaixão, crédito; também confusão para os inimigos, obstrução, imaturidade.

Golden Dawn: ambição, dominação, vitória, conquista, conflito, guerra (significados derivados do signo desbravador de Áries, que é regido por Marte, o deus da guerra).

Palavras-chave (+): autoridade, esplendor, poder, admiração, ambição, liderança, ordem, controle, domínio, lógica, razão, objetividade, visibilidade, definir limites, potência, contundência, coragem, autoconfiança, disciplina, responsabilidade, majestade, imponência, maturidade, proteção, realização, vontade, determinação, força vital, paternidade, poder masculino, o falo, estabilidade, estrutura, realismo, fundações firmes, assumir o comando, capacidade de realização.

Palavras-chave (–): dominação, arrogância, inflexibilidade, convencionalidade, bater as cabeças, fraqueza, impotência, falta de confiança, imaturidade, falta de razão ou racionalidade excessiva, indecisão, desordem, perda, falta de estrutura, infertilidade masculina, abuso de poder, vaidade, incapacidade de fazer as coisas, incapacidade de assumir o controle quando é necessário.

O Imperador na posição normal

Saudações ao chefe! Quando na posição normal, o Imperador representa uma pessoa de autoridade, vontade, planejamento, organização, capacidade analítica, pensamento estratégico e masculinidade fálica. Olhe e veja! O Imperador é o arquétipo de Pai, o Senhor e o Mestre que sabe como fazer as coisas. Um líder poderoso, ele assume o controle, coloca as coisas em ordem e protege aqueles sob o seu domínio. Rege com a mente e não com o coração. O Imperador aparece nas leituras para lembrá-lo de assumir as suas responsabilidades, de ser fiel aos seus princípios e de usar o seu poder para estruturar a sua vida a fim de realizar o que precisa ser realizado. Você precisa estabelecer objetivos claros e limites firmes para que possa ter estabilidade e terminar o trabalho.

O Imperador invertido

Quando invertido, o Imperador sugere que de alguma forma você tem sido negligente ao cumprir o seu papel de líder, organizador ou de pessoa no comando. Pode ser que você esteja vacilando ou, no lado oposto, agindo de maneira opressiva. Não seja um fracote; está na hora de agir no máximo da sua capacidade e colocar a sua vida em ordem. Você precisa analisar a situação, estabelecer limites e desenvolver um plano para fazer o que deve ser feito. O presidente Harry S. Truman tinha uma placa na sua mesa que dizia *"The buck stops here!"* (Aqui não se delegam decisões) para lembrá-lo de que o presidente tem a autoridade final para tomar decisões, mas também a maior responsabilidade pelas suas consequências.

5. O Hierofante: a Ponte que Conecta a Humanidade com o Divino

Chave V: o Hierofante (o Papa, o Sumo Sacerdote).

Astrologia: Touro (um signo de Terra regido por Vênus).

Datas de Touro: 21 de abril – 21 de maio (tropical); 14 de maio – 14 de junho (sideral).

Elemento: Terra.

Numerologia: 5 (o Hierofante) = 1 + 4 (a Temperança).

Letra hebraica: *Vau*, *Vav* ou *Waw* (uma estaca de tenda; uma palavra hebraica que significa enganchar, acrescentar, atar ou fixar alguma coisa para impedir que ela escorregue; o gancho, a estaca ou o prego usados para segurar as cortinas do tabernáculo). O Hierofante muitas vezes "ata" as pessoas no matrimônio.

Mitos/arquétipos: o profeta Moisés. Pontífice Máximo. Hierofante. Sumo Sacerdote. O porta-voz da divindade. O Santo dos Santos (que abrigava a Arca da Aliança e os Dez Mandamentos). Emily Post. O Mágico de Oz.

Mathers (1888): misericórdia, beneficência, bondade, benevolência; (I) bondade em excesso, fraqueza, generosidade tola.

Waite (1911): casamento, aliança, cativeiro, servidão; numa outra nota, misericórdia e benevolência; inspiração; o homem a quem o consulente pode recorrer; (I) sociedade, bom entendimento, concórdia, bondade em excesso, fraqueza.

Golden Dawn: sabedoria divina, ensinar, explicações.

Palavras-chave (+): valores tradicionais, ensinamentos sábios, a mais alta autoridade religiosa, orientação espiritual, conselhos úteis, revelação divina, bom aconselhamento, os Dez Mandamentos, aprendizado, ensinar, educação formal, instrução, mentoreamento, escutar uma autoridade mais elevada, bondade, ritos sagrados, cerimônias na igreja, o sacramento do matrimônio, organizações estabelecidas, normas sociais convencionais, se conformar com a ortodoxia, opiniões conservadoras, mediação com o divino, buscar informações, cuidar da alma.

Palavras-chave (–): intolerância, rigidez, inflexibilidade, arrogância, dogmatismo, conformidade, doutrinas religiosas opressivas, ortodoxia rígida, fundamentalismo religioso, espiritualidade perversa, conselhos desviados, seguir a lei na letra e não no espírito, generosidade tola.

O Hierofante na posição normal

Quando na posição normal, o Sumo Sacerdote é um guia sábio e orientado espiritualmente a quem o consulente pode recorrer. Essa pessoa pode ser um bom professor, um mentor ou um conselheiro espiritual, muitas vezes ligado a um contexto religioso ou acadêmico. Um dos papéis do Hierofante é realizar ritos sagrados que transmitem a sabedoria tradicional para a próxima geração. O Sumo Sacerdote costuma exercer suas funções em casamentos, batismos, bar mitzvahs, funerais e em coisas do tipo. Como esta figura sacerdotal tem autoridade para unir (atar) casais em matrimônio, esta carta pode anunciar um casamento. De qualquer modo, quando o Hierofante aparece numa leitura, é quase certo que você esteja lidando com os valores tradicionais da sua família, cultura ou religião.

O Hierofante invertido

Quando invertido, o Sumo Sacerdote avisa que você pode estar assumindo uma postura rígida e dogmática ditada por valores tradicionais. Há uma tendência de seguir a lei na letra e não no espírito. Essa rigidez extrema, com seu apelo impensado à autoridade tradicional, é muitas vezes adotada para subjugar os outros e negar seus direitos humanos básicos. O Hierofante invertido é um lembrete das palavras de Karl Marx, que a religião é o ópio do povo. Marx continua explicando que a sua visão da religião como o ópio "desilude o homem, para que ele pense, aja e crie a sua realidade como um homem que descartou as suas ilusões e readquiriu os seus sentidos, de modo que ele mova em torno de si mesmo sendo ele o seu próprio Sol".* Você está aceitando conselhos do homem por trás da cortina do Mágico de Oz?

---

* "Karl Marx – A Contribution to the Critique of Hegel's Philosophy of Right", *in Deutsch-Französische Jahrbücher*, publicado em Paris em 7 e 10 de fevereiro de 1844. Fonte: www.age-of-the-sage.org/quotations/marx_opium_people.html (em inglês).

6. Os Enamorados: decidindo como Arar seu Campo

Chave VI: os Enamorados.

Astrologia: Gêmeos (um signo de Ar regido por Mercúrio).

Datas de Gêmeos: 22 de maio – 21 de junho (tropical); 15 de junho – 15 de julho (sideral).

Elemento: Ar.

Numerologia: 6 (os Enamorados) = 1 + 5 (o Diabo).

Letra hebraica: *Zayin* ou *Zain* (um arado, uma enxada ou uma arma afiada; uma palavra hebraica que significa colheita, plantação, alimento, alimentar, cortar ou decepar com uma espada). Arar o campo para produzir uma colheita é uma metáfora para a relação sexual entre um casal para gerar filhos.

Mitos/arquétipos: Adão e Eva. Eros e Psiquê. A flecha de Cupido. Abelardo e Heloísa. Romeu e Julieta. Dante e Beatriz. O Amante. Don Juan. Casanova.

Mathers (1888): disposições sábias, evidência, provações superadas; (I) planos insensatos, fracasso quando posto à prova.

Waite (1911): amor, atração, beleza, provações superadas; (I) fracasso, planos tolos; outro relato fala de casamento frustrado e contrariedades de todos os tipos.

Golden Dawn: inspiração recebida de maneira passiva em vez de buscada de maneira ativa (como na carta do Eremita), ação resultante da inspiração, às vezes inspirações mediúnicas.

Palavras-chave (+): uma decisão importante ou a necessidade de escolher, devoção, harmonia, afinidade, amizade, reciprocidade, comprometimento, amor verdadeiro, romance, encantamento, conhecimento do bem e do mal, inseminar o campo, uso criterioso de um arado, união sexual.

Palavras-chave (–): indecisão, más escolhas, dúvida, tentação, falta de comprometimento, sedução, infidelidade, traição, decepções no amor, uso pouco criterioso de um arado, incapacidade de cultivar os campos de maneira adequada, comer o fruto proibido, cair na cova que fez para outro; "mãos ociosas fazem o trabalho do diabo".

Os Enamorados na posição normal

Quando na posição normal, a carta dos Enamorados representa uma decisão importante que influenciará de modo significativo o curso da vida da pessoa. Essa escolha pode ter a ver com um relacionamento romântico ou uma decisão de casar e ter filhos. A letra hebraica associada *Zayin* evoca a imagem de arar um campo e cultivá-lo com sabedoria para garantir uma boa colheita. As decisões que você faz agora terão consequências de longo prazo, então é imperativo pensar bem nas coisas, obter bons conselhos e tomar decisões sábias. A associação da carta com o signo de Gêmeos sugere que o amor entre indivíduos pode durar uma eternidade.

Os Enamorados invertidos

Quando invertida, a carta dos Enamorados sugere que você pode estar apressado para tomar uma decisão sem considerá-la com cautela. Talvez você esteja com a cabeça nas nuvens por causa de um novo relacionamento e não consiga pensar com clareza. O amor é cego, e as flechas de Cupido podem tentá-lo a agir de maneira inconsequente. Você está agindo como um agricultor que não arou seus campos de modo correto ou não cultivou adequadamente as suas plantações? Sem preparações cuidadosas, não há como ter uma boa colheita. Com a deliberação adequada, você pode evitar tempos difíceis.

7. O Carro: a Razão Controla o Apetite e a Vontade

Chave VII: o Carro.

Astrologia: Câncer, o caranguejo (um signo de Água regido pela Lua). No tarô de Waite-Smith, um rio separa o carro coberto da cidade murada por trás.

Datas de Câncer: 21 de junho – 22 de julho (tropical); 16 de julho – 17 de agosto (sideral).

Elemento: Água.

Numerologia: 7 (o Carro) = 1 + 6 (a Torre).

Letra hebraica: *Chet*, *Cheth* ou *Heth* (uma cerca de proteção, a parede de uma tenda; uma palavra hebraica que significa separação, limite, parede divisória, pedras empilhadas, o lado de fora, metade ou corda). O caranguejo do signo de Câncer tem uma casca protetora bem definida (*Chet*).

Mitos/arquétipos: Hécate. *Auriga virtutem*. Câncer, o signo do caranguejo. O carro de Platão como uma analogia para as três partes da alma humana (razão, vontade, apetite). O piloto da NASCAR.

Mathers (1888): triunfo, vitória, superar obstáculos; (I) derrubado, conquistado pelos obstáculos no último momento.

Waite (1911): ajuda, providência; também guerra, triunfo, presunção, vingança, dificuldade; (I) tumulto, disputa, litígio, derrota.

Golden Dawn: triunfo, vitória, boa saúde, sucesso (mas às vezes sucesso passageiro).

Palavras-chave (+): força de propósito, assumir as rédeas, estabelecer limites claros, manter paredes protetoras, viagem, prudência, determinação, controlar forças opostas, triunfo sobre obstáculos no caminho, ter uma direção clara, sair em busca de algo, manter o foco no seu objetivo, confiar em recursos interiores, maestria, uma jornada, um carro ou outro veículo, respeitar os próprios limites, uma casca dura, o caminho reto e estreito.

Palavras-chave (–): falta de direção, perda de controle, obstáculos frustrantes, vagar sem rumo, perder tempo, soltar as rédeas, limites ruins, desconhecimento dos próprios limites, falta de uma casca protetora, incapacidade de manter o curso, ser puxado para muitas direções.

O Carro na posição normal

Quando na posição normal, o Carro o encoraja a dominar a situação em meio a circunstâncias mutáveis. Você precisa assumir as rédeas da carroça em que você viaja pela vida. Dentro da casca protetora da sua personalidade, você tem os recursos necessários para alcançar os seus objetivos. O sucesso dependerá da sua capacidade de usar a razão para alcançar um equilíbrio entre as suas ambições e seus apetites, que podem estar puxando você para direções diferentes. É importante definir limites claros e respeitar os seus próprios limites. Agora é hora de pensar com clareza e assumir o controle e a direção da sua vida. Muitas vezes o Carro aparece quando você está planejando uma viagem ou está prestes a embarcar numa jornada importante, literal ou metaforicamente.

O Carro invertido

Quando invertido, o Carro avisa que você pode estar se permitindo vagar sem rumo em vez de assumir o controle da direção da sua vida. Você pode estar se sentindo vulnerável e à mercê de forças exteriores. As suas muitas ambições e o seu desejo por vários prazeres podem estar afastando-o do melhor caminho. Preste atenção, estabeleça limites claros e conheça os seus próprios limites. Não solte as rédeas da sua carroça pessoal. Agora é hora de focar naquilo a que você dá mais valor e organizar o curso da sua vida para que você possa alcançar o seu destino mais estimado. Se o Carro se referir a um veículo ou a uma jornada literal, a sua viagem pode ser atrasada ou passar por dificuldades.

8/11. Força: Coragem e Paixão Animal

Chave VIII: a Força (Fortaleza, Luxúria). Esta carta é a número XI no tradicional Tarô de Marselha.

Astrologia: Leão (um signo de Fogo regido pelo Sol).

Datas de Leão: 23 de julho – 23 de agosto (tropical); 18 de agosto – 16 de setembro (sideral).

Elemento: Fogo.

Numerologia: 8 (a Força ou a Justiça) = 1 + 7 (a Estrela).

Letra hebraica: *Teth* ou *Theth* (um cesto de cerâmica ou de vime; uma palavra hebraica que significa cercar, conter, guardar, capturar, trançar, enrolar, amarrar, entrelaçar; também lama e argila e uma cobra ou serpente). A serpente enrolada sugere os corpos entrelaçados na relação sexual. A letra hebraica *Teth* (cesta) e a associação desta carta com a luxúria humana trazem à mente a rima infantil: *"A-tisket a-tasket, a green and yellow basket, I wrote a letter to my love and on the way I dropped it... a little boy he picked it up and put it in his pocket"*.*

Mitos/arquétipos: o Herói. Joana D'arc. O Matador de Dragões. O Sátiro. Hércules e o Leão de Nemeia. Davi e Golias. Sansão e Dalila. Kundalini.

Mathers (1888): poder, vigor, força, fortaleza; (I) o abuso do poder, arrogância, desejo de fortaleza.

Waite (1911): poder, energia, ação, coragem, magnanimidade; também sucesso completo e honras; (I) despotismo, abuso de poder, fraqueza, discórdia, às vezes até desgraça e vergonha.

Aurora Dourada: fortaleza, força, coragem.

Palavras-chave (+): coragem, valentia, paixão, heroísmo, autoestima, fortaleza, valor, persistência, vitalidade, fibra moral, força frente a adversidades, selvageria, luxúria, libido, desejo,

---

* "A-tisket a-tasket, uma cesta verde e amarela, escrevi uma carta para o meu amor e deixei-a cair no caminho... Um menininho a pegou do chão e colocou-a no bolso." (N. do T.).

instintos sexuais, emoções poderosas, kundalini, domar a fera interior, supressão do medo excessivo, a repressão da imprudência.

Palavras-chave (–): falta de coragem, abuso de poder, luxúria excessiva, sexualidade perversa, satiríase, ninfomania, vício, repressão de desejos instintivos, incapacidade de lidar com emoções fortes, covardia, autoglorificação.

A Força na posição normal

Quando na posição normal, a carta da Força/Luxúria sugere a necessidade de enfrentar uma situação com coragem, determinação e fortaleza, como Hércules fez quando confrontou o Leão de Nemeia. As suas paixões animais estão em movimento e podem entrar em conflito com o seu eu "civilizado". Você está se sentindo forte e poderoso e gosta de usar o corpo. A saúde melhora e a sua energia aumenta. Assuntos relacionados com a sexualidade vem à tona. A ligação da carta da Força com o signo de Leão e com o Sol sugere que pode ser hora de um autoexame compassivo, que pode levar à iluminação. O Leão é conhecido por seu calor, sua generosidade e seu forte aproveitamento da vida.

A Força invertida

Quando invertida, a Força insinua que você pode precisar juntar coragem para enfrentar as suas dificuldades. Talvez você esteja sentindo medo ou falta de esperança diante de poderosos desejos instintivos que você imagina que estão além do seu controle. Por outro lado, pode ter exagerado ao tentar ganhar admiração pela sua beleza ou potência sexual, fazendo com que as outras pessoas o vejam como prepotente, vaidoso, presunçoso ou controlador.

9. O Eremita: a Busca por Significado

Chave IX: o Eremita.

Astrologia: Virgem (um signo de Terra regido por Mercúrio).

Datas de Virgem: 23 de agosto – 23 de setembro (tropical); 17 de setembro – 16 de outubro (sideral).

Elemento: Terra.

Numerologia: 9 (o Eremita) = 1 + 8 (a Lua).

Letra Hebraica: *Yud* ou *Yod* (um braço e uma mão fechada; uma palavra hebraica que significa fazer uma ação, fazer, trabalhar, lançar ou adorar; um punho fechado segurando algo). Repare no braço e no punho fechado do Eremita segurando a lanterna na carta.

Mitos/arquétipos: O Ancião. O Sábio. O Filósofo. Buda. Yoda, o Mestre Jedi (cujo nome contém a letra hebraica *Yod*).

Mathers (1888): prudência, cuidado, deliberação; (I) prudência em excesso, timidez, medo.

Waite (1911): prudência, circunspecção; também e sobretudo traição, dissimulação, malandragem, corrupção; (I) ocultação, disfarce, sagacidade, medo, cuidado em demasia.

Golden Dawn: a busca ativa pela inspiração divina e pela sabedoria superior.

Palavras-chave (+): introspecção, meditação, retiro espiritual, atenção cuidadosa, isolamento, prudência maturidade, autocontrole, a sabedoria da experiência, atenção, circunspecção, discernimento, perspectiva, a busca paciente pelo conhecimento, contemplação silenciosa, iluminação espiritual, introspecção filosófica, a busca por significado, o poder do Agora, renovação da alma.

Palavras-chave (–): imprudência, cuidado excessivo, falta de sabedoria, narcisismo, timidez, isolamento social, alienação, desistência, solidão, não aprender com a experiência, se isolar do apoio dos outros.

Eremita na posição normal

Quando na posição normal, o Eremita indica a necessidade de passar um tempo longe da confusão. Agora é hora de recolher os seus pensamentos e reagrupar as suas forças. Um período de isolamento e contemplação está por vir. Nesta era moderna da tecnologia, alguém disse que a meditação fornece as respostas que não se acham no Google. Você passou por muitas coisas e agora é hora de esperar e observar. Uma atitude de circunspecção paciente lhe permitirá colocar os assuntos em perspectiva e aprender com a experiência. Você pode ler o livro de Eckhardt Tolle, *The Power of Now*.

O Eremita invertido

Quando invertido, o Eremita sugere que você foi pego na correria da vida diária e não é capaz de ver com clareza para onde está indo. Pense em tirar uma folga e se dar espaço para meditar e voltar aos trilhos. Um grande filósofo uma vez comentou que uma vida não examinada não vale a pena ser vivida. Há muita sabedoria a ser derivada da sua experiência, basta reservar um tempo para fazer isso. Um pouco de distanciamento é o que você precisa para colocar as coisas em perspectiva.

10. A Roda da Fortuna: um Momento para Cada Propósito sob o Céu

Chave X: a Roda da Fortuna.

Astrologia: Júpiter, o grande benéfico (Júpiter rege Sagitário e Peixes).

Elemento: Fogo.

Numerologia: 1 (o Mago) = 1 + 0 (a Roda da Fortuna) = 1 + 9 (o Sol).

Letra hebraica: *Kaph* (a palma aberta de uma mão; uma palavra hebraica que significa abrir, permitir, domar ou se sujeitar à vontade do outro; também vazio ou estendido para receber algo). Leitores de mãos dizem que podem ler a nossa sorte na palma aberta de nossas mãos. Esta carta sugere que pode ser que não tenhamos alternativa senão nos estendermos e sujeitarmo-nos às voltas da roda da fortuna.

Mitos/arquétipos: a Dona Sorte. Dama Fortuna. As três Nornas. As Moiras da mitologia grega. O Adivinho. O inconstante dedo do destino.

Mathers (1888): boa sorte, sucesso, sorte inesperada; (I) má sorte, fracasso, má sorte inesperada.

Waite (1911): destino, fortuna, sucesso, elevação, sorte, felicidade; (I) aumento, abundância, superfluidade.

Golden Dawn: boa sorte, felicidade, às vezes embriaguez com o sucesso.

Palavras-chave (+): boa sorte, destino, oportunidades de desenvolvimento, uma tendência positiva, aproveitar o momento, permanecer aberto para oportunidades, ciclos naturais, uma mudança para o melhor, surpresas do destino, as pedradas e flechadas da fortuna, o tempo dirá, aceitação do destino.

Palavras-chave (–): má sorte, um ciclo negativo, infortúnios, uma mudança para pior, eventos fatídicos, impermanência, procrastinação, não aproveitar o momento, não ter escolha senão se submeter, sensação de impotência para afetar as circunstâncias, o inconstante dedo do destino.

A Roda da Fortuna na posição normal

Quando na posição normal, a Roda da Fortuna nos lembra que a nossa boa sorte é muitas vezes o resultado dos caprichos do destino e não das nossas ações. Agora é hora de aproveitar a sua boa sorte, pois ela pode mudar num instante amanhã. Se as coisas estão indo bem agora, não deixe de aproveitá-las o melhor possível e guardar um pouco para um dia chuvoso. No momento, o destino sorri sobre você. Aproveite o momento, pois uma oportunidade que se apresenta hoje pode não estar disponível amanhã. Contemple a letra da música de Peter Seeger *"Turn, turn, turn"*, que coloca em música as palavras bíblicas: "Para todas as realizações há um momento certo; existe sempre um tempo apropriado para todo o propósito debaixo do céu" (Eclesiastes 3:1, Bíblia King James Atualizada).

A Roda da Fortuna invertida

Quando invertida, a Roda da Fortuna avisa que a sua boa sorte não pode durar para sempre. O que sobe precisa descer. Cada estação abre espaço para a próxima, e você precisa estar preparado para a possibilidade de um dia de chuva. Por mais que muito do nosso destino seja de nossa autoria, coisas inesperadas que estão fora do nosso controle podem acontecer. Mantenha em mente as palavras de Bruto:

> Os negócios humanos apresentam altas como as do mar:
> aproveitadas, levam-nos as correntes à fortuna;
> mas, uma vez perdidas,
> corre a viagem da vida entre baixios e perigos.
> (William Shakespeare, *Julio César*,
> Ato 4, Cena 3, 1599 – tradução de Carlos Alberto Nunes)

Chave XI: a Justiça. Esta carta é a número VIII no tradicional Tarô de Marselha.

Astrologia: Libra, a Balança (regida pelo planeta Vênus).

Datas de Libra: 23 de setembro – 22 de outubro (tropical); 17 de outubro – 15 de novembro (sideral).

Elemento: Ar.

Numerologia: 2 (a Sacerdotisa) = 1 + 1 (a Justiça ou a Força) = 2 + 0 (o Julgamento).

Letra hebraica: *Lamed* (um aguilhão ou um cajado de pastor que guia o rebanho; uma palavra hebraica que significa ensinar, aprender, unir, ligar, controlar, defender, proteger; para/em direção a; também um estudioso, uma autoridade ou um líder de rebanho). A virtude da Justiça é como um cajado de pastor que direciona a raça humana para um comportamento justo e ordeiro.

11/8. A Justiça: a Ordem do Universo

Mitos/arquétipos: A Balança da Justiça. Karma. A deusa egípcia Ma'at que pesava as almas com uma pena para determinar se elas iriam para o Paraíso. Rei Salomão. O Código de Hamurabi. Moisés recebendo os Dez Mandamentos.

Mathers (1888): equilíbrio, justiça; (I) intolerância, falta de equilíbrio, abuso da justiça, severidade em excesso, desigualdade, parcialidade.

Waite (1911): equidade, retidão, probidade, executividade; triunfo do lado correto na lei; (I) o direito em todos os seus departamentos, complicações legais, intolerância, parcialidade, severidade em excesso.

Golden Dawn: justiça, equilíbrio, procedimentos legais, julgamentos, tribunais.

Palavras-chave (+): justiça, igualdade, direitos humanos, lei e ordem, equidade, verdade, ordem, comportamento justo, equilíbrio, imparcialidade, tolerância, decisões razoáveis, tribunais, assuntos legais, aceitar responsabilidades, corrigir desequilíbrios, respeito à lei, moralidade, ética, karma, ações e consequências, o caminho da retidão, recompensas pelas ações.

Palavras-chave (–): injustiça, tendenciosidade, desigualdade, trato injusto, parcialidade, favoritismo, intolerância, incomplacência, hipocrisia, irracionalidade, abuso de influência, irresponsabilidade, imoralidade, comportamento antiético, complicações legais, um veredito desfavorável num tribunal, abuso do sistema legal, recusa de aceitar a responsabilidade pelas ações.

A Justiça na posição normal

Quando na posição normal, a carta da Justiça sugere que a sua situação atual depende de assuntos de equilíbrio, trato justo e justiça. Se você está envolvido num caso judicial, ele será julgado com imparcialidade e é possível que termine a seu favor (mas apenas se você estiver correto). Se você estiver errado, a mesma imparcialidade se aplica, e você será responsabilizado. Em qualquer decisão que você tome agora, é essencial ser honesto e judicioso ao pesar as vantagens e desvantagens. Nas palavras da Bíblia: "Não vos enganeis: Deus não se permite zombar. Portanto, tudo o que o ser humano semear, isso também colherá!" (Gálatas 6:7, Bíblia King James Atualizada).

A Justiça invertida

Quando invertida, a carta da Justiça pode dizer que a sua situação envolve injustiça, tendenciosidade ou parcialidade. As coisas podem parecer desequilibradas ou contra você. Procedimentos judiciais podem trazer dificuldades. A desonestidade pode caracterizar o seu trato com os outros. Se a deusa Ma'at fosse pesar a sua alma com uma pena neste momento, ela o deixaria entrar no Paraíso?

12. O Enforcado: Adotando uma Nova Perspectiva

Chave XII: o Enforcado (o Traidor).

Astrologia: Água (Netuno em alguns tarôs modernos).

Elemento: Água.

Numerologia: 3 (a Imperatriz) = 1 + 2 (o Enforcado) = 2 + 1 (o Mundo).

Letra hebraica: *Mem* (ondas de água; uma palavra hebraica que significa água, líquido, sangue, o oceano, um grande corpo de água, caos e o medo de grandes forças como o mar). A sua imagem refletida na superfície de um lago parece estar de cabeça para baixo em relação à sua posição em pé.

Mitos/arquétipos: Jesus. Buda. Odin. Cuauhtémoc. O Mártir. O Cordeiro do Sacrifício. Benedict Arnold. O Traidor.

Mathers (1888): autossacrifício, sacrifício, devoção, amarrado; (I) egoísmo, desamarrado, sacrifício parcial.

Waite (1911): sabedoria, circunspecção, discernimento, provações, sacrifício, intuição, divinação, profecia; (I) egoísmo, a multidão, o corpo político.

Golden Dawn: sacrifício involuntário, sofrimento, perda, punição.

Palavras-chave (+): sacrifício para o bem maior, um estado de suspensão; esperar, se render, devoção, altruísmo, serenidade, fé, pensamento visionário, libertação, seguir o ritmo, abandono, sentir-se em suspensão, redenção por meio do sacrifício, adotar uma perspectiva única, fazer algo fora do comum, um ponto de vista espiritual, uma nova maneira de ver uma situação, bondade amável, compaixão, atenção plena.

Palavras-chave (–): egoísmo, egotismo, falsidade, estagnação, reversão, atraso, autocomiseração, apego, pensamento rígido, autoengano, traição, dar uma de vítima, martírio tolo, impotência, inquietação, desilusão, inibições, conformidade.

O Enforcado na posição normal

Quando na posição normal, o Enforcado parece uma imagem refletida na superfície de um corpo de água, sugerindo que o que percebemos com os nossos sentidos não passa de um reflexo de uma realidade mais profunda. Para entender o que é verdadeiramente real, pode ser que precisemos adotar uma nova perspectiva. Se parece que a sua vida está num estado de suspensão, é hora de adotar uma perspectiva espiritual e ir em busca do bem maior. Às vezes é necessário fazer sacrifícios e nos desapegarmos de certas coisas que valorizamos para alcançar um bem maior. De qualquer maneira, quando o Enforcado aparece numa leitura, é quase certo que você esteja vendo ou fazendo algo fora do comum, de uma maneira que o distancia da abordagem mais aceita por aqueles próximos a você.

O Enforcado invertido

Quando invertido, o Enforcado sugere que você pode estar muito apegado a uma ilusão que o impede de obter uma perspectiva mais clara. A recusa de fazer um sacrifício necessário pode resultar em mais perda e sofrimento. Dar uma de mártir não será produtivo. Na Renascença italiana, pendurar uma pessoa de cabeça para baixo era uma punição reservada para os traidores. Depois de trair Cuauhtémoc, o último imperador asteca, o conquistador espanhol Cortés matou o guerreiro asteca pendurando-o de cabeça para baixo numa posição como a do Cristo, uma imagem retratada de modo vívido no mural de Diego Rivera chamado de "Exploração do México por Conquistadores Espanhóis".

13. A Morte: Começa um Novo Capítulo

Chave XIII: a Morte.

Astrologia: Escorpião (um signo de Água regido por Marte e Plutão).

Datas de Escorpião: 23 de outubro – 22 de novembro (tropical); 16 de novembro – 15 de dezembro (sideral).

Elemento: Água.

Numerologia: 4 (o Imperador) = 1 + 3 (a Morte) = 2 + 2 (o Louco).

Letra hebraica: *Nun* (uma semente brotando; uma palavra hebraica que significa propagar, dar frutos, perpetuar a vida, continuar com uma nova geração, aumentar; também posteridade, um filho ou herdeiro). O pictograma de *Nun* lembra um espermatozoide humano. Em aramaico, a palavra *nun* significa *peixe*, um símbolo importante no cristianismo. Esta carta nos lembra de que a morte é parte do processo natural de gerar novas vidas.

Mitos/arquétipos: Osíris. Dionísio. O Anjo da Morte. Os Mistérios de Elêusis. O mito da fênix. Transfiguração. Páscoa. A Ressurreição.

Mathers (1888): morte, mudança, transformação, alteração para o pior; (I) escapar da morte, mudança parcial, alteração para o melhor.

Waite (1911): o fim, mortalidade, destruição, corrupção; também, para um homem, a perda de um benfeitor; para uma mulher, muitas contrariedades; para uma solteira, fracasso na busca por casamento; (I) inércia, sono, letargia, petrificação, sonambulismo; esperanças destruídas.

Golden Dawn: mudança involuntária (ao contrário da mudança voluntária, indicada pelo trunfo da Lua), transformação, às vezes morte.

Palavras-chave (+): transição, transformação, uma semente brotando, grandes mudanças, final, renovação, uma mudança necessária, propagação, novo crescimento, o final de um capítulo, fechar uma porta, entrar num novo estado de existência, liberação, libertação, metamorfose, transfiguração, seguir adiante, a necessidade de desapegar, um fim inevitável, o ciclo natural da vida e da morte, coragem para enfrentar o desconhecido.

Palavras-chave (–): recusar desapegar-se, estagnação, apodrecimento, procrastinação, não brotar, se apegar de maneira improdutiva ao passado, resistir à mudança necessária, medo do desconhecido.

A Morte na posição normal

Quando na posição normal, o trunfo da Morte sinaliza um período de grandes mudanças e transformações. Uma nova semente está brotando na sua vida. Um capítulo está terminando e outro está começando. Esse processo necessário não deve ser negado ou evitado. O maior tema desta carta é "fora com o que é velho para abrir espaço para o que é novo". Tenha coragem para enfrentar o desconhecido, pois uma vida nova o aguarda. Mantenha em mente a admoestação bíblica: "Em verdade, em verdade vos asseguro que se o grão de trigo não cair na terra e não morrer, permanecerá ele só; mas se morrer produzirá muito fruto" (João 12:24, Bíblia King James Atualizada).

A Morte invertida

Quando invertida, a carta da Morte sugere que você pode estar evitando mudanças e transições necessárias. O apego ao passado não é produtivo no longo prazo. Aspectos da sua vida que estão estagnados ou ultrapassados precisam ser descartados para que novos crescimentos possam vir a acontecer. Você está criando condições adversas para o surgimento de novas sementes na sua vida? Se está, agora é a hora de juntar coragem para enfrentar o desconhecido.

14. A Temperança: Conciliação Hábil e Reconciliação

Chave XIV: a Temperança (Arte).

Astrologia: Sagitário, o centauro arqueiro (um signo de Fogo regido por Júpiter).

Datas de Sagitário: 22 de novembro – 21 de dezembro (tropical); 16 de dezembro – 14 de janeiro (sideral).

Elemento: Fogo.

Numerologia: 5 (o Hierofante) = 1 + 4 (a Temperança).

Letra hebraica: *Samech* ou *Samekh* (um espinho afiado ou uma mão num cajado; uma palavra hebraica que significa escudo protetor, um suporte ou uma fundação; também perfurar, resistir, sustentar, apoiar, pegar, odiar ou proteger). *Samekh* também se refere à imposição de mãos ritual no sacrifício de animais e na ordenação (consagração) de sacerdotes.

Mitos/arquétipos: o Centauro. O Alquimista. O Hermafrodita. O Transexual. O Criador. O Artista. O Curandeiro. O Inventor. A dialética de Hegel.

Mathers (1888): combinação, conformação, unificação; (I) combinações imprudentes, desunião, interesses conflitantes.

Waite (1911): economia, moderação, frugalidade, gerenciamento, acomodação; (I) coisas ligadas a igrejas, religiões, seitas, o sacerdócio, às vezes até o sacerdote que fará o casamento do consulente; também desunião, combinações infelizes, interesses conflitantes.

Golden Dawn: forças combinadas, ação, realização material.

Palavras-chave (+): temperança, moderação, consagração, autocontrole, a proporção certa, cura, capacidade de aguentar, reconciliação de impulsos conflitantes, equilibrar necessidades diferentes, discrição, respeito mútuo, compostura, têmpera, proporcionalidade, a mistura certa, a medida apropriada, resolução, união de opostos, harmonizar pontos de vista conflitantes, equilibrar forças contrárias, combinação hábil, a doutrina do meio-termo, o caminho do meio, resoluções criativas, conciliação hábil de contrariedades, capacidade de negociar.

Palavras-chave (–): falta de moderação, conflito, incompatibilidade, excesso, desequilíbrio, impaciência, chegar a extremos, falta de autocontrole, indecisão, interesses conflitantes, exigências sem consideração, incapacidade de reconciliar forças opostas, diferenças irreconciliáveis, mentalidade de tudo ou nada; "ou é do meu jeito ou é do meu jeito".

A Temperança na posição normal

Quando na posição normal, o trunfo da Temperança sugere que você está lidando com uma situação que envolve a reconciliação de lados opostos dentro de você mesmo. Como os alquimistas da Antiguidade, você está tentando transformar um metal comum em ouro. Você deve agir com moderação e exercer a virtude da temperança. Com esforço persistente, você conseguirá unir forças conflitantes de modo harmonioso e criar algo de maior valor. Os artistas renascentistas que criaram esta imagem sem dúvida se inspiraram na mistura de água com vinho da missa católica, na qual o sacerdote reza: "Pelo mistério desta água e deste vinho possamos participar da divindade do vosso Filho, que se dignou assumir a nossa humanidade".

A Temperança invertida

Quando invertida, a carta da Temperança sugere que você está tendo dificuldade em encontrar o meio-termo. Confrontado com impulsos contraditórios, você se sente perdido ao tentar alcançar um equilíbrio hábil. Sente a tentação de apelar para extremos em vez de buscar um meio-termo de reconciliação. Pondere sobre as palavras do filósofo: "Moderação em tudo, inclusive na moderação". Como advertiu Abraham Lincoln, "uma casa dividida contra si mesma não fica de pé".

Chave XV: o Diabo (o deus Pan).

Astrologia: Capricórnio, o Cabrito Montês ou do Mar (um signo de Terra regido por Saturno).

Datas de Capricórnio: 21 de dezembro – 19 de janeiro (tropical); 14 de janeiro – 12 de fevereiro (sideral).

Elemento: Terra.

Numerologia: 6 (os Enamorados) = 1 + 5 (o Diabo).

Letras hebraicas: *Ayin* (um olho; uma palavra hebraica que significa ver, observar, experimentar, saber; também luz primordial, sombra, uma fonte, como um olho produzindo lágrimas purificantes em resposta à dor ou ao sofrimento). Na Bíblia, o nome de Lúcifer significa "aquele que traz luz". A letra *Ghah* também é associada com a carta do Diabo. De acordo com Jeff Benner, a vigésima terceira letra do antigo alfabeto hebraico, *Ghah* ("uma corda torcida"), foi absorvida pela letra moderna *Ayin*.* *Ghah* significa "torcido", "escuro" ou "perverso" e se refere a bodes por causa dos seus chifres torcidos. No inglês moderno, a palavra *"horny"* (que vem de *"horns"* ou "chifres") significa luxurioso, uma pessoa que pensa muito em sexo. Talvez a combinação de *Ayin* e *Ghah* associada com esta carta sugere adotar uma visão distorcida do mundo. Por coincidência, Capricórnio – o bode da astrologia – é associado com o trunfo do Diabo.

Mitos/arquétipos: Pan, o deus dos pastores, viciado em sexo e com pernas de bode. Bacanal. Adão e Eva. Baphomet. Cernunos. Lúcifer. Fausto. Rei Midas. Alexandre, o Grande. Belzebu, Senhor das Moscas. O homem-bomba com obsessão religiosa.

Mathers (1888): fatalidades para o bem; (I) fatalidades para o mal.

Waite (1911): devastação, violência, veemência, esforços extraordinários, força, fatalidade; aquilo que é predestinado mas nem por isso é ruim; (I) fatalidade negativa, fraqueza, mesquinharia, cegueira.

---

* Jeff A. Benner. "Ghah", *Ancient Hebrew Research Center,* www.ancient-hebrew.org/3_ghah.html (em inglês), acessado em 17 de novembro de 2014.

15. O Diabo: uma Visão Distorcida do Mundo

Golden Dawn: materialismo, obsessão, força material, tentações materiais (as qualidades de obsessão e tentação carnal são aumentadas com a presença do trunfo dos Enamorados).

Palavras-chave (+): soltar as amarras, se libertar da moralidade rígida, apegos materiais agradáveis, fazer escolhas saudáveis, se divertir, desfrutar do sexo, confrontar tentações, deleitar-se naquilo que dá prazer, adotar uma perspectiva espiritual, confrontar os demônios interiores, se livrar dos grilhões do dogmatismo religioso, levar a vida que deseja, devoção intensa a uma ambição mundana.

Palavras-chave (–): servidão, obsessão, aprisionamento, tentações materiais, opressão, desequilíbrio, desonestidade, mentalidade distorcida, ignorância, moralidade rígida, ser escravo da religião, crenças aprisionadoras, codependência, vícios, autoengano, materialismo em excesso, apegos maléficos, desejo de poder, exageros, vida desregrada, luxúria, perversão sexual, perversidade, maquinações em segredo, chegar a extremos, restrições impostas por você mesmo, fanatismo religioso, falta de saída, medo do desconhecido, o lado sombrio de uma pessoa.

O Diabo na posição normal

Quando na posição normal, o Diabo sugere que você tem uma oportunidade de ir em busca de atividades que dão prazer e satisfação intensos. Esta carta costuma aparecer quando estamos contemplando um projeto que necessita de devoção quase obsessiva para alcançar uma ambição material. Enquanto buscamos com avidez esse objetivo, o Diabo nos lembra de manter o equilíbrio na nossa vida e de não permitir que o apego excessivo a tentações materiais nos desvie.

Infelizmente, a carta do Diabo foi associada com a visão de teólogos severos que acreditam que o prazer corpóreo é pecaminoso aos olhos da divindade que, por ironia, criou o corpo humano com toda a capacidade de deleite. A carta do Diabo nos ensina que buscar prazer na vida é perfeitamente aceitável enquanto o fizermos com moderação (é por isso que a Temperança, a carta XIV, precede a carta XV, o Diabo). Quando esta carta aparece numa leitura, é hora de se soltar um pouco e se deleitar em atividades que você pode ter evitado por causa de uma noção rígida de obrigação ou de moralidade. O Diabo sussurra no seu ouvido: "Se é gostoso, vá em frente". Portanto, se há uma ambição mundana querida que você deixou de buscar, agora é hora de ir atrás dela. O Diabo apenas adverte que você mantenha uma perspectiva espiritual para que possa evitar ficar preso nas suas ambições materiais e acabar adotando uma visão distorcida do mundo. Nessa linha, uma pesquisa recente com mil pais no Reino Unido concluiu que, apesar da ideia popular de que dinheiro, sucesso profissional e posses materiais são essenciais para uma vida feliz, 95% deles disseram que a chave para a felicidade está em "passar um tempo agradável junto à família".*

O Diabo invertido

Quando invertida, a carta do Diabo sugere que você pode ter ido muito longe na busca por prazeres e deleites sensuais. Desequilíbrios e extremos no comportamento podem estar causando dificuldades. Devoção obsessiva para qualquer tipo de objetivo material ou prazer corpóreo é um tipo de amarra ou aprisionamento. Às vezes o que parece bom não é bom para nós. Um traço importante da imagem do trunfo do Diabo é que as correntes são facilmente removidas uma vez que você percebe que elas estão ali. Caso contrário, você acabará repetindo as palavras de Oscar Wilde: "Eu resisto a tudo, menos à tentação".

---

* Deni Kirkova, "What's the Ultimate Modern Luxury?", in Daily Mail, 21 de maio de 2013, www.dailymail.co.uk/femail/article-2328597/Spending-quality-time-family-beats-material-possessions-holidays-new-happiness-poll.html (em inglês), acessado em 10 de maio de 2015.

Chave XVI: a Torre.

Astrologia: Marte, o deus das guerras, do derramamento de sangue e da destruição (Marte rege Áries e Escorpião).

Elemento: Fogo.

Numerologia: 7 (o Carro) = 1 + 6 (a Torre).

Letra hebraica: *Pey* ou *Pe* (uma boca aberta; uma palavra hebraica que significa boca, palavra, vocalização, fala, ou a borda de algo; também falar, soprar ou espalhar).

Mitos/arquétipos: A Torre de Babel. Thor, o deus nórdico dos raios. Zeus dos relâmpagos. Buda debaixo da Árvore Bodhi. Hades sequestrando Perséfone.

Mathers (1888): ruína, ruptura, derrubar, perda, falência; (I) os mesmos mas num grau mais ou menos parcial.

16. A Torre: Iluminação Repentina

Waite (1911): sofrimento, dificuldades, indigência, adversidade, calamidade, desgraça, engano, ruína. É particularmente uma carta de catástrofes imprevistas; (I) de acordo com um relato, o mesmo num grau mais baixo; também opressão, aprisionamento e tirania.

Golden Dawn: coragem, ambição, batalhar, guerra (atributos do planeta Marte); quando acompanhada de cartas estressantes, destruição, ruína, perigo, derrota.

Palavras-chave (+): uma notícia ou um evento inesperados, uma revelação súbita, mudanças abruptas, notícias inesperadas que tomam a sua atenção, interrupção, derrubadas, agitação, mudança forçada, um chamado para a ação, eventos imprevistos, iluminação súbita, libertação de estruturas limitadoras, purgação, uma oportunidade para um novo crescimento, purificação, a necessidade de agir antes que seja tarde demais.

Palavras-chave (−): perturbação súbita, colapso, crise, ruína, catástrofe, choque, notícias perturbadoras, derrubada, destruição, eliminação, trauma, derrota, mudança penosa, ficar sem palavras.

A Torre na posição normal

Quando na posição normal, a Torre sugere que é muito importante que você avalie as estruturas que o estão prendendo ou limitando a sua vida. Se você não o fizer por vontade própria, o universo encontrará uma forma de forçar a mudança para você. Rotinas antigas que impedem o seu progresso devem ser abandonadas. Mudanças imprevistas a princípio podem parecer traumáticas, mas a longo prazo podem abrir a porta da renovação. Há um ditado antigo que diz que toda crise traz uma oportunidade. Alterações inesperadas e às vezes drásticas no curso da vida de uma pessoa são muitas vezes acompanhadas de introspecções súbitas e profundas sobre a natureza da realidade e do sistema de crenças. Em termos concretos, esses eventos podem ser separação, divórcio, perda de emprego, reprovação na escola, dificuldades financeiras, um diagnóstico médico perturbador e coisas do gênero.

A Torre invertida

Quando invertida, a Torre insinua que você pode estar evitando mudanças necessárias ou deixando de aprender com uma situação traumática. Não podemos evitar o fato de que coisas ruins acontecem com pessoas boas, mas podemos aproveitar a oportunidade para crescer em sabedoria com tudo o que passamos na nossa vida. Considere a parábola da casa construída na areia: "... um insensato que construiu a sua casa sobre a areia. E caiu a chuva, vieram as enchentes, sopraram os ventos e bateram com violência contra aquela casa, e ela desabou. E grande foi a sua ruína" (Mateus 7:26-27, Bíblia King James Atualizada). De que maneira você construiu a sua casa na areia?

17. A Estrela: um Brilho de Esperança

Chave XVII: a Estrela.

Astrologia: Aquário, o Aguadeiro (um signo de Ar regido por Saturno e Urano).

Datas de Aquário: 20 de janeiro – 17 de fevereiro (tropical); 13 de fevereiro – 13 de março (sideral).

Elemento: Ar.

Numerologia: 8 (a Força ou a Justiça) = 1 + 7 (a Estrela).

Letra hebraica: *Tsadhe*, *Tsade*, *Tzaddi* ou *Tsadiq* (uma trilha que leva a um destino ou uma figura deitada de lado; uma palavra hebraica que significa uma fortaleza construída do lado de uma montanha; também uma jornada, desejo, necessidade; perseguir, caçar, capturar ou pescar; justo ou correto). A Estrela de Belém mostrou uma trilha que levou os magos para o local de nascimento de Jesus. Também dizem que a letra hebraica lembra um anzol. Aleister Crowley associa a Estrela com a letra *He*, que a Golden Dawn, por sua vez, associa com o Imperador.

Mitos/arquétipos: A Estrela de Belém. A Fada Madrinha. A deusa egípcia do céu Nuit (também chamada de Nut). O Aguadeiro.

Mathers (1888): esperança, expectativa, promessas brilhantes; (I) esperanças não realizadas, expectativas frustradas ou realizadas num grau menor.

Waite (1911): perda, roubo, privação, abandono; outra leitura diz: esperança e possibilidades brilhantes; (I) arrogância, soberba, impotência.

Golden Dawn: fé, esperança, ajuda proveniente de fontes inesperadas; quando com dignidade negativa, falsas esperanças, fantasias.

Palavras-chave (+): esperança, apoio, possibilidades brilhantes, uma luz guia, uma trilha que leva a um destino, fé num futuro melhor, inspiração, clareza, paz, tranquilidade, a possibilidade de melhora, oportunidade de renovação, seguir o caminho de retidão, a luz no fim do túnel.

Palavras-chave (–): perda de esperança, pessimismo, expectativas não cumpridas, oportunidades negligenciadas, falta de confiança no futuro, recusar aceitar um bom guiamento.

A Estrela na posição normal

Quando na posição normal, o trunfo da Estrela oferece esperança e apoio depois do distúrbio da carta da Torre. Você está começando a ver a luz no final do túnel. Você encontrou a trilha que o leva ao seu destino. Há uma promessa de paz e tranquilidade se você continuar no caminho em que está agora. Ajuda pode vir de fontes inesperadas. Você pode ir em frente com fé que o futuro trará melhores possibilidades. Como disse Marco Túlio Cícero há cerca de dois mil anos, "Onde há vida, há esperança".

A Estrela invertida

Quando invertida, a carta da Estrela sugere que você não está com esperanças de um resultado positivo. Pode estar passando por uma crise de fé ou se sentindo dominado pela ideia de que as coisas não darão certo no final. Agora é hora de avaliar a sua situação de maneira realista e se livrar de todas as esperanças falsas ou expectativas com base em ilusões. Você só está conseguindo ver o copo meio vazio? Não está conseguindo ver o caminho sob os seus pés? Não se esqueça da moral da fábula de Esopo: os deuses ajudam aqueles que se ajudam.

18. A Lua: Coisas Assustadoras que Vagueiam pela Noite

Chave XVIII: a Lua.

Astrologia: Peixes (um signo de Água regido por Júpiter e Netuno).

Datas de Peixes: 18 de fevereiro – 19 de março (tropical); 14 de março – 13 de abril (sideral).

Elemento: *Água*.

Numerologia: 9 (o Eremita) = 1 + 8 (a Lua).

Letra hebraica: *Quph* ou *Qoph* (o sol no horizonte; uma palavra hebraica que significa sol, revolução, uma bússola, circuito, ciclo, movimento circular, dar voltas, atrás, a nuca, horizonte, uma volta do sol, tempo ou condensar). A lua também é conhecida pelo seu lado negro (a nuca) oculto do nosso ponto de vista terrestre e pelas suas fases que ressoam nos ciclos naturais na Terra.

Mitos/arquétipos: A Deusa da Lua. Hécate, a porteira entre os mundos e Rainha da Noite. Diana, deusa da lua, dos nascimentos e da caça.

Mathers (1888): crepúsculo, enganos, erros; (I) flutuações, enganos leves, erros pequenos.

Waite (1911): inimigos ocultos, perigo, calúnia, escuridão, terror, enganos, forças ocultas, erros; (I) instabilidade, inconstância, silêncio, graus mais baixos de engano e erros.

Golden Dawn: mudança voluntária (ao contrário da mudança involuntária da carta da Morte), insatisfação; quando com dignidade negativa, a Lua pode significar engano, erro e inverdades.

Palavras-chave (+): ilusão, mistério, nebulosidade, influências ocultas, conhecimento intuitivo, as coisas não são o que parecem; mudança voluntária, fases, ciclos, sonhos, imaginação, paranormalidade, conhecimento inconsciente, introspecção, instintos, o ciclo menstrual, enfrentar medos.

Palavras-chave (-): confusão, engano, erro, desilusão, falta de clareza, irrealidade, mentalidade nebulosa, apreensão, temer o pior, equívocos, escuridão, solidão, sonhos ruins, depressão, insegurança, inimigos ocultos, ambiguidade, instabilidade, embriaguez, abuso de drogas, o lado escuro, circunstâncias flutuantes, incapacidade de cumprir promessas, preocupações sobre a saúde feminina; coisas que fazem barulhos assustadores durante a noite.

A Lua na posição normal

Quando na posição normal, a Lua sugere que as circunstâncias podem estar difíceis de captar ou de definir, obscuras, confusas, flutuantes ou instáveis no momento. A Lua tem um lado escuro, sempre oculto da visão humana. Indivíduos sob a influência de drogas ou de álcool podem causar problemas. Informações importantes podem ter sido entendidas da maneira errada ou podem ainda não estar ao seu alcance. Influências ocultas podem estar agindo, e as coisas podem parecer diferentes sob a luz do dia. Você pode estar numa fase de um ciclo e só com a passagem do tempo a próxima fase se revelará. Não tire conclusões nem aja por impulso. Faça questão de ter informações precisas e verificáveis antes de tomar decisões importantes.

A Lua invertida

Quando invertida, a Lua pode indicar que você está prestes a sair de um período de confusão ou de incerteza. Muitos tarólogos consideram que a carta da Lua invertida represente problemas mais brandos em comparação com a carta na posição normal. Às vezes a Lua invertida aparece quando uma consulente está passando por complicações ginecológicas.

19. O Sol: um Raio de Luz Solar

Chave XIX: o Sol.

Astrologia: o Sol (regente do signo de Leão, que é um signo de Fogo).

Elemento: Fogo.

Numerologia: 1 (o Mago) = 1 + 0 (a Roda da Fortuna) = 1 + 9 (o Sol).

Letra hebraica: *Resh* (a cabeça de um homem; uma palavra hebraica que significa pessoa, chefe, líder, cabeça, capitão, aquele que vem primeiro, cume, topo ou começo). O sol vem primeiro no nosso sistema solar; sem os raios do sol nós não existiríamos. A letra hebraica *Resh* é associada ao sol e se refere à cabeça de um homem com a face voltada para você. Em oposição, a letra hebraica *Qoph* é associada com a lua e se refere à parte de trás da cabeça.

Mitos/arquétipos: o deus egípcio Amon-Rá. O deus Sol. Apolo. Logos.

Mathers (1888): felicidade, contentamento, alegria; (I) as mesmas coisas num grau mais baixo.

Waite (1911): felicidade material, bom casamento, contentamento; (I) as mesmas coisas num sentido mais fraco.

Golden Dawn: ganho, riquezas, honra, glória, arrogância, exibicionismo, vaidade (os últimos significados se aplicam apenas quando o Sol está acompanhado de cartas negativas).

Palavras-chave (+): sucesso, realização, otimismo, iluminação, alegria, ovação, reconhecimento, vitalidade, conquista, boa saúde, luz solar, cura, energia positiva, vigor juvenil, calor, felicidade, contentamento, visão clara, consciência, luz do dia, o lado bom, brilhantismo, exultação, clareza, resplendor, lucidez, transparência, clareza, alegria infantil, justiça com misericórdia; "no mundo corrompido brilha uma boa ação".

Palavras-chave (–): as palavras acima, mas num grau mais fraco; também orgulho, autocomplacência, vaidade, egoísmo, arrogância, ambições fora da realidade, megalomania, sucesso atrasado, falta de reconhecimento.

O Sol na posição normal

Quando na posição normal, o Sol é uma carta positiva que em geral simboliza um período de sucesso, conquista, reconhecimento, calor, felicidade, popularidade e contentamento. A saúde melhora e os relacionamentos pessoais prosperam. As situações no trabalho e novos empreendimentos vão bem. Por causa da ligação do Sol com Leão e com a quinta casa do zodíaco natural, astrólogos modernos acreditam que esta carta também pode significar romance, casamento, autoexpressão criativa, o nascimento de crianças ou outros assuntos relacionados a frutos e filhos. Agora é um momento de clareza e iluminação. Pondere sobre as palavras do bardo: "Como a pequena candeia chega longe com seus raios! É assim que no mundo corrompido brilha uma boa ação" (William Shakespeare, *O Mercador de Veneza*, 1600 – adaptado da tradução de Carlos Alberto Nunes).

O Sol invertido

Quando invertido, o Sol ainda é uma carta positiva, mas é considerado mais fraco. Pode ser que algo o esteja impedindo de aproveitar a alegria e a clareza que são possíveis agora. Talvez o seu ego inflado esteja no caminho; orgulho em excesso é um dos defeitos do signo de Leão. Pode ser que você não esteja recebendo os aplausos em pé que tanto esperava.

20. Julgamento: o que se Planta, se Colhe

Chave XX: o Julgamento (Éon).

Astrologia: Fogo (Plutão em alguns tarôs modernos). Tanto o elemento Fogo quanto o planeta anão Plutão são associados com purgação, renovação e purificação.

Elemento: Fogo.

Numerologia: 2 (a Sacerdotisa) = 1 + 1 (a Justiça ou a Força) = 2 + 0 (o Julgamento).

Letra hebraica: *Shin* ou *Sin* (os dois dentes da frente, marfim; uma palavra hebraica que significa dente, afiado; também afiar, pressionar, comer, consumir, destruir, afiar uma lâmina, dizer palavras afiadas, afiar uma mente; dois de algo, ambos, segundo). A presença da letra *Shin* na lei do talião é talvez a razão da sua associação com o Juízo Final: "... olho por olho, *dente* por *dente*..."

Mitos/arquétipos: o Juízo Final. O Anjo da Ressurreição. O Anjo Vingador. A fênix ressurgindo das cinzas. Perséfone sendo resgatada do Hades. A Fada dos Dentes.

Mathers (1888): renovação, resultado, juízo determinante sobre um assunto; (I) postergar um resultado, atraso, um assunto reaberto posteriormente.

Waite (1911): mudança de posição, renovação, resultado; outro relato especifica perda total num processo judiciário; (I) fraqueza, pusilanimidade, simplicidade; também deliberação, decisão, sentença.

Golden Dawn: um julgamento, sentença, decisão final.

Palavras-chave (+): um chamado, acordar do sono, uma nova era, julgar e ser julgado, reavaliação, dia do julgamento, reanimação, alguém implorando pela sua atenção, entrar numa vida nova, acerto de contas, renascimento, ressurreição, renovação, uma última chance, libertação do Hades, ser reenergizado, voltar dos mortos, perdão, entrar em outra fase de existência, ressurgir das cinzas, resgate, começar do zero, fazer tábula rasa de algo.

Palavras-chave (–): sentenciar, não dar ouvidos a um chamado, autorrecriminação, preocupação, arrependimento, atraso, vergonha, remorso, estagnação, isolamento, mau karma, condenação, vingança, um julgamento negativo, se prender a hábitos antigos, ficar preso no passado, postergar um assunto até ser tarde demais, um final insatisfatório, não conseguir se levantar das cinzas; olho por olho, dente por dente.

O Julgamento na posição normal

Quando na posição normal, a trombeta da carta do Julgamento o acorda para uma nova fase de existência. Talvez você esteja entrando num período de renascimento e transformação em que precisará tomar uma decisão importante. Tendo ouvido o chamado, você está pronto para fazer as mudanças necessárias e entrar num caminho de rejuvenescimento e renovação? A redenção pede a aceitação da responsabilidade pelo comportamento passado e um comprometimento a fazer as coisas de um jeito melhor da próxima vez.

O Julgamento invertido

Quando invertida, a carta do Julgamento sugere que você pode não estar dando ouvidos ao chamado para acordar e mudar a direção da sua vida. Se você rejeitar essa oportunidade de se reanimar, pode acabar estagnado e se sentir preso numa rotina. Pode ser que a sua relutância se dê por causa de um medo de mudança, um sentimento de arrependimento ou sentimentos de autorrecriminação. Pondere sobre o versículo bíblico: "Em verdade, em verdade vos asseguro que se o grão de trigo não cair na terra e não morrer, permanecerá ele só; mas se morrer produzirá muito fruto" (João 12:24, Bíblia King James Atualizada).

21. O Mundo: Paraíso Reconquistado

Chave XXI: o Mundo (o Universo).

Astrologia: Saturno, o planeta visível mais distante (Saturno rege Capricórnio e Aquário). As quatro figuras ao redor da grinalda central nesta carta representam os quatro signos fixos do zodíaco: Touro, Leão, Escorpião e a águia, Aquário, o aguadeiro.

Elemento: Terra.

Numerologia: 3 (a Imperatriz) = 1 + 2 (o Enforcado) = 2 + 1 (o Mundo).

Letra hebraica: *Tav*, *Tau* ou *Taw* (dois galhos dispostos em forma de X ou de cruz para marcar um local; uma palavra hebraica que significa cruz, placa, rabisco, limite, marca, sinal, delimitação, monumento, pacto ou assinatura). Esta carta marca o fim da jornada do Louco: X marca o local. O sinal da cruz também é um símbolo importante do cristianismo. Uma cruz divide o espaço em quatro, simbolizando os quatro elementos e os quatro signos fixos do zodíaco, que são representados na carta do Mundo.

Mitos/arquétipos: a Segunda Vinda. A Nova Jerusalém. O Jardim do Éden. Paraíso Reconquistado. O Sinal da Cruz.

Mathers (1888): completar algo, boa recompensa; (I) má recompensa.

Waite (1911): sucesso garantido, recompensa, viagem, rota, emigração, voo, mudança de lugar; (I) inércia, fixidez, estagnação, permanência.

Golden Dawn: síntese, mundo, reinado; o assunto da pergunta, portanto o que o Mundo significa dependerá bastante das cartas acompanhantes.

Palavras-chave (+): culminação, plenitude, conclusão, o fim da estrada, "X marca o local", um resultado bom, realização, recompensa, promoção, oportunidade, um objetivo definido com clareza, uma viagem, o destino, buscar o ouro, alcançar o local de destino, conhecimento dos próprios limites, paraíso reconquistado, uma jornada para um local desejado, volta à Origem.

Palavras-chave (+): falta de compromisso, fracasso ao ir atrás de um sonho, falta de perspectiva, estagnação, não estabelecer uma meta, uma ambição inatingível, limites fracos, paraíso perdido.

> Eu, que outrora cantei o feliz jardim perdido pela desobediência de um homem, agora canto a reconquista desse paraíso por toda a humanidade, obtida pela firme obediência de um homem contra toda a tentação; também canto o tentador frustrado em todas as suas manobras, derrotado e repelido; e o *Éden* erguido na vastidão.
>
> (John Milton, *Paraíso Reconquistado*,
> 1671 – tradução de Antônio Rocha Azevedo)

O Mundo na posição normal

Quando na posição normal, a carta do Mundo marca um objetivo ou um local de destino importantes na sua vida. Você pode estar próximo de completar uma ambição importante ou talvez você esteja próximo de embarcar numa jornada para alcançar um desejo que alimenta há muito tempo. De qualquer maneira, você está lidando com um estágio importante do seu desenvolvimento e precisará de todos os recursos à sua disposição para finalizar os assuntos com sucesso. Da mesma forma que Saturno, o último planeta visível a olho nu, marca o último limite visível do sistema solar, o trunfo do Mundo marca o final da jornada do Louco para a iluminação. Chegar a esta carta é um sinal de conclusão, iluminação e de sucesso. Você está voltando ao Jardim do Éden.

O Mundo invertido

Quando invertida, a carta do Mundo sugere que de alguma forma você está impedido ou atrasado na sua jornada para um local de destino importante. Talvez você não tenha consciência dos seus próprios limites e não tenha sido capaz de delinear objetivos realistas. Você precisa examinar e confrontar o que o está puxando para trás para que possa voltar a se deslocar para a frente. Será que a sua atitude ou o seu comportamento atuais resultarão na sua expulsão do Jardim do Éden?

Onze

As Cartas Numéricas

O naipe de Paus

Os naipes de Paus do tarô moderno devem a sua origem ao jogo de polo. Como já mencionamos, o baralho mameluco egípcio no qual deriva o tarô tem quatro naipes: Taças, Dinares (uma moeda antiga), Cimitarras e Tacos de Polo. O tradicional Tarô de Marselha manteve as lâminas curvas das Cimitarras e as chamou de Espadas. O Tarô de Marselha também substituiu os Tacos de Polo Mamelucos por Bastões ou Paus, que eram mais familiares à cultura europeia.

Polo, o emocionante esporte dos reis, é uma atividade competitiva rápida e enérgica que começou como jogo de guerra há cerca de dois mil anos. Seus dedicados entusiastas chamam o polo de "hóquei a cavalo". Numa entrevista para o programa *60 Minutes*, a estrela do polo Nacho Figueras descreveu o jogo como "uma guerra… você tenta fazer mais gols, ir mais rápido e bater mais forte e fazer de tudo para ganhar".* No jogo de polo, ganhar não é tudo; é a única opção. Típico do naipe de Paus!

Na astrologia, o naipe de Paus é associado ao grupo "yang" de signos ativos de Fogo (Áries, Leão e Sagitário), como condiz com a natureza fálica dos Paus. Para ter uma ideia da natureza arquetípica desse símbolo, reveja a seguir a lista das palavras-chave para o naipe de Paus (Tacos de Polo):

---

* CBS News, "The Sport of Kings: Polo", em www.youtube.com/watch?v=DAs2OQDujNk, acessado em 9 de junho de 2014.

Fortaleza	Entusiasmo	Ousadia
A centelha da vida	Criatividade	Bravura
Entusiasmo agitado	Excitação	Fé
Ação	Impulso	Poder
Empreendimento	Animação	Crescimento
Ambição	Aventura	Avanço na carreira
Iniciativas de novos negócios	Assumir riscos	Domínio
Aspiração	Atividades enérgicas	Um desejo orgulhoso pela vitória
Inspiração	Poder e força	Expandir horizontes
Paixão	Competitividade	Competir pelo ouro
Coragem	Disputas	*Per aspera ad astra* (rumo às estrelas por meio da dificuldade)
Vivacidade	Oposição	

Um exercício com o naipe de Paus

De acordo com a Golden Dawn, muitas cartas dos arcanos maiores são associadas ao elemento Fogo e ao naipe de Paus. Elas são:

- O Sol, trunfo XIX (a estrela de fogo no centro do nosso sistema solar).
- O Imperador, trunfo IV (*Áries,* o signo de Fogo).
- Força, trunfo VIII ou XI (Leão, o signo de Fogo).
- Temperança, trunfo XIV (Sagitário, o signo de Fogo).
- A Torre, trunfo XVI (o planeta vermelho Marte, relacionado ao Fogo).
- Julgamento, trunfo XX (o elemento Fogo).

Disponha estas cartas à sua frente e anote todas as qualidades que elas têm em comum. Elas compartilham algum simbolismo com um fogo florestal ou uma vela acesa? Têm algo em comum com o jogo de polo? Repita esse exercício depois de ter estudado o naipe de Paus. Registre as suas observações no seu bloco de notas de tarô.

Ás de Paus: a Centelha da Vida

Etteila (1791): nascimento, origem, fonte, os primeiros frutos; (I) declínio, fracasso, falência.

Mathers (1888): nascimento, começo, origem, fonte; (I) perseguição, buscas, violência, irritação, crueldade, tirania.

Waite (1911): uma mão saindo de uma nuvem pega um forte pedaço de pau. *Significados divinatórios*: criação, invenção, empreendimento, os poderes que resultam nestes; princípio, começo, fonte; nascimento, família, origem e em certo sentido a virilidade que está por trás deles; o ponto de partida dos empreendimentos; de acordo com outro relato, dinheiro, fortuna, herança; (I) queda, decadência, ruína, perdição, perecer e também uma alegria que vem misturada com um motivo de tristeza.

Crowley/GD: energia solar fálica. Força, poder, força natural, vigor, velocidade, energia. Força natural, por oposição à força invocada do Ás de Espadas.

Simbolismo numérico: 1 – a centelha inicial, vontade, criação, começo, nova vida.

Astrologia: a força raiz do Fogo, o elemento associado com a estação da primavera.

Tempo: Na astrologia, o Fogo é associado à primavera.

Palavras-chave (+): nascimento, criação, inspiração, animação, paixão, centelha inicial, começos, origem, nova vida, gravidez, fonte, inícios, a centelha do Fogo, o brotar de uma semente, concepção, realização pessoal, oportunidades de carreira.

Palavras-chave (–): declínio, enfraquecimento, intenções que não se realizam, ignição fracassada, falta de motivação, fraqueza, frustração, esforço insuficiente, esterilidade, uma semente que não brota.

No Tarô Clássico da Llewellyn, uma mão saindo de uma nuvem do lado esquerdo da carta segura um cajado de madeira para cima no céu claro e azul. As articulações dos dedos da mão estão viradas para a frente. A nuvem chega até a superfície da água. O cajado deve ter sido feito há pouco tempo de uma árvore viva, pois folhas verdes e novas brotam dele, símbolos de vitalidade e nova vida. Abaixo do cajado há uma paisagem de pastos verdes e árvores verdejantes. Um rio atravessa a cena rumo a um grande corpo de água, talvez um lago ou o mar. Um penhasco rochoso na beira da água apoia um rico castelo que tem vista para toda a paisagem.

O Ás de Paus na posição normal

Quando na posição normal, o Ás de Paus sugere um novo começo e promete sucesso relacionado a empreendimentos, ambições, formação de identidade, carreira e autorrealização. A sua criatividade está fluindo. Você pode estar expandindo a sua carreira, começando num novo emprego ou dando início a um empreendimento de negócios. Este tempo é caracterizado por entusiasmo, inventividade, objetivos ambiciosos e projetos inovadores. Paus é associado com o elemento Fogo, a centelha da vida. Este Ás às vezes sinaliza uma gravidez ou o nascimento de uma criança. No mito de Prometeu, o fogo que esta figura mítica rouba dos deuses significa o despertar da mente humana.

O Ás de Paus invertido

Quando invertido, o Ás de Paus aponta para problemas em começar coisas novas. Talvez esteja faltando motivação ou as suas ideias criativas tenham secado. Talvez você tenha começado mal ou não esteja fazendo o melhor tipo de esforço para dar a ignição ao seu projeto. Você plantou algumas sementes mas elas estão se recusando a brotar. A sua criatividade não parece estar fluindo, e você sente como se estivesse passando por um período infértil. Mantenha em mente as palavras do poeta sufi: "Isto também passará".

Dois de Paus: Para onde Vou Agora?

Etteilla (1791): pensamentos ruins, pesar, angústia, tristeza, desagrado, melancolia; (I) medo, choque, dominação, surpresa, espanto, eventos imprevistos, um milagre.

Mathers (1888): riqueza, fortuna, opulência, magnificência, grandiosidade; (I) surpresa, espanto, evento, ocorrência extraordinária.

Waite (1911): um homem alto está no topo das ameias de um castelo olhando para o mar e o litoral; segura um globo na mão esquerda e um cajado na direita, apoiando-o no parapeito; outro cajado está fixo num anel. Devemos reparar na Rosa, na Cruz e no Lírio do lado direito. *Significados divinatórios*: entre as leituras alternativas não há casamento possível; por um lado, riquezas, fortuna e magnificência; por outro, sofrimento físico, doença, desgosto, tristeza, mortificação. O desenho dá uma sugestão; aqui está um senhor observando o seu domínio e contemplando um globo; parece com a doença, a mortificação e a tristeza de Alexandre em meio à grandiosidade das riquezas desse mundo; (I) surpresa, admiração, encanto, emoção, problemas, medo.

Crowley/GD: Domínio, a vontade em seu estado mais exaltado, influência sobre os outros, o Fogo em sua forma mais elevada.

Simbolismo numérico: 2 – dualidade, parceria, escolha, decisão, equilíbrio, gestação.

Astrologia: o assertivo e pioneiro planeta *Marte* (dignificado) no primeiro decanato do signo de Fogo *Áries* (os dez primeiros dias da primavera no hemisfério Norte); também o reino da *Rainha de Paus* (Água de Fogo) e do *Imperador* (Áries). Marte é associado à Torre. A Rainha de Paus de Fogo dá à luz a estação da primavera no começo de Áries no hemisfério Norte.

Tempo: 0 de Áries – 10 de Áries. Tropical, 20 de março – 30 de março. Sideral, 14 de abril – 23 de abril.

Palavras-chave (+): domínio, influência sobre os outros, o poder de controlar as coisas, confiança, escolher a direção na vida, planejar para o futuro, uso eficaz da vontade, visualizar desenvolvimentos futuros, espanto, uma decisão importante, tentar achar uma saída para uma situação difícil.

Palavras-chave (–): hesitação, tristeza, desagrado, pensamentos ruins, um acontecimento inesperado, comportamento arriscado, sensação de estar preso.

O Dois de Paus na posição normal

Quando na posição normal, o Dois de Paus sugere que você está ponderando sobre um curso de ação ou decidindo o caminho que a sua vida tomará no futuro. O jovem na carta está contemplando um globo com uma postura de autoconfiança. Tradicionalmente, esta carta representa pensamentos ruins e tristeza. Ela lembra Waite da tristeza de Alexandre, o Grande, em meio à grandiosidade da riqueza deste mundo. Interpretações modernas veem o Dois de Paus como uma carta de fortuna, grandiosidade, domínio e influência sobre os outros. Pode ser que ela abranja os dois significados. Você pode sentir uma certa tristeza enquanto contempla um futuro curso de ação possível. O número 2 se relaciona com parcerias, colaboração e tomar decisões importantes, que em geral envolvem um tipo de perda em deixar algo de lado para ir atrás de outro objetivo desejado.

O Dois de Paus invertido

Quando invertido, o Dois de Paus tradicionalmente significa surpresa, um milagre ou um acontecimento extraordinário. Algo que o maravilhe e espante pode acontecer. Por outro lado, a inversão do Dois de Paus pode sugerir que você esteja tendo dificuldade para tomar uma decisão importante sobre o seu futuro. Talvez você não tenha confiança o bastante ou esteja se sentindo assoberbado por dúvidas sobre o melhor curso de ação. Problemas com um parceiro também podem estar vindo à tona.

Três de Paus: Fazendo Preparativos

Etteilla (1791): empreendimento, ousadia, audácia, começo, esforço; (i) repouso, intervalo, interrupção de infortúnios, o fim das preocupações.

Mathers (1888): empreendimento, projetos, comércio, transações, negociações; (I) esperança, desejo, tentativa, anseio.

Waite (1911): um personagem calmo e majestoso, de costas, olha da borda de um penhasco os navios passando no mar. Três cajados estão fincados no solo, e ele se apoia de leve num deles. *Significados divinatórios*: força estabelecida, empreendimento, esforço, transações, comércio, descobertas; aqueles navios velejando pelo mar são dele e carregam mercadorias; cooperação hábil nos negócios, como se o bem-sucedido príncipe mercador estivesse olhando do lado dele para o seu com a disposição de ajudar você; (I) o fim dos problemas, suspensão ou o fim da adversidade, do esforço e da decepção.

Crowley/GD: virtude, poder, força estabelecida, orgulho, arrogância.

Simbolismo numérico: 3 – fertilidade, um ambiente criativo, um relacionamento triplo, os primeiros frutos de um empreendimento conjunto.

Astrologia: o forte *Sol* (exaltado) no segundo decanato do signo de Fogo *Áries*, reino da *Rainha de Paus* (Água de Fogo) e do *Imperador* (Áries). A exaltação do Sol em Áries aumenta seu poder, sua virtude, seu orgulho e sua força.

Tempo: 10 de Áries – 20 de Áries. Tropical, 30 de março – 9 de abril. Sideral, 24 de abril – 3 de maio.

Palavras-chave (+): empreendimento, previsão, cooperação nos negócios, transações, comércio, iniciar um novo empreendimento, explorar possibilidades, criar algo novo, esperar por resultados, maximizar as chances de sucesso, planejamento de longo alcance, objetivos realistas, colaborar com outras pessoas para ir atrás de um objetivo, embarcar num novo curso de ação, risco calculado, o fim dos problemas, os seus navios partindo ou chegando.

Palavras-chave (–): planejamento ruim, falta de visão, descuido, arrogância, planos mal pensados, objetivos não realistas, oportunidades perdidas, intenções que não se realizam, perigos insensatos, falta de cooperação, parceiros não confiáveis, conselhos falhos, esforços sem rumo, negligência, necessidade de reavaliar a situação.

O Três de Paus na posição normal

Quando na posição normal, o Três de Paus mostra um homem olhando o mar, observando seus navios partindo ou chegando, talvez carregando bens de um empreendimento de negócios estrategicamente planejado. Esse homem e seus parceiros, se ele tem algum, delinearam objetivos realistas e agiram com prudência. Espera-se que esse empreendimento em conjunto dê certo; mas, para ter certeza, ele observa com atenção cada passo do processo. Quando esta carta aparece, você tem autorização para expandir os seus horizontes e plantar as sementes para o sucesso futuro. O número 3 muitas vezes se refere a empreendimentos conjuntos, ou seja, duas ou mais pessoas unindo seus esforços por um período para criar algo novo (por exemplo, um casal tendo um bebê).

O Três de Paus invertido

Quando invertido, o Três de Paus sugere que algo o está impedindo de começar um novo empreendimento ou de dar os passos certos para o seu crescimento e para o seu desenvolvimento. Pode ser que os seus objetivos não sejam realistas ou que os conselhos que você seguiu não sejam bons. Seus esforços podem ter sido descuidados ou mal orientados. Você precisa reavaliar a situação, as suas habilidades e o seu comprometimento e também aquelas pessoas que você escolheu como sócias. Você planejou da melhor maneira possível e construiu a estrutura apropriada para aumentar as suas chances de sucesso?

Quatro de Paus: Aperfeiçoando o Trabalho por meio de Alianças

Etteilla (1791): sucesso social, associação, comunidade, alianças, acordos, pactos, contratos; (I) felicidade, boa sorte, aumento, prosperidade.

Mathers (1888): sociedade, união, associação, concórdia, harmonia; (I) prosperidade, sucesso, alegria, vantagem.

Waite (1911): nos quatro grandes cajados plantados no primeiro plano há uma grande guirlanda pendurada; duas figuras femininas levantam buquês; do lado delas há uma ponte sobre um fosso, que leva a uma antiga casa senhorial. *Significados divinatórios*: vida no campo, refúgio, um lar reunido para a festa da colheita, repouso, concórdia, harmonia, prosperidade, paz e a obra acabada de todas essas coisas; (I) prosperidade, aumento, felicidade, beleza, embelezamento.

Crowley/GD: Conclusão, obra finalizada, resolução.

Simbolismo numérico: 4 – estrutura, estabilidade, construção, ordem, fundação, manifestação.

Astrologia: a *Vênus* amorosa e afetiva (debilitada) no terceiro decanato do *Áries* de Fogo, reino do *Rei* (Waite)/*Príncipe de Ouros* (Thoth) (Ar de Terra) e do *Imperador* (Áries). Vênus é associada à *Imperatriz*.

Tempo: 20 de Áries – 30 de Áries. Tropical, 9 de abril – 19 de abril. Sideral, 4 de maio – 13 de maio.

Palavras-chave (+): estabelecer segurança e estrutura, sossego, a festa da colheita, concórdia, harmonia, paz, alegria, felicidade, abrigo, prosperidade, conclusão com sucesso, uma cerimônia tradicional, um rito de passagem, um passo importante no desenvolvimento pessoal, trabalho aperfeiçoado, empreendimento conjunto, trabalhar em aliança com outras pessoas, um trabalho benfeito, descanso após o trabalho, um refúgio.

Palavras-chave (–): atraso para completar uma tarefa, objetivos não realizados, preocupação sobre o término do trabalho, mais trabalho é necessário, trabalho sem descanso.

O Quatro de Paus na posição normal

Quando na posição normal, o Quatro de Paus sugere que você está estabelecendo fundações firmes ao manifestar os resultados do seu trabalho. Se você se envolveu num projeto, está agora no estágio de completá-lo e é capaz de aproveitar os frutos do seu trabalho. Se a sua pergunta tem a ver com um relacionamento ou com uma parceria de negócios, isso está firme. Esta carta muitas vezes representa ritos de passagem como casamentos, nascimentos, bar mitzvahs, formaturas etc. O simbolismo da festa da colheita é associado à possibilidade de comprar uma moradia ou de mudar para uma nova residência.

O Quatro de Paus invertido

Quando invertido, o Quatro de Paus indica interrupções na realização de um projeto ou no compromisso com um relacionamento. Uma oferta para uma casa que você esperava comprar pode não ser aceita. Um objetivo importante pode não ser realizado quando você vir que é preciso trabalhar mais para torná-lo realidade. Em vez de se preocupar, concentre os seus esforços em terminar o trabalho. Esta carta em geral é positiva, e quaisquer atrasos serão curtos.

Cinco de Paus: Crianças Ricas Brincando de Guerra

Etteilla (1971): riquezas, prosperidade, ouro, esplendor, abundância, luxo, resplendor; (I) disputas, incômodos, procedimentos legais, brigas, assédio, oposição, litígio, caso de tribunal.

Mathers (1888): ouro, opulência, ganho, herança, riquezas, fortuna, dinheiro; (I) procedimentos legais, julgamento, lei, advogado, tribunal.

Waite (1911): um bando de jovens brandindo cajados como num esporte ou numa disputa. É uma imitação da guerra, e estes são os *significados divinatórios*: imitação, como lutas falsas, mas também a competição e o esforço extenuantes da busca pela riqueza e pela fortuna. Por esse lado ela é relacionada à batalha da vida. Por isso, algumas atribuições dizem que esta é uma carta de ouro, ganhos, opulência; (I) litígio, disputas, trapaças, contradições.

Crowley/GD: conflito, disputas, lutas, o elemento Fogo carregado e amargurado por Saturno.

Simbolismo numérico: 5 – instabilidade, perturbação, perda, crise, tensão, competição, conflito.

Astrologia: o severo feitor *Saturno* (debilitado) no primeiro decanato do *Leão* de Fogo, reino do *Rei* (Waite)/*Príncipe de Paus* (Thoth) (Ar de Fogo) e da *Força* (Leão). Saturno é relacionado ao *Mundo*. A Golden Dawn considerava esse decanato o começo do zodíaco.

Tempo: 0 de Leão – 10 de Leão. Tropical, 23 de julho – 2 de agosto. Sideral, 18 de agosto – 26 de agosto.

Palavras-chave (+): competição, assertividade, discórdia amigável, interesses diferentes, ambições conflitantes, uma discussão de amantes, rivalidade, batalha simulada, celebrar a diversidade, confronto, testar a sua coragem, lutar por aquilo que você quer, especulação correta, luxos, prosperidade, diversidade, ir atrás dos desejos, envolver-se no jogo da vida com colegas.

Palavras-chave (–): discussões, conflito, disputas, desacordos, assédio, incômodos, litígios, trapaça, competição hostil, agressão injusta, esforços bloqueados.

O Cinco de Paus na posição normal

Quando na posição normal, o Cinco de Paus é uma carta de competição. Sugere que você está indo atrás dos seus desejos com determinação, mesmo que os seus interesses pessoais entrem em conflito com os dos seus colegas. Você está disposto a competir com entusiasmo de maneira justa com os seus rivais para alcançar os seus objetivos. Esta carta o aconselha a "se esforçar o máximo que puder" enquanto se envolve no jogo da vida. Uma batalha simulada pode prepará-lo para as de verdade. Permitir a diversidade de opiniões é sinal de força num relacionamento. Tradicionalmente, esta é uma carta de riquezas e opulência; talvez apenas os abastados poderiam pagar pelas roupas caras e pelo tempo livre para brincar nas batalhas simuladas retratadas nesta carta.

O Cinco de Paus invertido

Quando invertido, o Cinco de Paus alerta que você pode ser emboscado ou atacado injustamente pelos seus adversários. Certifique-se de ter os recursos apropriados antes de se envolver em batalhas. Pode ser que você precise enfrentar disputas, conflitos, discussões e competições injustas para alcançar os seus objetivos. Uma diferença de opiniões pode estar causando dificuldade num relacionamento. Às vezes esta carta indica a necessidade de resolver diferenças num tribunal.

Seis de Paus: o Líder do Grupo

Etteilla (1791): trabalho doméstico, trabalhadores domésticos, criados, atendentes, mensageiros; (I) esperança, confiança, expectativa, previsão, apreensão.

Mathers (1888): tentativa, esperança, desejo, anseio, expectativa; (I) infidelidade, traição, deslealdade, perfídia.

Waite (1911): um cavaleiro coroado de louros carrega um cajado enfeitado com uma coroa de louros; homens a pé carregando cajados estão ao seu lado. *Significados divinatórios*: o triunfo do vitorioso; também ótimas notícias, que poderiam ser levadas pelo mensageiro do rei numa comitiva de honra; expectativa coroada com seu próprio desejo, a coroa da esperança e assim por diante; (I) apreensão, medo, como de um inimigo vitorioso no portão, traição, deslealdade, como se os portões tivessem sido abertos para o inimigo; atraso indefinido.

Crowley/GD: vitória, ganho, triunfo, sucesso.

Simbolismo numérico: 6 – harmonia, comunicação, compartilhamento, compaixão.

Astrologia: o *Júpiter* benéfico e expansivo no segundo decanato do *Leão* de Fogo, reino do *Rei* (Waite)/*Príncipe de Paus* (Thoth) (Ar de Fogo) e da *Força* (Leão). Júpiter é relacionado à *Roda da Fortuna*.

Tempo: 10 de Leão – 20 de Leão. Tropical, 3 de agosto – 12 de agosto. Sideral, 27 de agosto – 5 de setembro.

Palavras-chave (+): sucesso, vitória, triunfo, ganho, superar obstáculos, alcançar objetivos, ótimas notícias, popularidade, liderança, honras, reconhecimento; terminar o trabalho doméstico.

Palavras-chave (−): vaidade, orgulho falso, satisfação excessiva consigo mesmo, reconhecimento não merecido, apreensão, retrocesso temporário, enfrentar desafios, derrota.

O Seis de Paus na posição normal

Parabéns! Quando na posição normal, o Seis de Paus é uma carta de realização, reconhecimento, honras e vitória. Você é recompensado por um trabalho bem feito, mesmo que seja apenas limpar a casa, e pode aproveitar os frutos do seu trabalho. Energia criativa e a cooperação dos outros estão à disposição para ajudá-lo a avançar e alcançar os seus objetivos. Ótimas notícias podem estar por vir. Na época de Etteilla, esta carta insinuava relações com mensageiros, trabalho doméstico e trabalhadores domésticos.

O Seis de Paus invertido

Quando invertido, o Seis de Paus pode representar uma satisfação excessiva consigo mesmo ou com os próprios esforços. Você pode ter de se esforçar para conseguir a cooperação e a boa vontade de outras pessoas. Quaisquer honras ou reconhecimento que você receber podem não ser merecidos. Você pode estar enfrentando um retrocesso temporário em que a sua criatividade parece bloqueada. Enfrentar esse desafio pode ser uma jornada de autoconhecimento.

Sete de Paus: Falando do Alto do Púlpito

Etteilla (1791): conversa, discurso, uma entrevista, comunicação, negociação, comércio, o uso das palavras; (I) incerteza, indecisão, hesitação, inconstância, vacilação.

Mathers (1888): sucesso, ganho, vantagens, lucro, vitória; (I) indecisão, dúvida, hesitação, constrangimento, ansiedade.

Waite (1911): um jovem num ponto alto brandindo um cajado; seis outros cajados estão levantados contra ele de baixo. *Significados divinatórios*: valor, pois seis estão atacando um, que tem, no entanto, a posição de vantagem. No plano intelectual, a carta significa discussão, conflito verbal; nos negócios – negociações, competição de negócios, barganhas, competição. É mais uma carta de sucesso, pois o combatente está em cima e seus inimigos podem não conseguir alcançá-lo; (I) perplexidade, constrangimentos, ansiedade, uma advertência contra a indecisão.

Crowley/GD: valor, bravura, coragem diante da oposição.

Astrologia: o *Marte* corajoso e guerreiro no terceiro decanato do *Leão* de Fogo, reino do *Cavaleiro de Ouros* (Fogo de Terra) e da *Força* (Leão). Marte é associado à *Torre*.

Simbolismo numérico: 7 – avaliação, reflexão, reavaliação, estar no limiar de algo, buscar vantagens.

Tempo: 20 de Leão – 30 de Leão. Tropical, 13 de agosto – 22 de agosto. Sideral, 6 de setembro – 16 de setembro.

Palavras-chave (+): uma posição de vantagem, bravura, valor, sucesso, coragem diante do perigo, autodefesa, aguentar firme, falar com firmeza, descrever a própria posição, buscar ser melhor do que todos, estar no púlpito, ação decisiva, determinação, se esforçar em busca de vantagens, ganhar apesar de as chances estarem contra você, discussão, negociação, oratória, entrevistas, o uso de palavras.

Palavras-chave (–): preocupação, consternação, constrangimento, vacilação, hesitação, indecisão, ansiedade, perplexidade, dúvida, ameaças, oposição aos esforços, se sentir atacado.

O Sete de Paus na posição normal

Quando na posição normal, o Sete de Paus sugere que você precisa aguentar firme e articular a sua posição com firmeza. Desafios podem estar vindo de muitas direções, mas você tem a coragem para se defender e vencer as probabilidades. O sucesso é possível apesar do confronto com as forças competidoras. Pode haver lucro ou vantagens na negociação, na permuta e no discurso com os seus adversários. Você é muito bom no uso habilidoso da palavra escrita e falada.

O Sete de Paus invertido

Quando invertido, o Sete de Paus avisa contra a vacilação e a hesitação em defender aquilo que você acredita. A oposição que você enfrenta pode estar causando um nível desconfortável de ansiedade. Uma competição feroz pode estar enchendo-o de incerteza e dúvidas acerca de si mesmo. Ao se sentir atacado, você pode estar muito tímido ou envergonhado para afirmar a sua posição com firmeza.

Oito de Paus: Voando Rápido sobre o Interior do País

Etteilla (1791): O campo, vida rural, propriedade agrícola, fazenda, jardim, tranquilidade, esporte, festividades, diversões; (I) incerteza, dúvida, remorso, arrependimento, discussão, agitação interior.

Mathers (1888): compreensão, observação, direção; (I) discussões, discórdia doméstica, disputas internas, discórdia, uma consciência perturbada.

Waite (1911): esta carta representa movimento através do que não se move – um voo de cajados pelo campo aberto; mas eles se aproximam do fim de seu curso. Aquilo que eles significam está próximo; pode até estar no limiar de acontecer. *Significados divinatórios*: atividade em empreendimentos, o caminho dessas atividades, rapidez, como a de um mensageiro expresso; muita pressa, muita esperança, rapidez para um fim que promete felicidade garantida; em termos gerais, aquilo que está se movendo; também as flechas do amor; (I) flechas da inveja, disputa interna, remorsos da consciência, disputas; e disputas domésticas para quem é casado.

Crowley/GD: rapidez, velocidade, alta velocidade, pensamentos rápidos, comunicação apressada.

Simbolismo numérico: 8 – movimento, ação, poder, determinação.

Astrologia: o *Mercúrio* rápido e inteligente (debilitado) no primeiro decanato do *Sagitário* de Fogo, reino do *Cavaleiro de Paus* (Fogo de Fogo) e da *Temperança* (Sagitário). Mercúrio é associado ao *Mago*.

Tempo: 0 de Sagitário – 10 de Sagitário. Tropical, 23 de novembro – 2 de dezembro. Sideral, 16 de dezembro – 24 de dezembro.

Palavras-chave (+): rapidez, muita pressa, progresso rápido, aceleração controlada, esporte, entusiasmo, acelerar para alcançar um objetivo, o fim da demora, confiança, pensamentos rápidos, transferência rápida de informações, ideias inspiradoras, notícias de longe, um mensageiro expresso, contato com estrangeiros ou pessoas a distância, a flecha do Cupido, cartas de amor, voo, viagem pelo ar, trânsito rápido, uma visita ao campo.

Palavras-chave (–): dúvida, hesitação, dificuldades em viagens, um voo atrasado, mensagens atrasadas, a pressa é prejudicial, ação precipitada, correr riscos desnecessários, sensação de incerteza, aceleração descontrolada, remorsos da consciência.

O Oito de Paus na posição normal

Quando na posição normal, o Oito de Paus significa rapidez no pensamento e nas ações. Você é capaz de progredir rápido de maneira controlada e bem pensada. Seu entusiasmo e sua confiança o impulsionam para a frente. Seus pensamentos rápidos e sua prontidão para agir decisivamente prenunciam sucesso para os seus esforços. Mensagens e informações são passadas rapidamente de um lado para o outro. Esta é uma das "cartas de viagem" do tarô e sugere que uma jornada ou viagem de avião pode estar por vir. Passar um tempo no campo pode ser prazeroso e revigorante. Os cajados voadores nesta carta também simbolizam as flechas de Cupido e podem significar uma paixão.

O Oito de Paus invertido

Quando invertido, o Oito de Paus adverte que "a pressa é inimiga da perfeição". Você pode estar avançando muito rápido, de maneira arriscada ou descontrolada. Também pode ser que você esteja assolado por dúvidas e hesitação e, portanto, incapaz de prosseguir num bom ritmo. Faça questão de considerar as consequências possíveis das suas ações antes de sair correndo por impulso. Por acaso é prudente estar com tanta pressa para fazer as coisas? Planos de viagem podem sofrer imprevistos ou serem postergados. Um caso amoroso pode ir para uma direção inesperada.

Nove de Paus: Combatendo o Bom Combate

Etteilla (1791): impedimento, suspensão, adiamento, desaceleração, atraso, separação, retrocesso; (I) oposição, desvantagem, adversidade, obstáculos, infelicidade, revés.

Mathers (1888): ordem, disciplina, bom arranjo, disposição; (I) obstáculos, cruzamentos, atraso, desagrado.

Waite (1911): um homem se apoia em seu cajado e parece estar esperando algo, como um inimigo. Atrás dele estão oito outros cajados – erguidos em ordem, como uma paliçada. *Significados divinatórios*: força diante da oposição. Se for atacada, a pessoa irá bravamente de encontro à ofensiva; e o seu semblante indica que pode ser um antagonista formidável. Com esse significado principal, vêm todos os adjuntos possíveis – atraso, suspensão, adiamento; (I) obstáculos, adversidade, calamidade.

Crowley/GD: grande força, poder, energia, saúde, uma mudança na estabilidade.

Simbolismo Numérico: 9 – o último dígito, culminação, os resultados, concretização.

Astrologia: a *Lua* emocional e sensível no segundo decanato do *Sagitário* de Fogo, reino do *Cavaleiro de Paus* (Fogo de Fogo) e da *Temperança* (Sagitário). A Lua é associada à *Sacerdotisa*.

Tempo: 10 de Sagitário – 20 de Sagitário. Tropical, 3 de dezembro – 12 de dezembro. Sideral, 25 de dezembro – 3 de janeiro.

Palavras-chave (+): força diante da oposição, ordem, disciplina, prontidão, resistência, resiliência, precaução, autodeterminação, saúde do corpo, engenhosidade, enfrentar desafios, tomar a iniciativa, agir sozinho, esforços hercúleos, decidir suspender um rumo de ação, escolher uma opção entre muitas.

Palavras-chave (–): obstáculos, desvantagens, entraves, oposição, isolamento, adversidade, inflexibilidade, fadiga, fraqueza corpórea, exaustão, falta de prontidão, chances baixíssimas, atraso, retrocesso.

O Nove de Paus na posição normal

Quando na posição normal, o guerreiro ferido nesta carta precisa juntar coragem para enfrentar outro desafio e se defender dos seus adversários. A sua força, a boa forma e a autodeterminação o trouxeram até aqui e ele pode ter que seguir em frente sozinho. Apesar de as chances de sucesso parecerem quase inexistentes, ele está bem preparado para o ataque que está por vir. O guerreiro sabe que deve ter cuidado ao tomar decisões e usar todos os seus recursos interiores. Essa persistência, diante de dificuldades e atrasos, é necessária se ele busca a vitória. Se o resultado for uma derrota, o guerreiro saberá que ele lutou com honra e distinção. Às vezes uma estratégia de retirada é o plano mais sensato.

O Nove de Paus invertido

Quando invertida, esta carta sugere que o consulente está agindo em desvantagem. Ele deve estar mal preparado e pensando em desistir por causa dos obstáculos, talvez se sentindo isolado, sobrecarregado ou exaurido pelas circunstâncias. É quase certo que uma abordagem rígida ou inflexível ao problema não dê certo. Às vezes temos que admitir que o desafio é insuperável ou que nos comprometemos com mais do que podemos aguentar; nesse caso, o melhor a fazer é aceitar que não somos capazes de completar a tarefa e passar para a próxima.

Dez de Paus: Carregado de Peso

Etteilla (1791): mentiras, enganação, falsidade, duplicidade, deslealdade, traição, conspiração; (I) entraves, obstáculos, trabalho, labuta, objeções.

Mathers (1888): confiança, segurança, honra, boa-fé; (I) traição, subterfúgio, duplicidade, entrave.

Waite (1911): um homem oprimido pelo peso dos dez cajados que carrega. *Significados divinatórios*: o significado principal é opressão simplesmente, mas também há fortuna, ganho e sucesso de qualquer tipo, e então há a opressão dessas coisas. Também é uma carta de falsas aparências, disfarce e perfídia. O lugar de que o homem se aproxima pode sofrer com os bastões que ele carrega. O sucesso é enfraquecido se a carta for seguida pelo Nove de Espadas, e se a questão for sobre um processo legal, a perda é certa; (I) contrariedades, dificuldades, intrigas e analogias.

Crowley/GD: opressão, crueldade, malícia, injustiça, vingança, força dominadora.

Simbolismo numérico: 10 – um a mais, finalização, prontidão para começar um novo ciclo.

Astrologia: o severo feitor *Saturno* no terceiro decanato do *Sagitário* de Fogo, reino da *Rainha de Ouros* (Água de Fogo) e da *Temperança* (Sagitário). Saturno é associado ao *Mundo*.

Tempo: 20 de Sagitário – 30 de Sagitário. Tropical, 13 de dezembro – 23 de dezembro. Sideral, 4 de janeiro – 13 de janeiro.

Palavras-chave (+): disposição para assumir um grande peso, carregar o peso do sucesso, noção de responsabilidade, capacidade de delegar, partilhar o trabalho com outras pessoas, aceitar apoio.

Palavras-chave (–): uma carga opressiva, mentiras, enganação, obstáculos, dificuldades, sensação de sobrecarga, injustiça, falsidade, incapacidade de delegar, trabalho compulsivo, comprometimento em demasia, carregar o peso do mundo nos ombros, a gota-d'água.

O Dez de Paus na posição normal

Quando na posição normal, o Dez de Paus sugere que você trabalhou duro e conquistou muitas coisas, mas agora o seu sucesso é um peso. O seu senso de dever e a sua disposição para assumir obrigações foram recursos ao longo do caminho, mas chegou a hora de delegar e compartilhar o peso. Certifique-se de que o peso que você carrega não é fruto de enganação ou falsidade. O seu comprometimento a fazer trabalhos bem feitos é admirável, mas há outras pessoas que agora estão dispostas a compartilhar a responsabilidade do resultado futuro. Você precisa relaxar; se não, a sua compulsão por trabalho afetará as outras áreas da sua vida.

O Dez de Paus invertido

Quando invertido, o Dez de Paus implica uma incapacidade de delegar e uma noção indevida de responsabilidade por todos os aspectos de um projeto. Outros podem estar tirando vantagem da sua disposição de fazer tudo sozinho. Chegou a hora de eles assumirem as próprias responsabilidades. Se você não confia na participação dos seus colegas, talvez não devesse estar trabalhando com eles. Leve em conta o provérbio inglês: "Só trabalho, sem diversão, faz de Jack um bobão".

O naipe de Copas

Os copos estão sempre presentes quando as pessoas se unem para compartilhar uma refeição ou para se divertirem. Cálices são tradicionalmente usados na missa católica para celebrar o sacrifício de Cristo, que deu a vida pelo amor da humanidade. Na vida diária, as pessoas usam taças para tomar vinho. Os temas presentes em todos os usos dos cálices são celebração, socialização e interconexão humana. Seria difícil "comer, beber e ser feliz" sem a presença dos cálices.

Na astrologia, o naipe de Copas é relacionado ao grupo "yin" de signos de Água voltados para o interior (Câncer, Escorpião e Peixes), como cabe à natureza receptiva dos cálices do tarô. Para ter uma ideia da natureza arquetípica desse símbolo do tarô, veja a seguinte lista de palavras-chave do naipe de Copas (Cálices):

Temperança	Partilha	Fantasia
Amor	Cura	Sonhos
Alegria	Empatia	Olhar para o interior
Prazer	Graça	Intuição
Exultação	Compaixão	Contentamento
Romance	Preocupação pelos outros	Assuntos delicados
Sentimentos	Relacionamentos	Assuntos do coração
Humores	Fertilidade	Afinidade espiritual
Emoções	Celebração	Sexto sentido
Casamento	Diversão	Inteligência emocional
Zelo	Conectividade humana	
Cuidados	Imaginação criativa	

Um exercício com o naipe de Copas

De acordo com os preceitos da Golden Dawn, muitos arcanos maiores são associados com o elemento Água e, portanto, com o naipe de Copas. Eles são:

- A Sacerdotisa, trunfo II (a Lua de Água).
- O Carro, trunfo IX (Câncer, o signo de Água).

- A Morte, trunfo XIII (Escorpião, o signo de Água).
- A Lua, trunfo XVIII (Peixes, o signo de Água).
- O Enforcado, trunfo XII (o elemento Água).

Disponha estas cartas à sua frente e repare nas qualidades que elas têm em comum. Elas têm algum simbolismo em comum com um corpo de água corrente? Repita esse exercício depois de ter estudado o naipe de Copas. Registre as suas observações no seu caderno de notas de tarô.

Ás de Copas: Comam, Bebam e Sejam Felizes enquanto o Amor Floresce

Etteilla (1791): uma mesa, uma refeição, banquete, regalo, acolhimento, hospedagem, uma pousada, abundância, fertilidade; (I) inconstância, fraqueza, diversidade, mutabilidade.

Mathers (1888): festas, banquetes, bom ânimo; (I) mudança, inovação, metamorfose, inconstância.

Waite (1911): a água está embaixo, e nela estão os lírios; a mão sai da nuvem e segura o cálice, de onde saem cinco fios de água; dentro do cálice está um pombo carregando um ramo de oliveira, um símbolo de paz; a água cai de todos lados. É uma insinuação daquilo que pode estar por trás dos arcanos menores. *Significados divinatórios*: a casa do coração verdadeiro, alegria, contentamento, habitação, nutrição, abundância, fertilidade; A Mesa Sagrada, felicidade no presente; (I) casa do coração falso, mutação, instabilidade, revolução, mudança de posição inesperada.

Crowley/GD: o oposto feminino receptivo do fálico Ás de Paus. União com Deus. A Mãe Suprema: fertilidade, prazer, produtividade, elegância, felicidade.

Simbolismo numérico: 1 – a centelha inicial, vontade, criação, começo, nova vida.

Astrologia: a força raiz da Água elementar, o elemento associado com a estação do verão.

Tempo: Na astrologia, a Água é associada ao verão.

Palavras-chave (+): prazer, banquetes, gozo, amor, amizade, receptividade, realização, fertilidade, gravidez, cuidados, cura, inspiração criativa, um novo relacionamento, o começo do romance, bom ânimo; "comer, beber e ser feliz".

Palavras-chave (–): instabilidade, mutabilidade, excesso, infertilidade, solidão, inconstância, insatisfação, nutrição inadequada.

O Ás de Copas na posição normal

Quando na posição normal, o Ás de Copas sugere um novo começo na sua vida emocional. Você está passando por um período de alegria, contentamento, camaradagem, celebração, afeição e criatividade. Amor e fertilidade estão no ar. É possível aprofundar um relacionamento atual ou começar uma nova amizade ou um interesse amoroso. Os artistas estão cheios de ideias criativas. As águas nutrizes do Ás de Copas representam um tempo de fertilidade, capaz de produzir frutos do corpo ou da mente. Experiências espirituais comoventes e oportunidades para compaixão também acompanham esta carta.

O Ás de Copas invertido

Quando invertido, o Ás de Copas de Água indica demoras ou dificuldades para começar um novo relacionamento amoroso ou para iniciar um projeto criativo. Isso pode resultar num sentimento de insatisfação, instabilidade e solidão. Algum tipo de superabundância no ilimitado elemento de Água pode estar prejudicando a sua capacidade de se concentrar. A água é um elemento necessário para a vida e para o crescimento contínuo, mas o mito de Noé e do Dilúvio nos ensina que a água em excesso pode agir como força destrutiva.

Dois de Copas: Almas Gêmeas Apaixonando-se

Etteilla (1791): amor, afeição, atração, amizade; (I) luxúria, paixão, desejo, sensualidade, inveja.

Mathers (1888): amor, apego, amizade, sinceridade, afeição; (I) desejos contrariados, obstáculos, oposição, impedimento.

Waite (1911): um jovem e uma donzela fazem um juramento de compromisso, acima dos seus cálices está o caduceu de Hermes e entre as grandes asas do caduceu aparece a cabeça de um leão. *Significados divinatórios*: amor, paixão, amizade, afinidade, união, concórdia, simpatia, a inter-relação dos sexos e – como uma sugestão separada de todos os ofícios de divinação – aquele desejo que não está na natureza, mas pelo qual a natureza é santificada; (I) favorável em assuntos de prazer e negócios, também no amor, paixão, riqueza e honra.

Crowley/GD: amor, casamento, alegria, prazer, harmonia, amizade calorosa.

Simbolismo numérico: 2 – dualidade, parceria, escolha, decisão, equilíbrio, gestação.

Astrologia: a *Vênus* afetuosa no primeiro decanato do *Câncer* de Água, reino da amável *Rainha de Copas* (Água de Água) e do *Carro* (Câncer). Vênus é associada à *Imperatriz*. A Rainha de Copas (de Água) dá à luz a estação de verão no começo de Câncer no hemisfério Norte.

Tempo: 0 de Câncer – 10 de Câncer. Tropical, 21 de junho – 1º de julho. Sideral, 16 de julho – 26 de julho.

Palavras-chave (+): afeição, atração sexual, apaixonar-se, união, misturar, harmonia, afinidade, intimidade, amizade, cooperação, reconciliação, companheirismo, encontrar a alma gêmea.

Palavras-chave (–): desamor, amizade falsa, desarmonia, amor não correspondido, falta de comprometimento, a incapacidade de conciliar diferenças, ausência de atração sexual.

O Dois de Copas na posição normal

Quando na posição normal, o Dois de Copas sugere envolvimento num relacionamento pessoal positivo com alguém. Uma amizade, parceria de negócios ou interesse amoroso podem estar em formação. Você gosta de verdade da outra pessoa e ela, por sua vez, aprecia a sua companhia e quer formar um laço mais próximo. É quase certo que esse relacionamento seja mutualmente benéfico. Se você vem tendo dificuldades num relacionamento, terá agora uma oportunidade de reconciliação. As águas curativas de Copas podem trazer mudanças positivas para a sua vida e inspirar uma autoexpressão criativa. As duas serpentes enroladas no bastão de Hermes representam a interligação de dois parceiros. A cabeça de leão alada se refere ao signo de Leão e à quinta casa astrológica, que é relacionada com gravidez, romance, diversão, prazer sexual e atividades criativas.

O Dois de Copas invertido

Quando invertido, o Dois de Copas indica que você pode estar tendo dificuldades com uma amizade ou com um interesse romântico. Pode ser que o laço próximo que você pensava que existia seja na verdade uma amizade falsa ou que a outra pessoa não tenha verdadeiramente os seus melhores interesses em vista. Parece que há algum tipo de falta de comprometimento na relação. Se você não conseguir resolver a desarmonia, ela pode resultar em distanciamento ou na dissolução do relacionamento. Em termos de romance, pode ser que esteja simplesmente faltando atração sexual entre os parceiros. Não há por que continuar atrás de algo se a única resposta que você obtém é desinteresse ou amor não correspondido. Um relacionamento baseado em sexo sem amor e respeito mútuo está fadado ao fracasso.

Três de Copas: Comemoração Alegre

Etteilla (1791): consolo, alívio, cura, sucesso, recuperação, vitória, perfeição, final feliz; (I) trabalho diário, conveniência, realização, desenvoltura, encerramento.

Mathers (1888): sucesso, triunfo, vitória, resultado favorável; (I) execução de um negócio, rapidez, celeridade, vigilância.

Waite (1911): donzelas num jardim levantando cálices, como se estivessem brindando. *Significados divinatórios*: a conclusão de qualquer assunto com fartura, perfeição e felicidade; resultado feliz, vitória, satisfação, consolo, recuperação; (I) expedição, desenvoltura, conquista, fim; excesso em deleites físicos e os prazeres dos sentidos.

Crowley/GD: abundância, fartura, exultação, alegria intensa, prazer, roupas novas.

Simbolismo numérico: 3 – fertilidade, criatividade, um relacionamento triplo, os primeiros frutos de um empreendimento conjunto.

Astrologia: o *Mercúrio* rápido e inteligente no segundo decanato do Câncer de Água, também reino da *Rainha de Copas* (Água de Água) e do *Carro* (Câncer). Mercúrio é associado ao *Mago*.

Tempo: 10 de Câncer – 20 de Câncer. Tropical, 2 de julho – 11 de julho. Sideral, 27 de julho – 5 de agosto.

Palavras-chave (+): tempo de alegria, celebração alegre, um bom resultado, amizade, prazeres sensuais, exultação, festas, exuberância, cura, criatividade, resultado favorável, realização, uma boa colheita, mostrar gratidão pela abundância, desfrutar de bens materiais.

Palavras-chave (–): sensualidade em excesso, indulgência exagerada, excesso, gastar demais, egoísmo, triângulos amorosos, dificuldades conjugais.

O Três de Copas na posição normal

Quando na posição normal, o Três de Copas retrata três figuras amigáveis numa celebração alegre, talvez por causa de uma boa colheita. É um momento de alegria, sucesso, resultados favoráveis e abundância. Por que as garotas estão celebrando? Pode ser que elas tenham recebido boas notícias sobre um projeto, uma promoção, uma recuperação depois de uma doença, um noivado, um casamento ou sobre o nascimento de uma criança. A criatividade delas está fluindo. A colheita foi abundante e elas sabem se divertir.

O Três de Copas invertido

Quando invertido, o Três de Copas sugere uma entrega exagerada às diversões. Em vez de desfrutar da boa sorte, os indivíduos na carta podem estar sendo mesquinhos e abusando da situação, incomodando uns aos outros. Há um quê de excesso, mesmo que seja de algo bom. Pode ser que eles estejam agindo como boêmios. Se o consulente perguntou sobre um relacionamento, a carta pode indicar dificuldades com um parceiro ou discórdia conjugal.

Quatro de Copas: Oportunidades Perdidas, Cansaço e Descontentamento

Etteilla (1791): aborrecimento, tédio, descontentamento, preocupação, inquietação; (I) novidades, novas instruções, predição, presciência, premonição, retrocessos.

Mathers (1888): aborrecimento, desagrado, descontentamento, insatisfação; (I) novos contatos, conjectura, sinal, pressentimento.

Waite (1911): um jovem está sentado sob uma árvore e contempla três cálices na grama diante dele; um braço saindo de uma nuvem lhe oferece outro cálice. Contudo, a expressão dele é de descontentamento com o ambiente. *Significados divinatórios*: cansaço, repugnância, aversão, irritação imaginária, como se o vinho do mundo apenas tivesse causado saciedade; outro vinho, como um presente mágico, é oferecido ao renegado, mas ele não vê consolo; também é uma carta de prazeres mistos; (I) novidades, presságio, novas instruções, novas relações, pressentimento.

Crowley/GD: luxo, prazeres mistos, novos objetivos, a bondade dos outros, novos relacionamentos, o despertar após a contemplação.

Simbolismo numérico: 4 – estrutura, estabilidade, ordem, lógica, fundações, manifestação.

Astrologia: a *Lua* emotiva e inconstante (dignificada) no terceiro decanato do *Câncer* de Água, reino do *Rei* (Waite)/*Príncipe de Paus* (Thoth) (Ar de Terra) e do *Carro* (Câncer). A Lua é associada à *Sacerdotisa*.

Tempo: 20 de Câncer – 30 de Câncer. Tropical, 12 de julho – 21 de julho. Sideral, 6 de agosto – 17 de agosto.

Palavras-chave (+): aborrecimento, reflexão, prazeres mistos, antecipação, presságio, premonição, novidades, novas instruções, novas possibilidades, novos objetivos, a necessidade de esperar para que um resultado desejado se manifeste.

Palavras-chave (–): inquietação, sensação de insatisfação, cansaço, descontentamento, uma oportunidade perdida, saciedade, saturação do apetite, tédio, desencanto, estagnação, apatia, letargia, autocomiseração, depressão, irritação imaginária, falta de motivação, a sensação de estar preso numa rotina, problemas de saúde.

O Quatro de Copas na posição normal

Quando na posição normal, o Quatro de Copas sugere que você está passando por um período de descontentamento, apatia, estagnação e insatisfação. Os prazeres da vida simplesmente não o animam. Você pode estar se sentindo insatisfeito, como se algo essencial estivesse faltando na sua vida. Pode ser que você esteja sofrendo de depressão ou mergulhando na autocomiseração. Você se sente preso numa rotina enquanto vê o copo como se estivesse metade vazio. Você precisa confrontar as suas irritações imaginárias e encontrar uma maneira de se motivar para avançar. Você está focando nos pontos negativos e não nos positivos? Faça uso dos dons e das oportunidades que o cercam. A associação desta carta com a Lua sugere que você pode precisar esperar até o momento certo no ciclo para alcançar o seu objetivo. As fases da Lua nos lembram que "para todas as realizações há um momento certo; existe sempre um tempo apropriado para todo o propósito debaixo do céu" (Eclesiastes 3, Bíblia King James Atualizada).

O Quatro de Paus invertido

Quando invertido, o Quatro de Paus indica que novidades e novas possibilidades estão entrando na sua vida. Elas podem vir em forma de novas amizades, novos aprendizados ou na definição de novas metas para você mesmo. O Quatro de Copas invertido também pode anunciar a experiência de pressentimentos, premonições e intuições verdadeiros, então se mantenha aberto para sensações e sinais do universo que possam sinalizar novos caminhos para a realização.

Cinco de Copas: Tudo Tem seu Lado Bom

Etteilla (1791): herança, patrimônio, transmissão, tradição, legado, presentes, doações, sucessão, espólio, resolução; (I) parentes, família, consanguinidade, ancestrais, casamento, aliança, empatia.

Mathers (1888): união, junção, casamento, herança; (I) chegada, volta, notícias, surpresa, projetos falsos.

Waite (1911): um personagem obscuro coberto com uma capa olha de lado para três cálices virados; dois outros cálices estão de pé atrás dele; no plano de fundo há uma ponte que leva a um pequeno forte ou castelo. *Significados divinatórios*: uma carta de perda, mas algo permanece; três foram tomados, mas dois sobraram; é uma carta de herança, patrimônio, transmissão, mas que não correspondem às expectativas; para alguns intérpretes é uma carta de casamento, mas não sem amargura ou frustração; (I) notícias, alianças, afinidade, consanguinidade, ancestrais, volta, projetos falsos.

Crowley/GD: decepção, perda no prazer, separação, preocupação, uma dissolução, perda de amizade, grosseria de amigos, início de uma doença.

Simbolismo numérico: 5 – instabilidade, perturbação, perda, crise, tensão, competição, conflito.

Astrologia: o *Marte* assertivo e guerreiro (dignificado) no primeiro decanato do *Escorpião* de Água, reino do *Rei* (Waite)/*Príncipe de Copas* (Thoth) (Ar de Água) e da *Morte* (Escorpião). Marte é associado à *Torre*.

Tempo: 0 de Escorpião – 10 de Escorpião. Tropical, 23 de outubro – 2 de novembro. Sideral, 16 de novembro – 24 de novembro.

Palavras-chave (+): perda parcial, boas notícias juntas de más notícias, encontrar a realização emocional no interior, renovação de um relacionamento, antepassados, esperança em meio à derrota aparente, uma herança que não atende às expectativas.

Palavras-chave (−): arrependimento, tristeza, remorso, separação, desânimo, sensação de vazio, decepção no amor, solidão, possível começo de alguma doença.

O Cinco de Copas na posição normal

Quando na posição normal, o Cinco de Copas retrata uma cena de decepção emocional. É quase certo que você tenha sofrido uma perda e esteja com a atenção voltada para os três cálices virados, que tiveram o seu conteúdo derramado, e não para os dois cálices cheios que ainda restam. Por mais que você se sinta desanimado por causa da separação, restou ainda alguma esperança de realização. Pode ser que a sua realização emocional precise vir de dentro em vez de por meio de outra pessoa. Você está chorando sobre o leite derramado? Tradicionalmente, esta carta também significa um presente ou uma herança, mas de um tipo que não atende às suas esperanças e expectativas. Por mais que soe banal, lembre-se de que tudo tem seu lado bom.

O Cinco de Copas invertido

Quando invertido, o Cinco de Copas sugere que você precisa adotar uma perspectiva diferente para encontrar o lado bom da situação. Por mais que você tenha sofrido uma perda, a esperança ainda existe se você a procurar. Dois dos cálices permanecem de pé, sem terem derramado seu conteúdo. Você pode conseguir recuperar um relacionamento que pensava não ter mais solução ou, talvez, um novo relacionamento entre na sua vida e dissipe essa sensação de vazio. Presentes ou heranças podem ser melhores do que você esperava. Você pode ouvir notícias do retorno de alguém. Lembre-se das palavras de Alexander Pope: "A esperança brota eternamente no peito do homem".

Seis de Copas: Lembranças do que Já Foi

Etteilla (1791): em tempos antigos! O passado, anteriormente, no passado; idade, antiguidade, tempos passados, decrepitude; (I) o futuro, no futuro, ainda por vir, renovação, advento, reprodução, regeneração.

Mathers (1888): o passado, o que passou, dissipado, extinto, desaparecido; (I) o futuro, o que está por vir; em breve, logo.

Waite (1911): crianças num velho jardim com seus cálices cheios de flores. *Significados divinatórios*: uma carta do passado e de lembranças, relembrar-se – por exemplo – da infância; alegria, deleite, mas proveniente do passado; aquilo que já se foi. Outra leitura inverte esses significados, dando novos relacionamentos, novo conhecimento, novos ambientes, nesse cenário as crianças estão brincando num lugar não familiar; (I) o futuro, renovação, aquilo que virá a acontecer no presente.

Crowley/GD: prazer, harmonia, bem-estar, deleite, satisfação sexual.

Simbolismo numérico: 6 – harmonia, comunicação, compartilhamento, compaixão.

Astrologia: o poderoso *Sol* no segundo decanato do *Escorpião* de Água, Reino do *Rei* (Waite)/ *Príncipe de Copas* (Thoth) (Ar de Água) e da *Morte* (Escorpião).

Tempo: 10 de Escorpião – 20 de Escorpião. Tropical, 3 de novembro – 12 de novembro. Sideral, 26 de novembro – 5 de dezembro.

Palavras-chave (+): no passado, lembranças felizes, nostalgia, saudade, reunião, harmonia, prazer, deleite, aprimoramento, dar presentes, velhos amigos, renovação de relacionamentos antigos, algo muito bom que fora esquecido. Tradicionalmente, o Seis de Copas significava "no passado" e o Seis de Ouros significava "no presente" – costumamos nos lembrar dos bons tempos quando tomamos vinho num cálice. O Seis de Copas invertido tradicionalmente significava "no futuro" – talvez porque cálices virados ainda não contêm o vinho que tomaremos no futuro. Os significados de "passado, presente e futuro" se originam da antiga função do tarô, que era a de prever o futuro.

Palavras-chave (–): no futuro, ainda por vir; também apego ao passado, não esquecer um relacionamento antigo, mergulhar em dores do passado, buscar refúgio na nostalgia.

O Seis de Copas na posição normal: no passado

Quando na posição normal, o nostálgico Seis de Copas se refere a lembranças agradáveis e bons relacionamentos voltando do passado. Ele pode anunciar uma reunião de amigos ou a recuperação de uma amizade ou de um interesse amoroso do passado. Você pode vir a trocar presentes ou prazeres sexuais com alguém que importa para você. Esta é uma carta de alegria, harmonia e satisfação. Tradicionalmente, ela indica o que já passou.

O Seis de Copas invertido: ainda por vir

Quando invertido, o Seis de Copas pode indicar coisas que acontecerão em breve ou em algum ponto indeterminado no futuro. Esta carta também pode indicar o desejo de buscar refúgio em boas lembranças de prazeres do passado em vez de enfrentar a situação atual. A nostalgia pode virar uma forma de escapismo. Por algum motivo você pode estar tendo dificuldade em se alegrar ou se satisfazer neste ponto da sua vida.

Sete de Copas: Reflexos no Lago da Contemplação

Etteilla (1791): ideias, pensamento, reflexão, contemplação, deliberação, imaginação, opinião, ponto de vista, sentimento, mente, inteligência; (I) planos, intenções, projetos, desejo, vontade, resolução.

Mathers (1888): ideia, sentimento, reflexão, projeto; (I) plano, concepção, resolução, decisão.

Waite (1911): uma visão de cálices extraordinários, mas as imagens são, de modo mais especial, as de um espírito fantástico. *Significados divinatórios*: benefícios prestados pelos elementais, imagens de reflexão, sentimento, imaginação, o que é visto no espelho da contemplação; alguma conquista nesses graus, mas nada permanente ou substancial é sugerido; (I) desejo, vontade, determinação, projeto.

Crowley/GD: devassidão, sucesso ilusório, promessas não cumpridas, erros, engano, mentiras, falsidade, sucesso limitado, esplendor externo, mas corrupção interior.

Simbolismo numérico: 7 – verificação, reavaliação, estar no limiar de algo, buscar vantagens.

Astrologia: a *Vênus* amável e afetiva (debilitada) no terceiro decanato do *Escorpião* de Água, reino do *Cavaleiro de Paus* (Fogo de Fogo) e da *Morte* (Escorpião). Vênus é associada à *Imperatriz*.

Tempo: 20 de Escorpião – 30 de Escorpião. Tropical, 13 de novembro – 22 de novembro. Sideral, 6 de dezembro – 15 de dezembro.

Palavras-chave (+): imagens de reflexão, imaginações, sonhar acordado, fantasias, visualizações, possibilidades, opções ilusórias, muitas opções, vidência do futuro, imagens vistas no espelho da contemplação.

Palavras-chave (–): escapismo, excesso de otimismo, ilusão, sonhos inalcançáveis, desejos fora da realidade, confusão, incerteza, mentiras, falsidade, excesso de álcool ou drogas, intoxicação, embriaguez, bebedeira, sensualidade excessiva.

O Sete de Copas na posição normal

Quando na posição normal, o Sete de Copas destaca a importância dos sentimentos e das imagens que vêm à mente nos momentos de reflexão e de contemplação. Essas imaginações podem revelar os nossos desejos mais loucos, mas às vezes não têm base na realidade. Muitas possibilidades parecem abertas, dificultando a decisão de que caminho seguir. Em algum momento precisamos parar de sonhar acordados, avaliar com moderação as nossas opções e tomar decisões difíceis. Se não fizermos isso, corremos o risco de cair num estado de confusão ou fora da realidade, como o personagem fictício Walter Mitty, no filme *A vida secreta de Walter Mitty*.

O Sete de Copas invertido

Quando invertido, o Sete de Copas sugere que você está num processo de resolver a confusão da carta na posição normal e de se decidir de maneira realista entre as muitas possibilidades. O período de sonhar acordado acabou. Agora é a hora de planejar o seu curso de ação com determinação e levar em conta o que você de fato quer alcançar. Uma oportunidade que lhe permita lidar com problemas relacionados ao abuso de drogas ou álcool pode aparecer.

Oito de Copas: o Declínio de um Assunto

Etteilla (1791): uma garota loira, uma garota sincera, modéstia, timidez, carinho, atratividade, honra, moderação; (I) alegria, prazer, felicidade, satisfação, festividade, diversão, pompa.

Mathers (1888): uma garota formosa, amizade, apego, ternura; (I) alegria, festas, felicidade, prazer.

Waite (1911): um homem de aspecto aborrecido está se afastando dos cálices da sua felicidade, empreendimento, projeto ou preocupação anterior. *Significados divinatórios*: alguns dizem alegria, suavidade, timidez, honra, modéstia, mas, na prática, a carta em geral revela o declínio de um assunto, ou que um assunto que se pensava que era importante é na verdade de pouca consequência – para o bem ou para o mal; (I) muita alegria, felicidade, festas.

Crowley/GD: indolência, sucesso abandonado, queda de interesse, morosidade, preguiça, aborrecimento, a alma envenenada.

Simbolismo numérico: 8 – movimento, ação, poder, determinação.

Astrologia: o severo feitor *Saturno* no primeiro decanato do *Peixes* de Água, reino do *Cavaleiro de Copas* (Fogo de Água) e da inconstante *Lua* (Peixes). Saturno é associado ao *Mundo*.

Tempo: 0 de Peixes – 10 de Peixes. Tropical, 19 de fevereiro – 28 de fevereiro. Sideral, 14 de março – 23 de março.

Palavras-chave (+): interesse renovado, sair de um relacionamento ou de uma situação que não é mais satisfatória, uma nova perspectiva, viagem, uma jornada, buscar um significado maior na vida, buscar algo que está faltando, renovação da intimidade, mudanças de estilo de vida, festas, alegria, encontrar a felicidade; a grama do vizinho parece mais verde que a sua; uma garota loira perde o interesse.

Palavras-chave (–): o declínio de um assunto, desilusão, sucesso abandonado, instabilidade, emoções instáveis, insatisfação, resignação, desistência, desistir com imprudência, viagem sem rumo, perseguir uma ilusão, abandono emocional, medo da intimidade, desânimo, perda de interesse, sensação de estar preso, indolência, lentidão, preguiça; as loiras se divertem mais?

O Oito de Copas na posição normal

Quando na posição normal, o Oito de Copas indica que você avaliou a sua situação atual e ela não é mais satisfatória no que diz respeito às emoções. Por causa dessa insatisfação com as circunstâncias, você decidiu seguir em frente em busca de pastos mais verdes. Pode ser que um projeto ou um relacionamento não tenha cumprido as expectativas. Você pode estar se sentindo "preso na lama" e querendo buscar a realização em outro lugar. No fim, você está buscando mais alegria e felicidade pois parece que elas não estão disponíveis nas suas circunstâncias atuais. É importante determinar se o seu descontentamento é baseado numa avaliação válida da sua situação ou se você está agindo com base em alguma noção ilusória, por exemplo, de que as loiras se divertem mais.

O Oito de Copas invertido

Quando invertido, o Oito de Copas o adverte a pensar melhor sobre a tentação de abandonar as circunstâncias atuais da sua vida em busca de pastos mais verdes. Pode ser que você esteja insatisfeito com algum aspecto da sua vida, mas agora talvez não seja hora de dar as costas para as dificuldades; pode ser mais sensato tentar resolver os problemas na sua situação atual. Se você fugir dos seus problemas, pode ser que os leve com você, pois eles foram gerados por você mesmo. Pode ser que a grama do vizinho não seja mais verde que a sua. Pense nas palavras de Eric Samuel Timm: "Muitas vezes somos alheios ao declínio e à erosão graduais na nossa vida, mas conscientes do sentimento de preocupação e estresse que estas coisas geram".*

---

* Eric Samuel Timm. *Static Jedi: The Art of Hearing God through the Noise.* (Lake Mary: FL, Charisma House, 2013), p. 4.

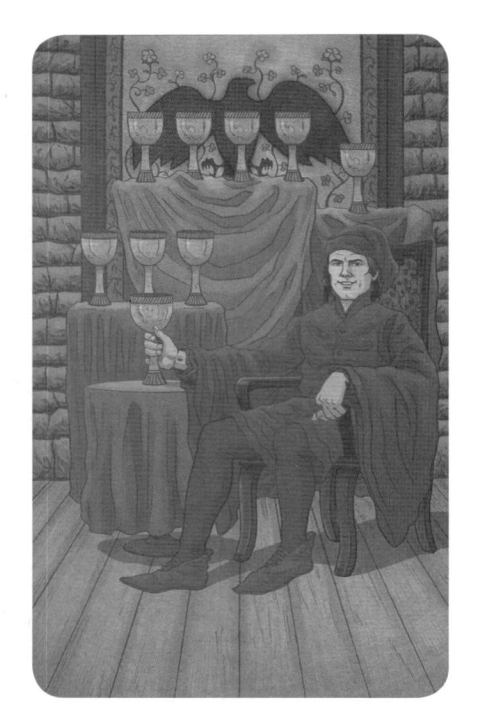

Nove de Copas: Conteúdo em Circunstâncias Pomposas

Etteilla (1791): sucesso, triunfo, conquista, vantagem, pompa, ganho, ostentação, trajes de gala; (I) sinceridade, franqueza, lealdade, facilidade, falta de vaidade, sucesso nos negócios.

Mathers (1888): vitória, vantagem, sucesso, triunfo, dificuldades superadas; (I) falhas, erros, fracassos, imperfeições.

Waite (1911): um personagem de boa aparência banqueteou até ficar satisfeito e há vinho em abundância no balcão atrás dele, aparentemente indicando que o futuro também está garantido. A imagem retrata apenas o lado material, mas existem outros aspectos. *Significados divinatórios*: concórdia, contentamento, bem-estar físico; também vitória, sucesso, vantagem; satisfação para o consulente; (I) verdade, lealdade, liberdade; mas as leituras variam e incluem erros, imperfeições etc.

Crowley/GD: felicidade material, desejos cumpridos, prazer, sucesso.

Simbolismo numérico: 9 – o último dígito, culminação, fruição, concretização.

Astrologia: o expansivo e benéfico *Júpiter* (dignificado) no segundo decanato do *Peixes* de Água, reino do *Cavaleiro de Copas* (Fogo de Água) e da sonhadora *Lua* (Peixes). Júpiter é relacionado com a *Roda da Fortuna*.

Tempo: 10 de Peixes – 20 de Peixes. Tropical, 1º de março – 10 de março. Sideral, 24 de março – 2 de abril.

Palavras-chave (+): satisfação, felicidade, contentamento, deleite, sucesso, vantagem, prazer, criatividade, celebração, prazeres materiais, bênçãos, sonhos realizados, concretização de desejos, causas de celebração, a "carta do desejo".

Palavras-chave (–): vaidade, prepotência, egotismo, pompa, ostentação, complacência, desejos não concretizados, superficialidade, materialismo, indulgência exagerada, generosidade desmedida, presunção, autossatisfação, mimado por causa do sucesso.

O Nove de Copas na posição normal

Quando na posição normal, o Nove de Copas indica um período de prazer, criatividade e deleite. Desejos são concretizados e os sonhos se tornam realidade. Esta é uma época de felicidade material e de sucesso nos assuntos mundanos. Você se sente especialmente criativo e sociável neste período. As suas numerosas bênçãos são causa de celebração e do compartilhamento da sua felicidade com os outros.

O Nove de Copas invertido

Quando invertido, o Nove de Copas sugere um foco excessivo em prazeres materiais e no consumismo. Esse comportamento superficial faz com que você aparente ser presunçoso e autocomplacente. O sucesso é uma faca de dois gumes: ele pode lhe conceder todos os seus desejos, mas também pode transformá-lo numa versão adulta de uma criança mimada e egocêntrica.

Dez de Copas: o Descanso do Coração

Etteilla (1791): lar, local de residência, domicílio, habitação, cidade natal, cidade, vila, município; (I) raiva, ira, fúria, conflito, indignação, violência.

Mathers (1888): a cidade onde a pessoa reside, honra, consideração, estima, virtude, glória, reputação; (I) combate, conflito, oposição, diferenças, disputa.

Waite (1911): uma aparição de cálices num arco-íris; ela é contemplada com encanto e êxtase por um homem e uma mulher, ao que parece marido e esposa. As duas crianças dançando perto deles não viram o acontecimento, mas estão felizes à sua própria maneira. Há uma casa por trás da imagem. *Significados divinatórios*: contentamento, descanso do coração; a perfeição desse estado; também a perfeição do amor e da amizade humanos; se acompanhada de muitas cartas de imagem, uma pessoa que assume o controle dos interesses do consulente; também a cidade, a vila ou o país em que o consulente habita; (I) falso descanso do coração, indignação, violência.

Crowley/GD: saciedade, boa sorte, sucesso perfeito, assuntos resolvidos como a pessoa deseja; o elemento Água se expressa por completo e as perturbações estão no fim.

Simbolismo numérico: 10 – um a mais, finalização, prontidão para começar um novo ciclo.

Astrologia: o *Marte* guerreiro e assertivo no terceiro decanato do *Peixes* de Água, os últimos dez dias do inverno no hemisfério Norte e também o reino da *Rainha de Paus* (Água de Fogo) e da sonhadora *Lua* (Peixes). Marte é associado à *Torre*. O calor de Marte, o planeta vermelho, nesse último decanato de Peixes traz o final do inverno e anuncia o primeiro dia da primavera no hemisfério Norte.

Tempo: 20 de Peixes – 30 de Peixes. Tropical, 11 de março – 20 de março. Sideral, 3 de abril – 13 de abril.

Palavras-chave (+): felicidade familiar, vida social amável, laços próximos, amizade, contentamento, realização, gratidão, celebração familiar, adquirir aquilo que você sempre quis, alcançar um objetivo de longo prazo, lar, ir para casa, o local de residência, a cidade natal, o fim do arco-íris, descanso do coração.

Palavras-chave (–): saciedade, falta de realização, indignação, conflito, descontentamento com a família ou com a vida social, disputas, perturbações, ingratidão, laços rompidos, uma perturbação pequena, mas chata, insatisfação depois de obter aquilo que você achava que queria.

O Dez de Copas na posição normal

Quando na posição normal, o Dez de Copas o encontra rodeado de relações afetivas, sejam bons amigos ou familiares solidários. Esta é uma época de realizações e de conquistar os desejos do seu coração. Em casa é onde está o coração, e você chegou onde queria estar. Como um dos significados de Copas é o poder de curar, este Dez pode representar um último estágio de cura e a libertação do sofrimento. Por mais agradável que a cena nesta carta pareça ser, é importante lembrar que tudo o que é bom uma hora acaba. Desfrute das suas bênçãos, mas não se esqueça de refletir sobre a impermanência da vida.

O Dez de Copas invertido

Quando invertido, o Dez de Copas chama a atenção para problemas familiares, perturbações domésticas e um quê de tristeza no lar. Também pode haver uma certa quantidade de conflito e tensão em outras relações pessoais. Você pode estar sentindo uma falta de senso de realização ou fracassando em obter os desejos do seu coração; ou você encontrou o que queria, mas não foi o suficiente. Não há um pote de ouro no fim do arco-íris. O que Crowley diz desta carta é que, tendo obtido tudo o que queria, você percebe que não queria nada daquilo no fim das contas e agora precisa lidar com as consequências.

O naipe de Espadas

As Espadas do tarô eram, na origem, as Cimitarras do baralho egípcio mameluco. Com lâminas curvas, as Cimitarras, relativamente leves, eram a arma preferida para batalhas a cavalo. Os soldados mamelucos constataram que a lâmina curva da cimitarra tinha a forma ideal para cortar os inimigos de cima de cavalos em movimento. As lâminas retas, por outro lado, costumavam ficar presas no corpo do inimigo, tomando um tempo a mais quando o guerreiro precisava puxar a espada presa do peito do oponente ferido. Não é surpresa, então, que as fálicas Espadas (cimitarras) se tornaram símbolo de conflito, discórdia e devastação.

Na astrologia, o naipe de Espadas é relacionado ao grupo "yang" de signos de Ar ativos (Gêmeos, Libra, Aquário), como cabe à natureza fálica e lacerante das incisivas Espadas. Para ter uma ideia da natureza arquetípica desse símbolo do tarô, veja a seguinte lista de palavras-chave para o naipe de Espadas (Cimitarras):

Justiça	Disputas	Assuntos jurídicos
Pensamento	Ação	Capacidade verbal
Ideias	Confrontação	Palavras como armas
Comunicação	Limpar o ar	Crenças e atitudes
Lógica	Desapego	Assuntos da mente
Verdade	Frieza emocional	Doença
Intelecto	Análise	Cirurgia
Acuidade	Tomada de decisões	Sangria
Incisividade	Estratégia	Limpar madeira morta
Cortar	Discórdia	Intervenções médicas extensivas
Dor	Perda	Entrar na briga
Sofrimento	Escândalo	Penetrar até o âmago
Separação	Apreensão	Limpar o ar
Conflito	Tristeza	Devastação
Problemas	Preocupação	Morte
Esforço	Sofrimento	Palavras de duplo sentido
Debates		

Um exercício com o naipe de Espadas

De acordo com a Golden Dawn, muitos dos arcanos maiores são associados com o elemento Ar e, portanto, com o naipe de Espadas. Eles são:

- O Mago, trunfo I (o planeta Mercúrio, aéreo e comunicativo).
- Os Enamorados, trunfo VI (Gêmeos, o signo de Ar).
- A Justiça, trunfo VIII ou XI (Libra, o signo de Ar).
- A Estrela, trunfo XVII (Aquário, o signo de Ar).
- O Louco, trunfo 0 (o elemento Ar).

Disponha estas cartas à sua frente e anote as qualidades que elas têm em comum. Elas compartilham algum simbolismo com o vento soprando pelo céu ou com um tornado devastando a Terra? Repita esse exercício depois de ter estudado o naipe de Espadas. Registre as suas observações no seu bloco de notas de tarô.

Ás de Espadas: a Invocação de Força Intensa para a Ação Decisiva

Etteilla (1791): amplificação, intensificação, aumento, excesso, raiva, fúria, disputa, limites, delimitações; extremo, grande, excessivo, desordenado, máximo (I) concepção, engravidar, semente, esperma, nascimento, aumento, multiplicidade.

Mathers (1888): triunfo, fecundidade, fertilidade, prosperidade; (I) constrangimento, amor tolo e infrutífero, obstáculo, impedimento.

Waite (1911): uma mão sai de uma nuvem, segurando uma espada cuja ponta é envolvida por uma coroa. *Significados divinatórios*: triunfo, um grau excessivo em tudo, conquista, triunfo da força. É uma carta de grande força, tanto no amor quanto no ódio. A coroa pode carregar um significado muito mais elevado do que aqueles que em geral entram na esfera da predição do futuro. (I) O mesmo, mas os resultados são desastrosos; outro relato diz: concepção, nascimento, aumento, multiplicidade.

Crowley/GD: grande poder invocado para o bem, ou para o mal se a carta estiver invertida. Força diante das adversidades. A Espada do Discernimento e da Justiça.

Simbolismo numérico: 1 – a centelha inicial, vontade, criação, começo, nova vida.

Astrologia: a Energia primordial do Ar, o elemento associado com a estação de outono.

Tempo: Na astrologia, o Ar é associado aos meses de outono.

Palavras-chave (+): ação decisiva, invocação de grande força, intensificação, aumento, estabelecer a identidade, clareza mental, ver a verdade, triunfo, reconhecimento, introspecção profunda, uma ideia revolucionária, engravidar, o nascimento ou a semente de uma ideia, uso incisivo de palavras, o poder da mente, uso focado da energia.

Palavras-chave (–): mau uso da força, o uso agressivo de palavras, raiva, disputas, excessos problemáticos, ruptura num relacionamento, indecisão, o mau uso da energia.

O Ás de Espadas na posição normal

Quando na posição normal, o Ás de Espadas sugere um novo começo relacionado com pensamentos baseados em princípios e com uma comunicação eficaz. Você é capaz de focar a sua mente, ver as coisas com clareza, sair da confusão, usar de força intensa e colocar as coisas em perspectiva. Com a coragem que vem da convicção, passa por cima do que não importa e não aceita estupidez. Espadas são armas de combate, e o Ás para cima indica coragem para enfrentar obstáculos e lutar por aquilo que você acredita. É possível que você saia vitorioso dos seus esforços, com uma noção maior de identidade pessoal. No mito de Perseu e da Medusa, o herói usa a sua inteligência estratégica para vencer pela astúcia o monstro com cobras na cabeça, cortando a cabeça dela com a sua poderosa espada. Sigmund Freud lembra que a espada é símbolo de um falo poderoso.

O Ás de Espadas invertido

Quando invertido, o Ás de Espadas adverte sobre o mau uso da força, talvez na forma de disputas ou outras formas de conflito que podem resultar em separações em relacionamentos. Seja cuidadoso com aquilo que você fala, pois as palavras, como as espadas, podem causar feridas doloridas. O Ás de Espadas invertido também pode indicar que você está gastando a sua energia de maneira inadequada ou prejudicial.

Dois de Espadas: Empatia e Excelência no Autodomínio

Etteilla (1791): amizade, empatia, afeição, ternura, atração, afinidade, intimidade; (I) falsidade, enganação, mentira, impostura, trapaça, superficialidade.

Mathers (1888): amizade, valor, firmeza, coragem; (I) amigos falsos, traição, mentiras.

Waite (1911): uma personagem vendada equilibra duas espadas nos ombros. *Significados divinatórios*: conformidade e o equilíbrio que ela sugere, coragem, amizade, acordo de duas partes armadas; outra leitura dá ternura, afeição, intimidade. A sugestão de harmonia e outras leituras favoráveis deve ser considerada de maneira qualificada já que as Espadas em geral não simbolizam forças benéficas nos assuntos humanos. (I) impostura, falsidade, duplicidade, deslealdade.

Crowley/GD: paz, uma disputa resolvida, a paz restaurada, mas com alguma tensão restante. Crowley é contra a ideia de "paz restaurada" da Golden Dawn; ele diz que não houve perturbação e associa esta carta à forma negativa de uma ideia positiva e à castidade excelente de um cavaleiro honrado.

Simbolismo numérico: 2 – dualidade, parceria, escolha, decisão, equilíbrio, gestação.

Astrologia: a *Lua* emocional e inconstante no primeiro decanato de *Libra* de Ar, reino da *Rainha de Espadas* (Água de Ar) e da *Justiça* (Libra). A Lua é associada à *Sacerdotisa*. A Rainha de Espadas de Ar dá à luz a estação de outono no começo de Libra no hemisfério Norte.

Tempo: 0 de Libra – 10 de Libra. Tropical, 23 de setembro – 2 de outubro. Sideral, 17 de outubro – 26 de outubro.

Palavras-chave (+): paz, amizade verdadeira, empatia, serenidade, intimidade, tranquilidade, acordo, ternura, excelência no autodomínio, acabar com um conflito e se tornar amigo do antigo oponente, resolver diferenças, equilibrar pontos de vista, tomar uma decisão difícil, buscar respostas no interior, forças perfeitamente equilibradas, autocontrole na expressão de impulsos e desejos.

Palavras-chave (–): perturbação da paz, conflito interior, falta de serenidade, beco sem saída, impasse, indecisão, nenhuma ação é possível, todas as opções são ruins, trapaça, mentira, enganação, traição, superficialidade, falta de autocontrole, emoções descontroladas, amizades falsas.

O Dois de Espadas na posição normal

Quando na posição normal, o Dois de Espadas sugere que o seu estado interior é calmo e equilibrado. Você é capaz de rever as suas opções e tomar decisões razoáveis num cenário de circunstâncias mutáveis e emoções variadas. Se você tem diferenças com outras pessoas, é capaz de ver o valor de resolvê-las e terminar o conflito em amizade. Esse estado de paz e autocontrole caracteriza a empatia que você sente com os seus amigos mais próximos. A amizade verdadeira é baseada no equilíbrio terno e honesto das necessidades, dos desejos e sentimentos de ambos os lados.

O Dois de Espadas invertido

Quando invertido, o Dois de Espadas indica que algum tipo de desequilíbrio perturbou o seu senso de autocontrole. Você pode estar num impasse, incapaz de julgar ou decidir por um curso de ação correto. Por outro lado, você pode sentir vontade de agir por impulso sem considerar as consequências como deveria. Esse tipo de comportamento superficial possivelmente terá consequências negativas. Pode haver uma perturbação em uma ou mais das suas amizades. Talvez alguém que você considerasse amigo esteja envolvido em enganação ou traição ou você pode estar se sentindo tentado a mentir para alguém que confia em você.

Três de Espadas: Separação e Sofrimento pela Perda do Amor

Etteilla (1791): separação, distanciamento, desunião, ausência, partida, rompimento, desapego, aversão; (I) perplexidade, confusão, distração, alienação mental, insanidade, erro, perda, erro de cálculo, desvio.

Mathers (1888): separação, remoção, desunião, disputa.

Waite (1911): três espadas perfurando um coração; nuvens e chuva por trás. *Significados divinatórios*: remoção, ausência, atraso, divisão, desunião, dispersão e tudo que a figura significa naturalmente, sendo muito óbvio para necessitar de especificação; (I) alienação mental, erro, perda, distração, desordem, confusão.

Crowley/GD: tristeza, infelicidade, separações, lágrimas, sigilo, perversão.

Simbolismo numérico: 3 – fertilidade, criatividade, um relacionamento a três, os primeiros frutos de um empreendimento conjunto.

Astrologia: o severo feitor *Saturno* (exaltado) no segundo decanato de *Libra* de Ar, também reino da *Rainha de Espadas* (Água de Ar) e da *Justiça* (Libra). Saturno é associado ao *Mundo*.

Tempo: 10 de Libra – 20 de Libra. Tropical, 3 de outubro – 12 de outubro. Sideral, 27 de outubro – 5 de novembro.

Palavras-chave (+): separação necessária, separação benéfica, desapego, cirurgia, ausência, tristeza que cura, a alegria após o fim da tristeza, clima tempestuoso, mas introspectivo para as emoções, obtenção da sabedoria por meio do sofrimento.

Palavras-chave (–): clima tempestuoso para as emoções, dor no coração, separação, angústia, lágrimas, tristeza, perda, sofrimento, dor, alienação, perda de amizade, aborto, a morte de uma pessoa amada, separação dolorosa, ruptura, perda do amor, divórcio, infelicidade, traição, um coração partido, dificuldades, aflição, se sentir mal, doença, disputas, perturbação, planos interrompidos, decepção, feridas, *má sorte, sofrimento.*

O Três de Espadas na posição normal

Quando na posição normal, o Três de Espadas sugere que você está confrontando algum tipo de separação, perda, quebra de laços ou sofrimento que resultarão em realizações importantes sobre a sua vida emocional e o ajudarão a crescer em sabedoria. Esta carta representa um "clima tempestuoso para as emoções". Pode ser que você precise lidar com a sensação de estar alienado, isolado, decepcionado, sofrendo ou sozinho. Como as Espadas são um naipe mental e carregado de conflitos, você pode estar envolvido em disputas com amigos ou com pessoas amadas. Um encontro que você esperava ter com alguém que importa para você pode não se realizar. Às vezes esta carta indica a necessidade de uma cirurgia, para você ou para alguém próximo. No fim das contas, o sofrimento e a infelicidade indicados por esta carta oferecem uma oportunidade para começar de novo.

O Três de Espadas invertido

Quando invertido, o Três de Espadas indica que você não está se permitindo crescer com o seu sofrimento. Em vez de guardar rancores e manter uma disputa em pé, pode ser a hora de esquecer as diferenças e limpar o ar. Segurar por muito tempo o rancor e a tristeza só resulta em mais sofrimento. Considere os cinco estágios do luto delineados por Elisabeth Kübler-Ross (1969): (1) negação e isolamento, (2) raiva, (3) negociação, (4) depressão e, por fim, (5) aceitação. O Três de Espadas trata do processo de sofrer e, no fim, aceitar e deixar para trás para restaurar o equilíbrio na vida (Saturno em Libra).

Etteilla (1791): retiro, isolamento, deserto, eremitério, solidão, exílio, banimento, ostracismo, sepulcro, caixão, tumba; (I) prudência, conduta apropriada, harmonia, bom gerenciamento, discrição, moderação, economia, parcimônia.

Mathers (1888): isolamento, retiro, abandono, solitário, eremita; (I) economia, precaução, regulação de despesas.

Waite (1911): a efígie de um cavaleiro rezando, em tamanho natural sobre a sua tumba. *Significados divinatórios*: vigilância, retiro, isolamento, o repouso do eremita, exílio, tumba e caixão; (I) administração sensata, circunspecção, economia, avareza, precaução, testamento.

Crowley/GD: trégua, descanso de conflitos, convalescência, recuperação da doença, refúgio do caos mental, melhora, um tempo de paz longe do esforço.

Quatro de Espadas: Isolamento e Retiro

Simbolismo numérico: 4 – estrutura, estabilidade, ordem, lógica, fundações, manifestação.

Astrologia: O benéfico e expansivo *Júpiter* no terceiro decanato de *Libra* de Ar, reino do *Rei* (Waite)/*Príncipe de Copas* (Thoth) (Ar de Água) e da *Justiça* (Libra). Júpiter é associado com a *Roda da Fortuna*.

Tempo: 20 de Libra – 30 de Libra. Tropical, 13 de outubro – 22 de outubro. Sideral, 6 de novembro – 15 de novembro.

Palavras-chave (+): descanso de conflitos, intervalo, isolamento, retiro, consolo, paz, repouso, uma pausa, trégua, cessação temporária de hostilidades, folga, retirada, meditação, restauração, descanso e recuperação, convalescência, tirar um tempo para se recuperar da perda ou da doença, eremitério, oásis, tumba ou local de descanso final, um período de tranquilidade longe das dificuldades, atração mental, sair de cena por um tempo, buscar orientação espiritual.

Palavras-chave (–): exílio, ostracismo, rejeição, banimento, isolamento, exclusão, abandono, solidão, estar preso numa situação estressante.

O Quatro de Espadas na posição normal

Quando na posição normal, o Quatro de Espadas indica um tempo para repouso, cura, isolamento e recuperação. Perceba que a palavra *PAX* ("paz" em latim) está na auréola do anjo no vitral. Pode ser que você esteja se recuperando de uma doença ou precisando de uma pausa das situações estressantes. Numa linguagem moderna e tecnológica, pode ser que você queira sair de cena por um tempo e recarregar as suas baterias. Depois de um período de descanso e relaxamento, você poderá recomeçar. Tradicionalmente, esta carta representa um retiro num ambiente meditativo, como um eremitério remoto no deserto.

O Quatro de Espadas invertido

Quando invertido, o Quatro de Espadas adverte contra uma possível rejeição ou o ostracismo, o que pode deixá-lo se sentindo solitário e abandonado. Às vezes, se sentir isolado dessa maneira é algo imposto pela sua própria escolha de se abster de se envolver com as outras pessoas. O isolamento meditativo tão buscado pelos eremitas pode não ser o oásis que você espera.

Cinco de Espadas: o Luto por uma Perda

Etteilla (1791): perda, desperdício, declínio, privação, provocação, mesquinhez, humilhação, degradação, retrocesso, avareza, ladrão; (I) sofrimento, pranto, desânimo, angústia, desgosto, luto, ritos funerários, internação.

Mathers (1888): luto, tristeza, aflição; (I) perdas, problemas (os mesmos significados, invertida ou não).

Waite (1911): um homem desdenhoso olha dois personagens que recuam desanimados. As espadas deles estão no chão. O homem carrega duas outras espadas na mão esquerda e uma terceira na mão direita, apontando para a terra. Ele é o mestre, vencedor da luta. *Significados divinatórios*: degradação, destruição, revogação, infâmia, desonra, perda, com outras versões e análogos destes; (I) o mesmo, enterro e exéquias, tristeza e luto.

Crowley/GD: derrota, perda, resultado desfavorável, malícia, traição, difamação, falar mal, o intelecto derrotado pelo sentimento.

Simbolismo numérico: 5 – instabilidade, perturbação, perda, crise, tensão, competição, conflito.

Astrologia: a *Vênus* amável e afetiva no primeiro decanato do *Aquário* de Ar, reino do *Rei* (Waite)/*Príncipe de Espadas* (Thoth) (Ar de Ar) e da *Estrela* (Aquário). Vênus é associada à *Imperatriz*.

Tempo: 0 de Aquário – 10 de Aquário. Tropical, 20 de janeiro – 29 de janeiro. Sideral, 13 de fevereiro – 22 de fevereiro.

Palavras-chave (+): ganhar uma disputa, a capacidade de fazer o que quiser sem ligar para os sentimentos dos outros, aprender uma lição espiritual com perdas e derrotas, o ponto de separação, enterrar os mortos; ao vencedor, as batatas.

Palavras-chave (−): afronta, rejeição, humilhação dolorosa, uma separação dolorosa, ressentimentos, orgulho ferido, mesquinhez, difamação, traição, perda, abandono, desânimo, derrota, ansiedade, culpa, sentimento de inadequação, vitória de Pirro, soberba, falta de espírito esportivo, tristeza, luto, lamber as feridas, se sentir insultado ou abandonado, ir embora sem se despedir, vale tudo no amor ou na guerra.

O Cinco de Espadas na posição normal

Quando na posição normal, o Cinco de Espadas indica que você está lidando com algum tipo de perda, derrota ou abandono. Há uma lição espiritual importante para ser aprendida nessa experiência dolorosa. Às vezes esta carta indica que você é o vitorioso que está festejando o triunfo sem ligar para os sentimentos daqueles que você humilhou. Por outro lado, você pode ser o perdedor que está se sentindo ofendido, rejeitado, abandonado ou tratado com injustiça. A ciência social demonstra que experiências de humilhação podem acarretar sentimentos de raiva e às vezes até violência.

O Cinco de Espadas invertido

Quando invertido, o Cinco de Espadas indica que você ficou muito tempo lambendo as suas feridas. Chegou a hora de confrontar a sua sensação de derrota e de humilhação e ver se há uma maneira de efetivar a reconciliação. O mergulho na autocomiseração apenas prolonga os seus sentimentos feridos e o seu sentimento de inferioridade.

Seis de Espadas: como uma Ponte sobre Águas Revoltas

Etteilla (1791): jornada, viagem, estrada, caminho, via, passeio, passagem, mensageiro, representante, avançar, ponderação, atenção gentil; (I) proclamação, publicidade, afirmação, conhecimento, descoberta, declaração, explicação, espera, expectativa.

Mathers (1888): representante, mensageiro, jornada, viagem; (I) declaração, proposta amorosa, revelação, surpresa.

Waite (1911): um barqueiro carregando passageiros no seu bote para a costa distante. A viagem é tranquila, e vendo que a carga é leve, pode-se notar que o trabalho não está acima das forças do barqueiro. *Significados divinatórios*: uma jornada pela água, rota, caminho, representante, um mensageiro ou acompanhante responsável pela proteção de pessoas, propriedades ou informações, conveniência, uma viagem agradável; (I) declaração, confissão, publicidade; um relato diz que é uma proposta amorosa.

Crowley/GD: ciência, sucesso merecido, inteligência vitoriosa, trabalho, trabalho feito com palavras, uma viagem por água, um equilíbrio das faculdades morais e mentais.

Simbolismo numérico: 6 – harmonia, comunicação, partilha, compaixão.

Astrologia: o rápido e inteligente *Mercúrio*, mensageiro dos deuses, no segundo decanato do *Aquário* de Ar, reino do *Rei* (Waite)/*Príncipe de Espadas* (Thoth) (Ar de Ar) e da *Estrela* (Aquário). Mercúrio é associado ao *Mago*.

Tempo: 10 de Aquário – 20 de Aquário. Tropical, 30 de janeiro – 8 de fevereiro. Sideral, 23 de fevereiro – 3 de março.

Palavras-chave (+): se afastar de problemas, remoção de obstáculos, uma jornada, mudança de cena, viagem sobre a água, passagem segura, atenção gentil, paciência, um bom assistente, um anjo da guarda, movimento para tempos menos turbulentos, levar uma mensagem para um lugar distante, dificuldades superadas, resolução de dificuldades judiciais, tempos melhores por vir; uma declaração, revelação, proposta, publicidade, surpresa, inteligência vencedora, uma realização verbal.

Palavras-chave (–): dificuldade em deixar uma situação difícil para trás, se sentir sobrecarregado pelas circunstâncias, se recusar a lidar com problemas, alívio curto, dificuldades em viagens, complicações judiciárias, tentativas pouco inteligentes para resolver uma dificuldade, um assistente que não ajuda, mau serviço.

O Seis de Espadas na posição normal

Quando na posição normal, o Seis de Espadas indica que você está se afastando de águas revoltas e indo para circunstâncias menos turbulentas com a ajuda de um remador forte e habilidoso. Você ainda não chegou, e algumas dificuldades ainda permanecem na sua jornada. Por outro lado, você pode estar desempenhando o papel do barqueiro protetor, ajudando alguém a deixar para trás uma situação problemática, em busca de uma vida melhor. Crowley chamou esta carta de "Ciência" por causa da sua conexão com o planeta mental Mercúrio no signo objetivo Aquário. O uso inteligente das palavras pode desempenhar um papel importante na sua situação atual.

O Seis de Espadas invertido

Quando invertido, o Seis de Espadas sugere que você está tendo dificuldade para deixar seus problemas para trás. Algo ou alguém está bloqueando seus esforços para ir para um mar mais tranquilo. Dificuldades ou atrasos em viagens também são possíveis. Talvez por causa da associação desta carta com o planeta Mercúrio (comunicação) em Aquário, os significados tradicionais do Seis de Espadas invertido incluíam proclamações, declarações, propostas, revelações e surpresas.

Sete de Espadas: Esforço Instável

Etteilla (1791): intenção, plano, desejo, esperança, expectativa, promessa, anseio, fantasia, aspirações, valorizar demais a si mesmo; (I) pensamento, reflexão, lição, instrução, boa admoestação, bom conselho, consulta, conselho sábio.

Mathers (1888): esperança, confiança, desejo, tentativa, anseio; (I) conselho sábio, bom conselho, sabedoria, prudência, circunspecção.

Waite (1911): um homem no ato de carregar cinco espadas com destreza; as outras duas da carta estão fincadas no chão. Um acampamento está próximo. *Significados divinatórios*: projeto, tentativa, desejo, confiança; também disputas, um plano que pode fracassar, incômodo. A figura é de sentido incerto, pois os significados variam muito um em relação ao outro; (I) bom conselho, aconselhamento, instrução, difamação, balbuciar.

Crowley/GD: futilidade, esforço instável, imaginações fora da realidade, vacilação, pessoa indigna de confiança, uma política de apaziguamento, uma jornada por terra.

Simbolismo numérico: 7 – avaliação, reavaliação, estar no limiar de algo, buscar vantagens.

Astrologia: a inconstante *Lua* no terceiro decanato do *Aquário* de Ar, reino do sonhador *Cavaleiro de Copas* (Fogo de Água) e da *Estrela* (Aquário). A Lua é associada à *Sacerdotisa*.

Tempo: 20 de Aquário – 30 de Aquário. Tropical, 9 de fevereiro – 18 de fevereiro. Sideral, 4 de março – 13 de março.

Palavras-chave (+): ocultamento, delineação estratégica de objetivos, planejamento cuidadoso, precauções sensatas, pensar antes de agir, estratagemas inteligentes, tato, diplomacia, desviar do confronto direto, encontrar soluções discretas, comportamento inteligente, consulta, acatar bons conselhos.

Palavras-chave (–): planos incompletos, maquinações desleais, roubo, desonestidade, enganação, instruções errôneas, futilidade, instabilidade, esforços vãos, ineficácia, timidez, indecisão, intenções confusas, perseguir fantasias, ignorar bons conselhos, ser incapaz de esforço contínuo, sentir que estão tirando vantagem de você, assumir responsabilidades excessivas, um ataque furtivo, um espião, um amigo falso.

O Sete de Espadas na posição normal

Quando na posição normal, o Sete de Espadas o exorta para que planeje com cuidado e tenha uma abordagem estratégica para resolver uma situação delicada. Faça o seu dever de casa e defina os seus objetivos com cautela. É melhor evitar confrontos diretos; em vez disso, tente encontrar soluções alternativas para qualquer tipo de conflito ou desavença. O ocultamento pode lhe dar uma vantagem. Pode ser melhor discutir o assunto com um consultor experiente que possa lhe dar conselhos prudentes. O tato e a diplomacia são, sem dúvida, recursos na sua situação atual. Não esqueça as palavras do poeta:

> O melhor projeto, do rato ou do homem,
> muitas vezes falha,
> apenas deixando dor e sofrimento,
> em vez do prazer prometido.
> (Robert Burns, "A um Rato", 1785)

O Sete de Espadas invertido

Quando invertido, o Sete de Espadas o aconselha a se precaver de maneira razoável contra o roubo, a enganação e outros tipos de comportamento desleal. Alguém em quem você pensava que podia confiar pode ser na verdade um amigo falso. A sua timidez e a sua indecisão podem estar aumentando a confusão mental e tornando os seus esforços instáveis. Pode ser melhor buscar conselhos sensatos para não acabar indo atrás de fantasias ou assumindo mais responsabilidades do que pode cumprir.

Oito de Espadas: a Paralisia da Análise

Etteilla (1791): censura, culpa, críticas, desdém, uma situação delicada, um momento crítico, circunstâncias infelizes, crise; (I) atraso, má sorte, obstáculos, oposição, resistência, subterfúgio, problemas, acidentes.

Mathers (1888): doença, calúnia, crítica, culpa; (I) traição no passado, evento, acidente, um incidente memorável.

Waite (1911): uma mulher, amarrada e vendada, com as espadas da carta ao redor dela. Mas é uma carta de confinamento temporário, não de aprisionamento definitivo. *Significados divinatórios*: más notícias, humilhação violenta, crise, censura, impossibilidade de usar o próprio poder, conflito, calúnia; também doença; (I) inquietação, dificuldades, oposição, acidente, traição; o que não é previsto; fatalidade.

Crowley/GD: interferência inesperada, azar imprevisto, força diminuída, restrição, teimosia, mesquinhez, a vontade contrariada por interferência acidental, prisão.

Simbolismo numérico: 8 – movimento, ação, poder, determinação.

Astrologia: o expansivo *Júpiter* (debilitado) no primeiro decanato do *Gêmeos* de Ar, reino do *Cavaleiro de Espadas* (Fogo de Ar) e dos *Enamorados* (Gêmeos). Júpiter é associado à *Roda da Fortuna*. O estado debilitado de Júpiter em Gêmeos traz crescimento não acompanhado de boa sorte.

Tempo: 0 de Gêmeos – 10 de Gêmeos. Tropical, 21 de maio – 31 de maio. Sideral, 15 de junho – 24 de junho.

Palavras-chave (+): confrontar limitações impostas por você mesmo, libertar-se de crenças restritivas e da autocrítica opressiva, superar interferências, livrar-se de obstáculos que o cercam, libertar-se de uma situação que o faz se sentir censurado ou preso.

Palavras-chave (–): sentir-se restringido, preso, bloqueado, cercado ou limitado; limitações autoimpostas, prisão, pensamentos problemáticos, interferência inesperada, má sorte imprevista, fofocas mesquinhas, censura, culpa, crítica, inquietação, confusão, pensar demais sobre uma situação, paralisia provocada pelo excesso de análise, ser prisioneiro da própria mente, permitir que os outros inibam a sua liberdade.

O Oito de Espadas na posição normal

Quando na posição normal, o Oito de Espadas sugere que você está se sentindo preso ou cercado pelas circunstâncias. Algumas dessas restrições podem ter sido criadas por você mesmo e outras pela interferência de imprevistos. Você costuma pensar demais sobre as situações e se inibir com crenças limitadoras, culpando demais a si mesmo ou dando o seu poder para os outros. Você pode estar sofrendo com a paralisia provocada pelo excesso de análise. Agora é a hora de tirar a sua venda e olhar à sua volta. A liberdade está ao seu alcance. Pense nas palavras do poeta Richard Lovelace (1642): "Paredes de pedra não fazem uma prisão, nem barras de ferro uma jaula".

O Oito de Espadas invertido

Quando invertido, o Oito de Espadas tem um significado parecido com o da carta na posição normal, mas também insinua que você pode tirar os obstáculos do seu caminho. O potencial para a libertação está em confrontar as suas crenças limitadoras e em substituir ideias restritivas com atitudes mais realistas. Se você entregou o seu poder para outras pessoas, chegou a hora de tomá-lo de volta e restaurar o controle sobre a sua vida.

Nove de Espadas: uma Freira Enclausurada Sofre de Insônia

Etteilla (1791): clérigo, sacerdote, freira, virgem, pessoa enclausurada, eclesiástico, recluso, pessoa que não é casada; devoção, celibato, piedade, um culto, um convento, monastério, eremitério; (I) suspeitas razoáveis, desconfiança justificada, medo justificado, uma consciência conturbada, timidez, vergonha, desgraça.

Mathers (1888): um eclesiástico, um sacerdote, consciência, probidade, boa-fé, integridade; (I) desconfiança sensata, suspeitas, medo, dúvida, caráter suspeito.

Waite (1911): uma mulher sentada no seu colchão, lamentando-se, com as espadas sobre ela. É como se ela não conhecesse tristeza maior que a que está sentindo agora. É uma carta de total desolação. *Significados divinatórios*: morte, fracasso, aborto, atraso, enganação, decepção, desespero; um eclesiástico; (I) aprisionamento, suspeitas, dúvida, medo razoável, vergonha.

Crowley/GD: crueldade, desespero, sofrimento, desânimo, doença, dor, malícia, psicopatia, fanatismo, instintos primitivos.

Simbolismo numérico: 9 – o último dígito, culminação, fruição, concretização.

Astrologia: o *Marte* assertivo e guerreiro no segundo decanato do *Gêmeos* de Ar, o reino do *Cavaleiro de Espadas* (Fogo de Ar) e dos *Enamorados* (Gêmeos). Marte é associado à *Torre*.

Tempo: 10 de Gêmeos – 20 de Gêmeos. Tropical, 1º de junho – 10 de junho. Sideral, 25 de junho – 5 de julho.

Palavras-chave (+): necessidade de aceitação, autorrealização, medo justificado, exploração de si, confrontar as dúvidas sobre si mesmo e os pensamentos negativos, ir em direção à resolução, aceitar a perda, olhar as coisas de maneira realista, piedade, fé, devoção, virgindade, integridade, celibato.

Palavras-chave (–): pesadelos, insônia, desolação, desespero, apreensão, angústia mental, ansiedade, tristeza, duvidar de si mesmo, uma consciência culpada, preocupação, vergonha, sonhos ruins, crueldade, depressão, saúde ruim, aborto, pensamentos sombrios, cair em pensamentos negativos; "nada me satisfaz".

O Nove de Espadas na posição normal

Quando na posição normal, esta carta representa angústia mental. Às vezes você se sente tão mal que gostaria de fugir para um refúgio protegido e se enclausurar como um monge ou uma freira. Pensamentos de preocupação podem estar mantendo-o acordado durante a noite ou tendo um efeito negativo na sua saúde. Pode ser que você tenha sentido a ferroada das palavras duras de uma pessoa amada (o guerreiro Marte no Gêmeos mental) ou teme uma separação iminente num relacionamento. O que quer que o esteja preocupando, apenas se lembre de que as coisas parecem piores quando as antecipamos na escuridão da noite do que quando se manifestam na realidade tangível. De acordo com a autora Amber Jayanti, esta carta reflete "quão doloroso pode ser deixar de lado o que você quer e aceitar o que está acontecendo".*

O Nove de Espadas invertido

Quando invertida, esta carta pode indicar que você está evitando ou se recusando a enfrentar os seus medos mais profundos. Um dito bem conhecido do movimento de autoajuda é "aquilo a que você resiste, persiste". Reconheça que você está preocupado e tente ver as coisas com mais clareza na luz do dia. Nas palavras da oração da serenidade: "Concedei-me, Senhor, a serenidade necessária para aceitar as coisas que não posso modificar, coragem para modificar aquelas que posso e sabedoria para conhecer a diferença entre elas".

---

* Amber Jayanti. *Tarot for Dummies* (Stamford, CT: U.S. Games Systems, 2001), p. 149.

Dez de Espadas: a Dor e o Sofrimento Cedem Lugar ao Amanhã

Etteilla (1791): lágrimas, tristeza, choro, aflição, sofrimento, lamentação, angústia, dor, desolação; (I) lucro, vantagem, ganho, ganhar, favor, benefícios, poder, autoridade, boas obras.

Mathers (1888): lágrimas, aflição, sofrimento, tristeza; (I) sucesso passageiro, vantagem momentânea.

Waite (1911): um homem prostrado, perfurado por todas as espadas da carta. *Significados divinatórios*: Aquilo que é indicado pela figura; também dor, provação, lágrimas, tristeza, desolação. *Não é* em especial uma carta de morte violenta; (I) vantagem, lucro, sucesso, favor, mas nada permanente; também poder e autoridade.

Crowley/GD: ruína, a razão separada da realidade, a energia aérea das Espadas usada de maneira perturbadora, a lógica da insanidade.

Simbolismo numérico: 10 – um a mais, finalização, prontidão para começar um novo ciclo.

Astrologia: o *Sol* quente e seco no terceiro decanato do *Gêmeos* de Ar, reino da *Rainha de Copas* (Água de Água) e dos *Enamorados* (Gêmeos).

Tempo: 20 de Gêmeos – 30 de Gêmeos. Tropical, 10 de junho – 20 de junho. Sideral, 6 de julho – 15 de julho.

Palavras-chave (+): um término, novas esperanças, novos horizontes, liberação, libertação, a escuridão antes da aurora, o fim de uma situação ruim, as coisas não podem ficar piores, o final de um ciclo, sucesso, mas por um preço alto, ser forçado a confrontar um problema que esteve crescendo por um tempo, recomeçar, um novo dia está nascendo.

Palavras-chave (–): chegar ao fundo do poço, perturbação, ruína, destruição, desolação, maus conselhos, perda, dor, sofrimento, lágrimas, feridas, traição, aflição, se sentir esfaqueado nas costas, fracasso, objetivos não alcançados, planos frustrados, derrota, colapso, desinformação, incômodo, loucura, angústia, pânico, ansiedade, depressão, cirurgia, problemas judiciais, problemas com a lei, se sentir preso, sentir que não há saída, pensamento catastrófico.

O Dez de Espadas na posição normal

Quando na posição normal, o Dez de Espadas indica que você chegou ao fim de um período de angústia e de sofrimento e está pronto para seguir em frente. Você chegou fundo do poço, e as coisas não têm como piorar. É um daqueles momentos da vida que você compreende que nunca lhe prometeram um jardim de rosas. As circunstâncias o estão forçando a confrontar um problema que vem se formando há tempos, e a única maneira de progredir é subindo. O sol nascente no plano de fundo indica que há esperança para uma solução; você está no nascer de um novo dia. A libertação do sofrimento está por vir. Como as Espadas representam ideias e comunicação, problemas criados por desinformação podem ser resolvidos agora.

O Dez de Espadas invertido

Quando invertido, o Dez de Espadas sugere que algo o está impedindo de deixar os pensamentos negativos. Você pode estar seguindo maus conselhos ou pensando de maneira catastrófica. Pode ser que esteja se mantendo à força num relacionamento difícil ou numa situação ruim que apenas introduziu problemas na sua vida. Você se sente sem saída, mas o pior que você pode imaginar não se compara à realidade das circunstâncias. Se o feriram ou traíram, você pode nadar no esgoto da raiva e do ressentimento ou deixar o rancor para trás e perdoar para que possa seguir em frente. Às vezes chegar no fundo do poço é uma bênção disfarçada, já que você pode ser forçado a lidar finalmente com os seus problemas.

O naipe de Ouros (Moedas)

O Ouros do tarô é derivado do naipe de moedas de ouro (dinares) do baralho mameluco. Os dinares eram a moeda do sultanato mameluco, usada nos negócios e assuntos materiais da vida diária. O naipe de Ouros dos baralhos comuns é o naipe de Ouros do tarô. Ao tentar lembrar as palavras-chave para o naipe de Ouros, algo que pode lhe ajudar é lembrar da música "Diamonds are a Girl's Best Friend".

Na astrologia, o naipe de Ouros é relacionado ao grupo "yin" de signos de Terra (Touro, Virgem, Capricórnio), como cabe à natureza interior das Moedas de Terra do tarô. Para ter uma noção da natureza arquetípica desse símbolo do tarô, veja a seguinte lista de palavras-chave para o naipe de Ouros (Moedas, Discos, Dinares):

Prudência	Realização prática	Renda
Negócios	Assuntos relacionados à saúde	Oportunidades de trabalho
Dinheiro	Hereditariedade	Projetos de trabalho
Finanças	Bons remédios	Terra
Bens	O cuidado com o corpo	Ceticismo
Posses	Os cinco sentidos	Senso comum
Trabalho	Administração de recursos naturais	Aprender fazendo
Mão de obra	Sobrevivência	Esforço persistente
Assuntos puramente materiais	Manifestação	Progresso lento, porém constante
Investimentos	Enraizar	Valores
Riqueza	Realidade tangível	Diligência
Segurança	Tino para negócios	Sensação
Bem-estar material	O mundo material	

Um exercício com o naipe de Ouros

De acordo com o sistema de leitura da Golden Dawn, muitas cartas dos arcanos maiores são associadas com o elemento Terra e, portanto, com o naipe de Ouros. Eles são:

- A Sacerdotisa, trunfo V (Touro, o signo de Terra).
- O Eremita, trunfo IX (Virgem, o signo de Terra).
- O Diabo, trunfo XV (Capricórnio, o signo de Terra).

- O Mundo, trunfo XXI (o planeta Saturno, que simboliza estrutura, limites e a realidade tangível).
- Nenhuma carta dos arcanos maiores é especificamente associada com o elemento Terra.

Disponha estas cartas à sua frente e repare nas qualidades que elas têm em comum. Elas compartilham algum simbolismo com a terra sólida sob os seus pés? Repita esse exercício depois de ter estudado o naipe de Ouros. Registre as suas observações no seu bloco de notas de tarô.

Ás de Ouros: Oportunidade para Melhora Material

Etteilla (1791): contentamento, muita alegria, felicidade, embevecimento, êxtase, prazer, realização, o remédio perfeito, a cor vermelha; (I) riquezas, capital, prosperidade, opulência, tesouro, coisas preciosas.

Mathers (1888): contentamento perfeito, felicidade, prosperidade, triunfo; (I) um saco de ouro, dinheiro, ganhos, ajuda, lucro, riquezas.

Waite (1911): uma mão – saindo, como de costume, de uma nuvem – segura um pentagrama. *Significados divinatórios*: contentamento perfeito, felicidade, êxtase; também inteligência ligeira; ouro; (I) o lado mau da riqueza, inteligência ruim; também grandes riquezas. De qualquer modo ela indica prosperidade, condições materiais confortáveis – se isso será vantajoso para o proprietário depende de a carta estar invertida ou não.

Crowley/GD: o falo visto de frente. Ganhos materiais, trabalho, poder, riqueza.

Simbolismo numérico: 1 – a centelha inicial, vontade, criação, começo, nova vida.

Astrologia: a energia primordial da Terra, o elemento associado com a estação do inverno.

Tempo: Na astrologia, o elemento Terra é associado com o inverno.

Palavras-chave (+): fertilidade, grande alegria, saúde, finanças, fortuna, felicidade material, riquezas, prosperidade, bem-estar físico, oportunidade financeira, o remédio perfeito, abundância, destreza física, realização material.

Palavras-chave (−): materialismo, ganância, descontentamento, pobreza, desperdício, remédios ruins, apego excessivo, oportunidades perdidas.

No Tarô Clássico da Llewellyn, uma mão sai de uma nuvem no lado esquerdo da carta, segurando uma moeda dourada para cima no céu azul-claro. A mão envolve a parte de cima do cálice com o polegar voltado para o observador. Na superfície da moeda dourada há um pentagrama, que costuma ser usado como talismã em rituais de magia. As cinco pontas do pentagrama são associadas com as cinco pontas do corpo humano (a cabeça e os quatro membros) e com os cinco sentidos clássicos (tato, visão, paladar, olfato e audição). As pessoas caracterizadas pelo naipe de Ouros costumam ter suas bases na realidade material, mas podem ter dificuldade para fazer contato com seu sexto sentido, a intuição.

O Ás de Ouros na posição normal

Quando na posição normal, o Ás de Ouros sugere um novo começo relacionado com a saúde, assuntos de dinheiro e bem-estar material. Nos primeiros baralhos de tarô, o naipe de Ouros era de moedas de ouro, o que sugere que este Ás é associado com segurança financeira, boas práticas comerciais e conquistas no mundo material. O Ás de Ouros muitas vezes acompanha o recebimento de dinheiro, bolsas de estudo, ofertas de emprego ou uma oportunidade de renda maior. Tradicionalmente é uma carta de grande alegria. Agora é época de recompensas e de reconhecimento pelos seus esforços persistentes e pelo seu trabalho duro. O bom cuidado com o seu corpo ou talvez alguma conquista atlética também podem fazer parte do cenário.

O Ás de Ouros invertido

Quando invertido, o Ás de Ouros (moedas douradas) sugere que algo pode ter dado errado na sua busca por bem-estar material. Talvez você esteja perdendo uma oportunidade importante para melhorar a sua segurança financeira ou, talvez, a sua atitude para com a riqueza e a prosperidade precise de ajustes. No mito do Rei Midas, a sua cobiça sem limites pela aquisição de bens materiais o priva do contato humano. Agora pode ser um bom momento para ponderar sobre os ensinamentos de desapego de Buda. É interessante que os lírios nesta carta no Tarô Clássico da Llewellyn lembram o lótus, um símbolo budista de desapego; o lótus se eleva sobre a lama do pântano e produz um objeto belo.

Dois de Ouros: Apesar dos Pesares, não Perca o Ânimo

Etteilla (1791): empecilhos, perturbações, obstáculos inesperados, problemas, dificuldade, confusão, inquietude, constrangimento, ansiedade, agitação; (I) um documento escrito, uma nota, uma carta, livro, literatura, uma nota promissória.

Mathers (1888): constrangimento, preocupação, dificuldades; (I) uma carta, missiva, epístola, mensagem.

Waite (1911): um jovem, dançando, tem um pentagrama em cada mão, e eles são unidos por uma corda infinita que é como o número oito de lado. *Significados divinatórios*: uma carta de alegria, recreação e coisas do gênero, que é do que se trata a figura; mas também é lida como notícias e mensagens escritas, como obstáculos, agitação, problemas, envolvimento em problemas. (I) Alegria forçada, deleite simulado, sentido literal, escrita à mão, composição, notas promissórias.

Crowley/GD: mudança, mudanças agradáveis ou harmoniosas, encontros com amigos.

Simbolismo numérico: 2 – dualidade, parceria, escolha, decisão, equilíbrio, gestação.

Astrologia: o *Júpiter* generoso e expansivo (debilitado) no primeiro decanato do *Capricórnio* de Terra, reino da *Rainha de Ouros* (Água de Terra) e do *Diabo* (Capricórnio). Júpiter é associado com a *Roda da Fortuna*. A Rainha de Ouros de Terra dá à luz a estação do inverno no começo de Capricórnio no hemisfério Norte.

Tempo: 0 de Capricórnio – 10 de Capricórnio. Tropical, 22 de dezembro – 31 de dezembro. Sideral, 14 de janeiro – 23 de janeiro.

Palavras-chave (+): mudança, gerenciar responsabilidades, ter de equilibrar muitas coisas, trocas, altos e baixos, adaptar-se a circunstâncias, analisar opções, multitarefas, gerenciar o tempo, fazer duas coisas ao mesmo tempo, pegar ondas, fortunas flutuantes, maior estabilidade resultante de uma mudança, um documento escrito, viagens de negócios, negócios no exterior, alegria, recreação, entrar na dança da vida.

Palavras-chave (–): complicações, problemas, agitação, obstáculos inesperados, empecilhos, turbulência, perturbações, ansiedade, situações erráticas, falta de foco, nadar ou afundar, gerenciamento insensato de tempo ou de recursos, envolver-se em mais atividades do que você é capaz.

O Dois de Ouros na posição normal

Quando na posição normal, o Dois de Ouros sugere que você está tendo que equilibrar muitas coisas na sua vida. Pode haver um conflito, por exemplo, entre as exigências do trabalho e as da família. A sua vida está cheia de responsabilidades, e você deve gerenciá-las com eficiência para fazer tudo direito. Apesar dos empecilhos, continue em frente. Neste momento você está passando por muitas mudanças que, no fim, resultarão numa maior estabilidade. Você pode estar sentindo como se estivesse navegando em águas turbulentas em busca de águas mais calmas. É importante manter-se flexível e se adaptar às circunstâncias. Os navios nesta carta sugerem viagens ou negócios no exterior. Esta carta também pode indicar uma mensagem escrita ou um documento.

O Dois de Ouros invertido

Quando invertido, o Dois de Ouros indica que você está sendo puxado para muitas direções por muitos compromissos e está tendo dificuldade para se adaptar e para estabelecer equilíbrio na sua vida. Você pode sentir que ou afunda ou nada. Talvez você tenha assumido mais responsabilidades do que consegue cumprir, ou outras pessoas talvez estejam exigindo demais do seu tempo e da sua energia. Obstáculos inesperados e condições inconstantes estão gerando uma sensação de turbulência. Para diminuir a sua ansiedade e a sua agitação, você precisa se focar e equilibrar mais a sua vida, mesmo que para isso precise de ajuda externa ou se livrar de alguns compromissos.

Três de Ouros: Juntos Podemos Construir uma Ratoeira Melhor

Etteilla (1791): fama, notoriedade, celebridade, nobreza de conduta, grandeza de alma; ilustre, nobre, importante; (I) mediocridade, frivolidade, criancice, puerilidade, baixeza, covardia, trivialidade, vileza.

Mathers (1888): nobreza, elevação, dignidade, alto nível, poder; (I) crianças, filhos, filhas, jovens, começo.

Waite (1911): um escultor trabalhando num monastério. Compare com o desenho que ilustra o Oito de Ouros. O aprendiz ou amador naquela carta [Oito de Ouros] recebeu a sua recompensa e agora trabalha com seriedade. *Significados divinatórios*: profissão, ofício, trabalho de habilidade; em geral, contudo, considerada uma carta de nobreza, aristocracia, renome, glória; (I) mediocridade no trabalho e, senão, puerilidade, mesquinharia, fraqueza.

Crowley/GD: trabalho, trabalhos materiais, emprego pago, engenharia, construção, ganhos em transações de negócios.

Simbolismo numérico: 3 – fertilidade, criatividade, relacionamentos triplos, os primeiros frutos de um empreendimento conjunto.

Astrologia: o *Marte* assertivo e desbravador (exaltado) no segundo decanato do *Capricórnio* de Terra, reino da *Rainha de Ouros* (Água de Terra) e do *Diabo* (Capricórnio). Marte é associado à *Torre*.

Tempo: 10 de Capricórnio – 20 de Capricórnio. Tropical, 31 de dezembro – 9 de janeiro. Sideral, 24 de janeiro – 2 de fevereiro.

Palavras-chave (+): habilidade manual para as artes, trabalho habilidoso, o artesão mestre, construção, trabalho, alta qualidade, talento artístico, trabalho de mestre, honras, dignidade, renome, reconhecimento pelo trabalho, ganhos em transações de negócios, maturidade, nobreza de conduta, colaborar com outras pessoas para criar algo novo, mentoria, trabalho em equipe, um trabalho bem feito.

Palavras-chave (–): mediocridade, mesquinharia, criancice, imaturidade, preguiça, falta de escrúpulo, má execução, baixa qualidade, pressa, críticas ao trabalho.

O Três de Ouros na posição normal

Quando na posição normal, o Três de Ouros aponta para o uso habilidoso dos seus talentos para construir algo de qualidade, normalmente em cooperação com os outros. Ele sugere que as pessoas reconhecerão a sua maturidade e apreciarão de verdade o seu treinamento e a sua experiência. Não há nada como um trabalho bem feito para melhorar a sua reputação e a sua autoestima.

O Três de Ouros invertido

Quando invertido, o Três de Ouros é um alerta de comportamento infantil, preguiçoso ou imaturo. Você pode estar sendo apressado ou não estar trabalhando na sua capacidade máxima. Ficará óbvio que você não está produzindo um produto de qualidade ou não está dando o máximo de si. Pode ser que precise de mais treinamento ou experiência para se qualificar melhor para o trabalho. Não se contente com a mediocridade.

Quatro de Ouros: Segurando Firme no Dom da Certeza

Etteilla (1791): um dom, favor, benefício, oferenda, presente, doação, ajuda, generosidade; (I) uma clausura, obstrução, bloqueio, obstáculo, impedimento, atraso, limite, barreira, um claustro, monastério, convento.

Mathers (1888): prazer, alegria, deleite, satisfação; (I) obstáculos, impedimentos.

Waite (1911): um personagem coroado, com um pentagrama sobre a sua coroa, envolve outro com as mãos e os braços; dois pentagramas estão sob seus pés. Ele segura aquilo que tem. *Significados divinatórios*: a segurança das posses, segurar aquilo que lhe pertence, um presente, legado, herança; (I) suspense, atraso, oposição.

Crowley/GD: poder mundano, ganho de dinheiro, ganho de influência, um presente.

Simbolismo numérico: 4 – estrutura, estabilidade, ordem, lógica, fundações, manifestação.

Astrologia: o *Sol* orgulhoso e poderoso no terceiro decanato do *Capricórnio* de Terra, reino do *Rei* (Waite)/*Príncipe de Espadas* (Thoth) (Ar de Ar) e do *Diabo* (Capricórnio).

Tempo: 20 de Capricórnio – 30 de Capricórnio. Tropical, 10 de janeiro – 19 de janeiro. Sideral, 3 de fevereiro – 12 de fevereiro.

Palavras-chave (+): um presente, amor por dinheiro e posses, benefícios financeiros, segurança, ganhos, certeza, poder mundano, bom gerenciamento financeiro, economizar para dias mais difíceis, segurar firme, um espaço fechado, um claustro, uma herança, a capacidade de obter algo no mundo material.

Palavras-chave (–): avareza, ganância, mesquinhez, medo de perder, acumulação, materialismo, obstáculos, bloqueios, retrocessos, atrasos; o Rei Midas.

O Quatro de Ouros na posição normal

Quando na posição normal, o Quatro de Ouros sugere que o seu foco agora está em manter a riqueza que possui e aumentar a segurança material. Para segurar aquilo que possui, um bom planejamento financeiro e o gerenciamento do dinheiro são necessários. Se você tem um objetivo de longo prazo que precisa de financiamento, um plano cuidadoso de economia o ajudará a realizar seu sonho. Esta carta também pode marcar um período de ganho de poder, dinheiro ou influência. Os negócios vão bem, e uma surpresa financeira ou herança são possíveis. Apesar de ser tentado a segurar firme aquilo que possui, você também é capaz de desfrutar do seu bem-estar material e de agir com generosidade.

O Quatro de Ouros invertido

Quando invertido, o Quatro de Ouros adverte contra a mesquinhez. Pode ser que você esteja apegado demais a bens materiais e poder mundano para poder reconhecer o valor das relações humanas. O seu medo de perder pode levar a um materialismo excessivo e a uma existência enclausurada, impedindo-o de fazer mudanças importantes que devem ser feitas. Alguns dos seus planos para aumentar a sua riqueza podem enfrentar obstáculos, oposição ou atrasos. O mito do Rei Midas ilustra os tipos de retrocesso que a ganância excessiva pode causar.

Cinco de Ouros: Dinheiro não Compra Amor

Etteilla (1791): namorado, cônjuge, amante, amigo, pessoa apaixonada; concórdia, adequabilidade, decoro; amar e apreciar; (I) má conduta, problemas, desorganização, desordem, desperdício, dissipação, consumo.

Mathers (1888): amante, amor, carinho, afeição, amor puro e casto; (I) amor infame, imprudência, libertinagem, extravagância e desperdício.

Waite (1911): dois mendigos numa nevasca passam por uma janela iluminada. *Significados divinatórios*: a carta prediz problemas materiais acima de tudo, quer seja da maneira ilustrada – ou seja, pobreza – ou de outra. Para alguns cartomantes, é uma carta de amor e amantes – esposa, marido, amigo, amante; também sintonia, afinidades. Essas alternativas não podem ser harmonizadas. (I) desordem, caos, ruína, discórdia, extravagância e desperdício.

Crowley/GD: preocupação, inquietude, problemas materiais, desemprego, perda de dinheiro, tensão, inação, problemas financeiros.

Simbolismo numérico: 5 – instabilidade, perturbação, crise, perda, tensão, conflito.

Astrologia: o *Mercúrio* ágil e inteligente no primeiro decanato do Touro de Terra, reino do *Rei* (Waite)/*Príncipe de Ouros* (Thoth) (Ar de Terra) e do *Hierofante* (Touro). Mercúrio é associado ao *Mago*. [A janela da igreja é uma referência ao papa e ao sacramento do casamento. O inconstante *Mercúrio* traz instabilidade à solidez de Terra de *Touro* e do *Rei de Ouros*, expondo o casamento a flutuações na sua segurança material.]

Tempo: 0 de Touro – 10 de Touro. Tropical, 21 de abril – 30 de abril. Sideral, 14 de maio – 24 de maio.

Palavras-chave (+): alívio espiritual, buscar ajuda financeira, apoio mútuo, devoção, amor puro, afeição, comprometimento, fazer amor, afinidade, concórdia, reconciliação, a vida de casado para o bem ou para o mal, "o que quer que aconteça, estamos juntos nessa".

Palavras-chave (–): dificuldades no casamento, fracassos financeiros, perda de emprego, desperdício, dissolução de um relacionamento amoroso, infidelidade, má conduta, casos amorosos ilícitos, falta de comprometimento, ausência de apoio, abandonar-se às pedradas e flechadas da fortuna, pessoas que deixam de ser amigas em tempos de dificuldade, relacionamentos insatisfatórios, problemas materiais, perda financeira, gastos inesperados, dificuldades, mendicância, desemprego, preocupação, inquietude, estresse, tensão, sentir-se pressionado, pensamentos perturbadores, carência, medo da pobreza, miséria, esbanjamento de recursos, extravagância e desperdício.

O Cinco de Ouros na posição normal

Quando na posição normal, o Cinco de Ouros tradicionalmente se refere a duas pessoas que continuam se amando apesar de quaisquer problemas materiais que tenham de confrontar. Elas levam a sério seus votos de casamento: "Na alegria e na tristeza, na riqueza e na pobreza, na saúde e na doença, até que a morte os separe". Os amantes andando numa nevasca passam na frente da igreja onde se casaram. Apesar das finanças e da saúde ruins, eles permanecem devotados um ao outro num relacionamento comprometido. Esta carta indica a importância do amor e do apoio mútuo nas tempestades da vida. Ela revela uma disposição para enfrentar dificuldades com um parceiro, com apoio mútuo.

O Cinco de Ouros invertido

Quando invertido, o Cinco de Ouros sugere a relutância para cumprir um compromisso quando a situação fica difícil. O idealismo do amor juvenil entra em conflito com a dura realidade, fazendo com que seja difícil permanecer juntos quando confrontados com perdas financeiras, saúde ruim ou outras circunstâncias complicadas. Em vez de tentar reconciliar as diferenças e tornar os seus laços emocionais mais satisfatórios, você está propenso a desistir e buscar satisfação em outro lugar. Em essência, você pode estar decidindo deixar o seu parceiro no frio ou estar você mesmo passando por essa experiência.

Seis de Ouros: Dividir o Sucesso Material, Agora!

Etteilla (1791): agora! Neste momento, atualmente, no momento presente; arredores, assistente, testemunha, vigilante, cuidadoso, atento; (I) ambição, anseio, ardor, paixão, desejo, cupidez, ciúmes.

Mathers (1888): presentes, dotes, gratificação; (I) ambição, desejo, paixão, meta, anseio.

Waite (1911): um personagem vestido de mercador pesa dinheiro numa balança e o distribui para os pobres e necessitados. É um testemunho do sucesso dele na vida e da sua bondade de coração. *Significados divinatórios*: presentes, dotes, gratificação; outro relato diz atenção, vigilância, este é o momento propício, prosperidade no presente; (I) desejo, cupidez, inveja, ciúmes, ilusão.

Crowley/GD: sucesso material, prosperidade nos negócios, sucesso transitório, a influência de uma criança.

Simbolismo numérico: 6 – harmonia, comunicação, compartilhar, compaixão.

Astrologia: a *Lua* emocional e sensível (exaltada) no segundo decanato do *Touro* de Terra, reino do *Rei* (Waite)/*Príncipe de Ouros* (Thoth) (Ar de Terra) e do *Hierofante* (Touro). A Lua é associada à *Sacerdotisa*.

Tempo: 10 de Touro – 20 de Touro. Tropical, 1º de maio – 10 de maio. Sideral, 4 de junho – 14 de junho.

Palavras-chave (+): generosidade, bondade, sucesso material, bondade de coração, compartilhar recursos, receber ajuda, apoio, ser apoiado, ajuda financeira, benevolência, mentoria, patrocínio, caridade, dar e receber, filantropia, realização, prosperidade, responsabilidade social, distribuição equitativa de riquezas, cuidar de necessidades do presente; agora, no presente, atualmente, neste momento. (Lembre-se de que tradicionalmente o Seis de Ouros se refere ao agora e o Seis de Copas se refere ao passado.)

Palavras-chave (-): indulgência, inveja, desperdício, esbanjamento, irresponsabilidade financeira, extravagância, ciúmes, perda, favoritismo, ingratidão, distribuição injusta de riquezas, economia que favorece somente os ricos; desculpas de quem deve.

O Seis de Ouros na posição normal

Quando na posição normal, o Seis de Ouros indica que dinheiro e recursos estão sendo repartidos de maneira justa e socialmente responsável. Se a sua situação financeira está segura, pode ser que você seja solicitado para ajudar aqueles menos afortunados. Se você está passando necessidades no presente, é possível que recursos essenciais e ajuda financeira venham até você. Um significado essencial desta carta é que algo de valor está sendo passado de uma pessoa para a outra com espírito de generosidade verdadeira. Nas palavras do discurso inaugural de 1961 do presidente John F. Kennedy: "Não pergunte o que o país pode fazer por você; pergunte-se o que você pode fazer pelo seu país". Se a sua pergunta é qual é o melhor momento para agir, esta carta sugere que *agora* é o momento oportuno. Agora! A ideia de que o presente é o momento propício pode ser relacionada com a associação desta carta com a Lua: ela muda constantemente de fases, mas na astrologia está em sua melhor condição quando passa pelo signo de Touro.

O Seis de Ouros invertido

Quando invertido, o Seis de Ouros sugere uma distribuição injusta ou desigual de riqueza e recursos. Pode ser que a sua situação envolva algum tipo de nepotismo, favoritismo, ingratidão pela ajuda recebida ou inveja da boa sorte de outra pessoa. Você pode estar esbanjando a sua fortuna ou usando a sua riqueza para finalidades puramente egoístas sem consideração pelo bem do planeta ou dos seus semelhantes. Seja responsável com o seu dinheiro. Ninguém gosta de ouvir desculpas de devedores. Talvez "agora" não seja a hora certa.

Sete de Ouros: Onde Estiver o seu Tesouro, Lá Estará seu Coração

Etteilla (1791): dinheiro, riquezas, prosperidade, prataria, purificação, alvura, pureza, ingenuidade, sinceridade, inocência, a Lua; (I) ansiedade, inquietude, impaciência, preocupação, apreensão, medo, aflição, receio, cuidado, atenção, diligência, desgosto, desconfiança, suspeitas.

Mathers (1888): dinheiro, finanças, tesouros, ganho, lucro; (I) perturbações, preocupações, ansiedade, melancolia.

Waite (1911): um jovem, apoiando-se em seu cajado, olha com atenção sete pentagramas que saem de um tufo de folhagens à sua direita; pode-se dizer que estes eram os seus tesouros e que o seu coração estava ali. *Significados divinatórios*: uma carta de dinheiro, negócios, permuta; mas uma leitura descreve altercações, disputas – e outra, inocência, ingenuidade, purgação; (I) causa de ansiedade relacionada a dinheiro, que pode ser pedido emprestado.

Crowley/GD: fracasso, praga, sucesso não alcançado, trabalho sem pagamento, trabalho com pouco ganho, especulação sem lucro.

Simbolismo numérico: 7 – avaliação, reavaliação, estar no limiar de algo, buscar vantagens.

Astrologia: o severo feitor *Saturno* no terceiro decanato do *Touro* de Terra, reino do *Cavaleiro de Espadas* e do *Hierofante* (Touro). Saturno é associado ao *Mundo*.

Tempo: 20 de Touro – 30 de Touro. Tropical, 11 de maio – 20 de maio. Sideral, 4 de junho – 14 de junho.

Palavras-chave (+): perseverança, planejamento para longo prazo, avaliação realista, reavaliação, controle de qualidade, tomar inventário, investir com prudência para o futuro, progresso lento mas estável, as recompensas merecidas do trabalho duro, esperar pelo momento certo para a colheita, um romance no escritório, trabalho não recompensado, receber o merecido, planejar para a segurança financeira na aposentadoria.

Palavras-chave (−): preocupações com dinheiro, impaciência, apreensão, cuidado excessivo, sentimento de insegurança, medo do fracasso, perda, sucesso limitado, falta de recompensa, muito trabalho com pouca compensação, recursos desperdiçados, oportunidades perdidas, um investimento ruim, especulação sem lucro, não focar na tarefa atual, mau planejamento para a aposentadoria.

O Sete de Ouros na posição normal

Quando na posição normal, o Sete de Ouros mostra um agricultor que fez uma pausa nos trabalhos para verificar o seu progresso e planejar suas próximas ações. Ele trabalhou duro para chegar neste ponto e está ciente de que os seus esforços serão compensados. Pode ser que ele esteja pensando sobre o que mais precisa estar fazendo agora. Quando plantamos sementes, sabemos que a impaciência da nossa parte não acelerará o seu crescimento. Em vez disso, cuidado diligente, cultivo responsável e respeito pelos ciclos naturais produzirão uma colheita abundante. O planeta Saturno associado com esta carta é um feitor rigoroso que, no fim, nos dá o que merecemos. Como podemos ler na *Bíblia*: "Tudo o que o ser humano semear, isso também colherá" (Gálatas 6:7, Bíblia King James Atualizada).

O Sete de Ouros invertido

Quando invertido, o Sete de Ouros sugere que você está apreensivo sobre a sua segurança financeira. Pode ser que esteja preocupado com a possibilidade de que o seu investimento de tempo, recursos ou dinheiro não lhe dê um retorno suficiente. O problema é que investimentos em geral levam tempo para amadurecer e não podem ser apressados. A impaciência pode resultar em recursos desperdiçados, projetos fracassados ou oportunidades perdidas. Você precisa avaliar a sua situação de maneira realista e seguir os princípios de bom gerenciamento fiscal se pretende ter sucesso. Se não tem certeza sobre o que fazer, busque os conselhos de um especialista. Sonhar acordado ou focar em assuntos irrelevantes não o ajudarão a reavaliar a situação que está causando ansiedade. O planeta Saturno associado a esta carta indica que você precisa trabalhar duro e com constância. Você ganhará com o seu projeto o tanto que se dedicar a ele; sem dor, não haverá lucro.

Oito de Ouros: Habilidades no Mundo Material

Etteilla (1791): uma garota morena, uma garota agradável, graciosa, amável, passiva; (I) avareza, ganância, usura, mesquinhez, falta de ambição.

Mathers (1888): uma garota morena, beleza, sinceridade, castidade, inocência, modéstia; (I) adulação, usura, hipocrisia, enganação.

Waite (1911): um artista de pedras em seu trabalho, o qual ele exibe na forma de troféus. *Significados divinatórios*: trabalho, emprego, encomenda, habilidade manual, habilidade no trabalho e nos negócios, talvez no estágio preparatório; (I) ambição malograda, vaidade, cupidez, extorsão, usura. Também pode significar a posse de habilidades, no sentido de uma mente engenhosa voltada para a astúcia e a intriga.

Crowley/GD: prudência, habilidade, astúcia, sagacidade, ser cuidadoso no trabalho, guardar algo para a hora da necessidade.

Simbolismo numérico: 8 – movimento, ação, poder, determinação.

Astrologia: o orgulhoso e poderoso *Sol* no primeiro decanato do *Virgem* de Terra, reino do *Cavaleiro de Ouros* (Fogo de Terra) e do *Eremita* (Virgem). O Sol em Virgem é conhecido pelo seu perfeccionismo, gosto pelo serviço e atenção meticulosa aos detalhes.

Tempo: 0 de Virgem – 10 de Virgem. Tropical, 23 de agosto – 1º de setembro. Sideral, 17 de setembro – 26 de setembro.

Palavras-chave (+): trabalho, emprego, treinamento, aprendizado, preparação cuidadosa, se esforçar para fazer bem uma tarefa, competência, dedicação, paciência, satisfação com o trabalho, habilidade nos assuntos materiais, aperfeiçoar os talentos, competência técnica, fazer o dever de casa, destreza, prudência, discrição, trabalho diligente, perfeccionismo, determinação para fazer um bom trabalho, fazer bom uso dos recursos disponíveis, ser pago por aquilo que você ama fazer.

Palavras-chave (–): ambição nula, treinamento inadequado, impaciência, incapacidade de aplicar o esforço necessário, ignorar obrigações, imprudência, intriga, enganação, mau uso de talentos, oportunidades desperdiçadas, economia em coisas pequenas e extravagância com coisas caras.

O Oito de Ouros na posição normal

Quando na posição normal, o Oito de Ouros mostra um artesão aperfeiçoando as suas habilidades e trabalhando com diligência para fazer um trabalho excelente. Esta é uma carta de treinamento e de aprendizado com o objetivo de aperfeiçoar a sua capacidade de produzir um produto de qualidade. Há muita satisfação em atentar para os detalhes e em fazer as coisas bem feitas, mesmo que sejam necessárias muitas tentativas para acertar. O artesão da carta está disposto a dedicar o tempo e o esforço necessários. Ele entende que é necessário ser paciente e deixar as coisas amadurecerem de maneira adequada em vez de tentar acelerar o processo. Tradicionalmente, esta carta se refere a uma garota camponesa amável e modesta que faz suas tarefas com diligência sem reclamar e sem pretensão, como é simbolizado pelo signo de Virgem associado a esta carta.

O Oito de Ouros invertido

Quando invertido, o Oito de Ouros sugere que você não está dedicando o tempo e o esforço necessários para fazer bem um trabalho. Pode ser que você não se importe em produzir um produto de qualidade ou talvez esteja apressado para terminar o trabalho. Lembre-se de que Roma não foi construída num só dia. Por mais que haja um ganho de curto prazo na sua abordagem atual, no longo prazo é possível que você se sinta insatisfeito. Quando a tempestade chega, é reconfortante saber que você guardou algo para a hora da necessidade.

Nove de Ouros: Conquistas Materiais Solitárias

Etteilla (1791): obtenção, realização, conquista, concretização, sucesso, satisfação; (I) enganação, fraude, trapaça, ludibriar, promessas descumpridas, projetos abortados.

Mathers (1888): discrição, circunspecção, prudência, discernimento; (I) engano, má-fé, artifícios, enganação.

Waite (1911): uma mulher, com um pássaro apoiado em sua mão, está de pé no meio de vinhedos abundantes no jardim de uma mansão. É um grande domínio, que sugere prosperidade em todas as coisas. Possivelmente pertence a ela, dando testemunho do seu bem-estar material. *Significados divinatórios*: prudência, segurança, sucesso, concretização, certeza, discernimento; (I) malandragem, enganação, projeto cancelado, má-fé.

Crowley/GD: ganho, sorte nos assuntos materiais, finanças melhoradas, herança, favor, popularidade, elevação material, o estado de gravidez.

Simbolismo numérico: 9 – o último dígito, culminação, fruição, concretização.

Astrologia: a *Vênus* amável e afetiva (debilitada) no segundo decanato do *Virgem* de Terra, reino do *Cavaleiro de Ouros* (Fogo de Terra) e do *Eremita* (Virgem). Vênus é associada à *Imperatriz*.

Tempo: 10 de Virgem – 20 de Virgem. Tropical, 2 de setembro – 11 de setembro. Sideral, 27 de setembro – 6 de outubro.

Palavras-chave (+) ganho, concretização, satisfação, discernimento, fruição, discrição, refinamento, favor, elegância, cuidado meticuloso, segurança material, recompensa financeira, autossuficiência, satisfação solitária, tempo valioso de solidão, autonomia, gravidez com ideias ou com filhos, afeição por pequenos animais, desfrutar da abundância da colheita.

Palavras-chave (–): enganação, má-fé, perda, desperdício, isolamento social, solidão, isolamento em geral, projetos abortados, progresso bloqueado, maturação lenta de planos, fraude, promessas descumpridas, comportamento vil, um senso de superioridade, segurança comprometida.

O Nove de Ouros na posição normal

Quando na posição normal, o Nove de Ouros retrata a perspicaz virgem do signo de Virgem, uma donzela independente que representa Astreia/Dike, a deusa da pureza e da justiça que levava um grão de trigo na mão esquerda. Sob o domínio de Astreia, a raça humana tinha paz, prosperidade, clima perfeito e juventude eterna. Infelizmente, a maldade crescente do comportamento humano fez com que a deusa independente fugisse para os céus, onde se tornou a constelação de Virgem, isolada da perversidade da humanidade. O Nove de Ouros é uma carta de concretização, refinamento, fortuna material e desfrutar dos frutos da colheita. Ela indica uma recompensa pelo critério, pelo trabalho duro, pelo cuidado meticuloso e pelo planejamento prudente.

O Nove de Ouros invertido

Quando invertido, o Nove de Ouros sugere uma situação na qual alguém age com má-fé ou bloqueia o seu progresso. Como resultado de enganação ou de promessas descumpridas, um projeto pode não se materializar ou pode ter de ser abortado. Pode ser que você estivesse contando que alguém cumpriria a palavra, mas descobriu que a pessoa o abandonou. Você pode acabar se sentindo isolado ou sentindo que a sua segurança foi comprometida. Depois de ter planejado com cuidado e cultivado o seu jardim, você descobre que ainda não chegou a hora de desfrutar da colheita.

Dez de Ouros: um Lar Próspero

Etteilla (1791): lar, moradia, economia do lar, economias, família, posteridade; (I) sina, fado, destino, aposta, acontecimentos imprevistos.

Mathers (1888): casa, moradia, habitação, família; (I) jogos de azar, desperdício, roubo, perda.

Waite (1911): um homem e uma mulher sob um arco que é a entrada de uma casa, um domínio. Eles são acompanhados por uma criança, que olha com curiosidade para dois cachorros que interagem com um ancião. *Significados divinatórios*: ganho, riquezas; assuntos familiares, arquivos, extração, a habitação de uma família; (I) possibilidades, fatalidade, perda, roubo, jogos de azar; às vezes presente, dote, pensão.

Crowley/GD: prosperidade, riquezas.

Simbolismo numérico: 10 – um a mais, finalização, prontidão para começar um novo ciclo.

Astrologia: o *Mercúrio* ágil e inteligente (dignificado) no terceiro decanato do *Virgem* de Terra, reino da *Rainha de Espadas* (Água de Ar) e do *Eremita* (Virgem). Mercúrio é associado ao *Mago*.

Tempo: 20 de Virgem – 30 de Virgem. Tropical, 12 de setembro – 22 de setembro. Sideral, 7 de outubro – 16 de outubro.

Palavras-chave (+): riqueza, prosperidade familiar, economias, abundância, segurança financeira, *status* social, o uso prudente do dinheiro, assuntos familiares, laços geracionais, posteridade, uma herança, legado, presente, dote, pensão, usar recursos acumulados para beneficiar os outros ou os herdeiros, cuidar de animais de estimação; o cão é o melhor amigo do homem.

Palavras-chave (–): insegurança financeira, perda, roubo, desperdício, disputas familiares, dívidas de jogo, especulação fracassada, uso imprudente de dinheiro, gastos irresponsáveis, acumular a riqueza em vez de usá-la para beneficiar os outros.

O Dez de Ouros na posição normal

Quando na posição normal, o Dez de Ouros retrata um ambiente familiar seguro, povoado por muitas gerações, inclusive pelos cachorros da família. Ao que parece, o patriarca da família deu uma boa provisão para seus filhos e netos e sem dúvida deixará para eles uma herança. Não há muito sentido em acumular riqueza apenas por acumular. A família nesta carta está desfrutando dos benefícios de um bom planejamento financeiro e de investimentos prudentes. Até mesmo os animais da família são bem cuidados.

O Dez de Ouros invertido

Quando invertido, o Dez de Ouros indica uma disputa familiar relacionada com insegurança financeira ou com assuntos de legado ou herança. A pessoa responsável por fazer planos em vista das necessidades dos seus dependentes é culpada de especulação imprudente ou de mau planejamento financeiro. Em alguns casos, esta carta pode destacar problemas relacionados com jogos de azar. Pode ser também que a pessoa que deveria estar sustentando a família preferiu acumular a sua riqueza em vez de usá-la para beneficiar os outros.

Doze

As Cartas da Corte

O que as cartas da corte podem lhe dizer

Do ponto de vista tradicional as cartas da corte representam membros da corte real: o Rei, a Rainha, o Cavaleiro e o Valete. O "mapa mental" que vem a seguir apresenta uma maneira de ver as quatro cartas da corte do tarô.

Carl Jung e as cartas da corte

No decorrer dos anos, muitas maneiras de conceituar as cartas da corte apareceram na literatura. Muitos tarólogos, incluindo eu mesmo, foram influenciados pelos escritos do psicanalista suíço Carl Jung. Jung não apenas elaborou o conceito de arquétipos que se relacionam diretamente com as imagens das cartas, mas também desenvolveu uma teoria de tipos de personalidade que é útil para o entendimento das cartas da corte.

Com base nas suas próprias observações e nas de seus clientes, Jung descobriu que os seres humanos conhecem o mundo de quatro maneiras distintas, mas não excludentes. A prática de dividir os fenômenos em quatro partes é uma tradição respeitada na filosofia ocidental e no tarô, que se baseia bastante na ideia dos quatro elementos da filosofia grega: Fogo, Água, Ar e Terra.

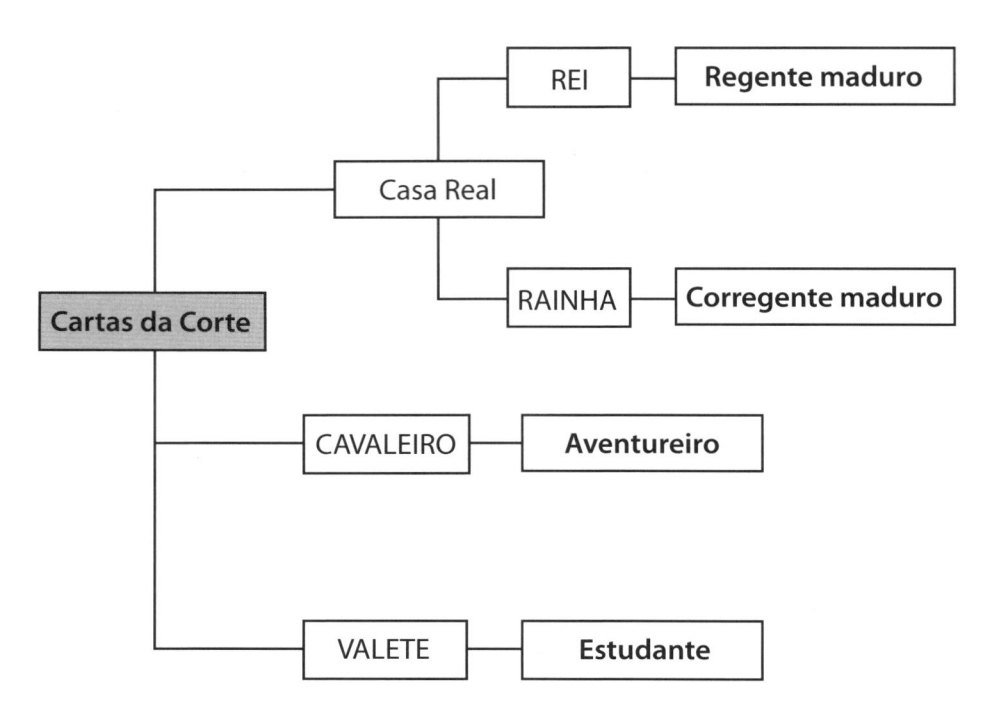

```
Cartas da Corte ─┬─ Casa Real ─┬─ REI ─── Regente maduro
                 │             └─ RAINHA ─ Corregente maduro
                 ├─ CAVALEIRO ─── Aventureiro
                 └─ VALETE ────── Estudante
```

Relações Tradicionais entre as Cartas da Corte

Um exemplo simples lançará luz sobre as ideias de Jung: suponha que você está andando numa rua em São Francisco, Califórnia. De repente, ouve um ruído alto e retumbante e sente uma vibração forte sob os seus pés. Você olha para cima e vê que os prédios estão balançando. Um hidrante se abre e a água começa a jorrar para fora. Por meio das informações que recebe com os seus sentidos, você percebe uma vibração fora do comum. Jung chamava de "função da sensação" o ato de sentir que algo está acontecendo ou que algo existe no seu ambiente. No tarô, a percepção sensorial e a consciência da realidade tangível são coisas relacionadas ao elemento Terra e ao naipe de Ouros.

Usando as percepções de vibração proporcionadas pelos seus sentidos, a sua mente racional trabalha. Você busca entender o que está acontecendo. Com os dados sensoriais, você deduz que está ocorrendo um terremoto na cidade. Agora você tem uma palavra ou um conceito que proporciona um nome abstrato para o que está acontecendo. Jung chamava de "função do pensamento" o ato de formação de conceitos ou de compreensão racional. No tarô, o pensamento lógico pertence ao elemento Ar e é característico do incisivo naipe de Espadas.

Até agora você exerceu a sua função da sensação para perceber uma estranha vibração por meio da percepção sensorial. Você também pensou sobre as sensações fora do comum e deduziu por meio da lógica que está no meio de um terremoto. Então entram em jogo as suas emoções e você busca avaliar emocionalmente a importância do que está acontecendo. Seus sentimentos o levam a formar um juízo de valor emocional, ou seja, determinar o significado emocional do que está acontecendo. É quase certo que você julgue que algo aterrorizante está acontecendo e sinta a necessidade de encontrar refúgio contra a ameaça do concreto que pode cair. Jung chamava de "função do sentimento" o ato de formar juízos de valor com base na avaliação emocional de uma situação. No tarô, o sentir é relacionado ao elemento Água e é característico do naipe emocional de Copas.

Depois você tem um pressentimento, uma sensação de que deve atravessar a rua. Você não sabe de onde veio a ideia, mas segue o seu instinto e avança para o outro lado da rua. Alguns minutos depois, tijolos caem de uma construção na calçada onde você estava antes. O seu pressentimento salvou-lhe a vida. Jung chamava de "função da intuição" o ato de percepção inconsciente, a consciência intuitiva de possibilidades futuras e os rápidos *flashes* de introspecção que vêm "do nada". No tarô, a intuição é relacionada ao elemento Fogo e é característica de Paus, o naipe da vida e da animação.

No processo de entender as cartas da corte, as ideias de Jung sobre as quatro funções ajudam bastante. Cada naipe é bom numa dessas quatro funções, como também cada tipo de carta da corte. Os Reis são do tipo pensante de Ar, as Rainhas são do tipo sentimental de Água, os Cavaleiros são do tipo intuitivo de Fogo e os Valetes são do tipo sensitivo de Terra.

É bom lembrar que alguns autores preferem associar os Reis com o Fogo e a intuição e atribuir aos Cavaleiros o Ar e a função do pensamento. Se você prefere esse modo alternativo de atribuições, vá em frente e use-o, adaptando os comentários do livro. Eu prefiro ver as cartas da corte da seguinte maneira:

Os Valetes e a sensação

Os Valetes e o naipe de Terra, Ouros, são ótimos na sensação. Eles são especialmente bons em observar e obter impressões sensoriais que esclarecem os fatos e determinam o que está ocorrendo. O processo de coletar evidências tangíveis pode ser lento e trabalhoso. Os Valetes querem ter certeza de que as suas evidências têm base sólida antes de aplicar a função do pensamento para entender os fatos, ou a função do sentimento para formar juízos de valor baseados na sua avaliação emocional dos dados sensoriais.

Os Reis e o pensamento

Os Reis e o naipe de Ar, Espadas, são ótimos para pensar. São bons em especial para planejar mentalmente com inferências lógicas, para criar estratégias, teorizar e formar conceitos. Os Reis buscam entender o significado das coisas se baseando nos fatos com os quais têm de lidar. Gostam de ligar os pontos. A sensação fornece os fatos; o pensamento fornece a compreensão desses fatos. Os Reis costumam pensar mais com a cabeça do que com o coração.

As Rainhas e o sentimento

As Rainhas e o naipe de Água, Copas, são ótimos para sentir. Elas usam as suas reações emocionais aos fatos para julgar o valor, ou a falta do mesmo, de uma situação. Em outras palavras, as Rainhas usam a inteligência emocional para avaliar se algo é aceitável ou não, valioso ou imprestável, desejável ou odioso, prazeroso ou doloroso, seguro ou perigoso e assim por diante. Elas podem, por exemplo, concluir pela emoção que algo parece ser a coisa certa a fazer. Ao contrário dos Reis, as Rainhas costumam pensar mais com o coração do que com a cabeça.

Os Cavaleiros e a intuição

Os Cavaleiros e o naipe de Fogo, Paus, são ótimos na intuição. Eles confiam bastante em pressentimentos intuitivos e flashes rápidos de introspecção sobre possibilidades futuras. As suas ideias muitas vezes vêm espontaneamente ou "do nada"; eles em geral não conseguem explicar qual é a fonte dessas percepções inconscientes. Ao contrário dos Valetes que passam um bom tempo observando e juntando impressões sensoriais, os Cavaleiros agem com rapidez, de modo impulsivo e ambicioso, respondendo a surtos súbitos de inspiração.

Tabela da tipologia junguiana das cartas da corte

É importante ter em mente que nenhuma dessas funções existe de maneira isolada. A nossa compreensão do mundo é sempre baseada numa combinação de sensações, pensamentos, sentimentos e intuições. Algumas pessoas e algumas cartas da corte, no entanto, são melhores numa ou mais dessas funções do que em outras. Por exemplo, o Valete (Terra) de Espadas (Ar) é um atento observador do seu ambiente (uma função de Terra ou sensação), mas também liga os pontos com rapidez e elabora teorias sobre o que está acontecendo (uma função de Ar ou pensamento). O restante das cartas da corte pode ser analisado de maneira semelhante. A tabela a seguir ilustra a tipologia de Jung aplicada às cartas da corte do tarô.

	Fogo – Intuição – *Cavaleiros*	Água – Sentimento – *Rainhas*	Ar – Pensamento – *Reis (Príncipes)*	Terra – Sensação – *Valetes*
Fogo Intuição Paus	Cavaleiro de Paus	Rainha de Paus	Rei de Paus	Valete de Paus
Água Sentimento Copas	Cavaleiro de Copas	Rainha de Copas	Rei de Copas	Valete de Copas
Ar Pensamento Espadas	Cavaleiro de Espadas	Rainha de Espadas	Rei de Espadas	Valete de Espadas
Terra Sensação Ouros	Cavaleiro de Ouros	Rainha de Ouros	Rei de Ouros	Valete de Ouros

Que o verdadeiro Rei se apresente

A Golden Dawn introduziu uma confusão na noção dos Cavaleiros e Reis do tarô. Os fundadores da Ordem se referiam aos Cavaleiros do tarô tradicional como Reis, e aos Reis do tarô tradicional como Príncipes.

Arthur Edward Waite, um membro da Golden Dawn, usou os nomes e imagens tradicionais do Tarô de Marselha para as suas cartas da corte. Apesar disso, Waite diz explicitamente, de acordo com a Golden Dawn, que os Cavaleiros são homens com mais de 40 anos e que os Reis são mais jovens que os Cavaleiros. Portanto, Waite via os Reis como equivalentes aos Príncipes da Golden Dawn! Na prática moderna, contudo, a maioria dos tarólogos consideram os Cavaleiros como sendo mais jovens que os Reis, e os Reis como homens com mais de 40 anos – o oposto do método de Waite.

Aleister Crowley, outro ex-membro da Golden Dawn, também se referia aos Cavaleiros como jovens e reconhecia a impossibilidade de reconciliar as diversas tradições de cartas da corte que a Golden Dawn tentava sintetizar.

> "… assim que a Princesa aparece, o Príncipe obtém sua mão em casamento e ela se estabelece no trono de sua Mãe. Ela então desperta a Velhice do velho Rei original; que então se torna um jovem Cavaleiro, e assim renova o ciclo […]. É impossível

harmonizar a multidão de fábulas e parábolas, pois cada uma foi inventada para enfatizar alguma fórmula que era considerada imperativa para servir algum propósito local ou temporal." *

A Golden Dawn baseia o seu sistema nas correspondências entre as cartas da corte e o Tetragrama *Yahveh* – Yod, Heh, Vav, Heh, as quatro letras hebraicas do nome da divindade. A tabela a seguir ilustra essas associações.

Tetragrama	Elemento – Função Junguiana	Golden Dawn	Waite-Smith
Yod	Fogo – Intuição	Rei (a cavalo)	Cavaleiro (a cavalo)
Heh (inicial)	Água – Sentimento	Rainha	Rainha
Vav	Ar – Pensamento	Príncipe (na carruagem)	Rei (no trono)
Heh (final)	Terra – Sensação	Princesa	Valete

Por causa da confusão assim criada, alguns autores associam os Príncipes do sistema de tiragem da Golden Dawn (às vezes chamados de Reis pela mesma Golden Dawn) com os Cavaleiros tradicionais de Marselha, e os Reis da Golden Dawn (chamados também de Cavaleiros, Lordes ou Reis pela mesma Golden Dawn, representados como homens montados em cavalos) com os Reis tradicionais do Tarô de Marselha. Para ver uma discussão detalhada sobre as correspondências, acesse www.lelandra.com/tarotbook/courtcorres.htm (em inglês).

Uma explicação astrológica

A Golden Dawn definia como o começo do círculo do zodíaco o primeiro decanato de Leão, o Rei Leão do zodíaco. No meio do primeiro decanato de Leão (no zodíaco sideral que a Golden Dawn usava) está a estrela real Regulus, o coração do leão que os astrólogos antigos consideravam como regente dos céus. De acordo com Israel Regardie: "O começo dos decanatos vem da Estrela Rainha Real do Coração do Leão, a grande estrela Cor Leonis, portanto o primeiro decanato é o de Saturno em Leão". ** Saturno vem em primeiro na ordem dos planetas visíveis conhecidos pelos antigos caldeus e, portanto, é o ponto de partida apropriado para o zodíaco.

---

* Aleister Crowley. *O Livro de Thoth*, p. 151.
** Israel Regardie. *The Golden Dawn* (St. Paul, MN: Llewellyn, 1989), p. 550.

A Golden Dawn atribuía o primeiro decanato de Leão ao Príncipe da Carruagem de Fogo, ou seja, o Rei de Paus de Marselha. A confusão surge porque a Golden Dawn vê os Príncipes como os Reis tradicionais, simbolizados pelo signo régio Leão e pela estrela real Regulus, mas ao mesmo tempo vê os Cavaleiros como os membros mais idosos das cartas da corte. Como disse Crowley, não há maneira fácil, com base na lógica, de resolver esse dilema, então temos de fazer escolhas.

A minha tentativa de lidar com essa confusão sobre as cartas da corte é assumir uma abordagem genérica. Em vez de considerar os Reis montados a cavalo da Golden Dawn como os Cavaleiros tradicionais, eu prefiro seguir a prática adotada por muitos de ver os jovens a cavalo como Cavaleiros e, como a Golden Dawn, considerar os Príncipes como os Reis tradicionais. Portanto, neste livro e no restante deste capítulo, a convenção será a seguinte:

Cavaleiros (jovens aventureiros)

Os **Cavaleiros**, os jovens viris que buscam ação cavalgando cavalos fortes, regem o último decanato dos signos fixos e os primeiros dois decanatos dos signos mutáveis. Eles representam o elemento dinâmico Fogo (*Yod*) e trazem o final das estações e a transição para a próxima. Como os Cavaleiros regulam a mudança das estações, eles também simbolizam movimento, ação, mudança, progresso e deslocamento na vida do consulente. Os Cavaleiros de Fogo exemplificam a função junguiana da *intuição*.

Rainhas (figuras maternas maduras)

As **Rainhas**, sentadas em tronos, regem o último decanato dos signos mutáveis e os primeiros dois decanatos dos signos cardinais. Elas representam o elemento emocional Água (primeiro *Heh*). Como figuras maternas, as Rainhas dão à luz as quatro estações do ano. Elas simbolizam mulheres que são importantes na vida do consulente, muitas vezes de uma perspectiva acolhedora e apoiadora. As Rainhas de Água exemplificam a função junguiana do *sentimento*.

Reis (figuras paternas maduras)

Os **Reis**, sentados em tronos, são o equivalente dos Príncipes em carruagens da Golden Dawn. Os Reis/Príncipes regem o último decanato dos signos cardinais e os dois primeiros decanatos dos signos fixos. Eles representam o elemento racional Ar (*Vav*) e regem o florescimento, a maturação e a plenitude das quatro estações. Os Reis simbolizam pessoas maduras com poder e autoridade que são importantes na vida do consulente. Os Reis de Ar exemplificam a função junguiana do *pensamento*.

Valetes (jovens aprendizes)

Os **Valetes**, representados de pé em vez de sentados em tronos ou em veículos ou cavalos, não têm atribuição zodiacal. Eles representam o elemento Terra (*Heh* final). Os Valetes são estudantes noviços, jovens e inexperientes. De acordo com o sistema de tiragem da Golden Dawn, os Valetes (Princesas) regem os quatro quadrantes dos céus em torno do Polo Norte, sobre os respectivos signos querúbicos do zodíaco, e formam os Tronos dos Poderes dos quatro Azes.* Os Valetes de Terra exemplificam a função junguiana da *sensação*.

No entanto, quando você estiver usando tarôs específicos, como o Thoth de Crowley ou o Tarô Liber T do baralho Stars Eternal, é melhor seguir as instruções do autor no Little White Book (LWB) [Pequeno Livro Branco, PLB] que acompanha o baralho. Por exemplo, o baralho Tarô da Golden Dawn de Robert Wang não usa a palavra "Cavaleiro" e usa as seguintes designações para as cartas da corte: Princesa, Príncipe (numa carruagem), Rainha e Rei (num cavalo).

---

* Ibid., p. 544.

O naipe de Paus

Valete de Paus: um Estranho Surpreendente

Etteilla (1791): um estranho, um forasteiro, novidade, maravilha, surpresa, originalidade, coisas extraordinárias; (I) notícias, conselho, aviso, histórias, comunicado, advertência, admoestação, educação, instrução.

Mathers (1888): um Bom Estranho, boas notícias, prazer, satisfação; (I) más notícias, desagrado, desgosto, preocupação.

Waite (1911): numa cena parecida com a anterior [a do Cavaleiro de Paus], um jovem está num ato de proclamação. Ele é desconhecido, mas fiel, e suas notícias são estranhas. *Significados divinatórios*: um jovem moreno, fiel, um amante, um representante, um carteiro. Se estiver ao lado de um homem, dará um testemunho favorável sobre esse homem. Um rival perigoso, se seguido pelo Valete de Copas. Tem as principais características do seu naipe. Pode significar inteligência familiar; (I) anedotas, comunicados, más notícias. Também indecisão e a instabilidade que a acompanha.

Crowley/GD: a Princesa da Chama Brilhante. A Rosa do Palácio de Fogo. Ousadia, energético, aspirante, confiante, ambicioso, brilhante, dramático, superficial, súbito, raso, cruel, violento, dominador. Os traços dependem da dignidade da carta.

Astrologia: Terra de Fogo. De acordo com Crowley no *Livro de Thoth*, os Valetes (Princesas) não têm atribuição zodiacal, mas representam quatro tipos "elementais" de pessoas.

Funções junguianas: sensação (Terra) e intuição (Fogo).

Decanatos/tempo: a astrologia associa o elemento Fogo com a primavera.

Palavras-chave (+): um estranho, um forasteiro, alguém que traz boas notícias; fervoroso, enérgico, ardoroso, entusiástico, aventureiro, surpreendente, orientado ao futuro; inspiração, ambição, confiança, criatividade, nova vida, interesses sexuais florescentes, aprender, curiosidade, educação, uma oportunidade animadora, novas possibilidades, viagem para o exterior, estudos no exterior, novos interesses de carreira, o início de um relacionamento empolgante, algo para se maravilhar, uma surpresa.

Palavras-chave (–): imprudente, impulsivo, irresponsável, dominador; más notícias, advertências, indecisão, preocupação, falta de iniciativa, uma gravidez indesejada.

O Valete de Paus na posição normal

Os Valetes representam crianças, pessoas jovens, novas situações e os estágios iniciais de projetos ou jornadas. Eles também podem significar mensageiros ou mensagens a caminho do consulente. Quando na posição normal, o Valete de Paus é uma pessoa jovial, cheia de surpresas, ambiciosa para expandir os seus horizontes por meio de viagens, educação ou de envolvimento numa aventura emocionante. Um estranho ou estrangeiro pode abrir a sua mente para novos horizontes. A vida é uma aventura, e este Valete quer vivê-la ao máximo.

O Valete de Paus invertido

Quando invertido, o Valete de Paus pode trazer más notícias ou indicar um atraso em alguma mensagem que o consulente esperava. Empecilhos podem atrapalhar novos projetos ou pode haver dificuldade em iniciá-los. O consulente talvez precise se precaver contra um comportamento imprudente, impulsivo ou ambicioso demais. Um estranho ou estrangeiro pode causar dificuldades.

Cavaleiro de Paus: Saindo para uma Aventura

Etteilla (1791): mudança, partida, fuga, alienação, deslocamento, emigração, mover-se, reposicionamento, abandono; (I) separação, divisão, rompimento, discórdia, perturbação, descontinuidade, interrupção. (Observe que o Cavaleiro do naipe receptivo de Copas *chega* enquanto o Cavaleiro do naipe expansivo de Paus *parte*. Copas, sendo de Água, é orientado para as emoções e para dentro. Paus, sendo de Fogo, é ativo energeticamente e orientado para fora.)

Mathers (1888): partida, separação, desunião; (I) ruptura, discórdia, disputa.

Waite (1911): tem o semblante de quem está numa jornada, armado com uma vara curta e, apesar de usar armadura, não está numa missão de guerra. Está passando por montes ou pirâmides. A posição do cavalo revela o caráter do seu cavaleiro e sugere um espírito precipitado ou coisas conectadas com essa ideia. *Significados divinatórios*: partida, ausência, fuga, emigração. Um jovem moreno, amigável. Mudança de residência; (I) ruptura, divisão, interrupção, discórdia.

Crowley/GD: Senhor das Chamas e dos Relâmpagos. Rei dos Espíritos de Fogo. Ativo, ligeiro, impetuoso, ousado, aventureiro, revolucionário, imprevisível, orgulhoso, generoso, confiante, feroz, competitivo, fanático, brutal, cruel. Os traços apresentados dependem da dignidade da carta.

Astrologia: Fogo de Fogo.

Funções junguianas: Intuição (Fogo) em dose dupla.

Decanatos/tempo: 20 de Escorpião – 20 de Sagitário. Tropical, 12 de novembro – 12 de dezembro. Sideral, 06 de dezembro – 04 de janeiro.

Trunfos associados: a Morte e a Temperança.

Cartas numéricas associadas: Sete de Copas, Oito e Nove de Paus.

Palavras-chave (+): aventureiro, extrovertido, dinâmico, corajoso, ativo, orgulhoso, generoso, confiante, popular, *sexy*, fervoroso, carismático, imprevisível, charmoso, eloquente, gosta de desafios, cheio de surpresas; partida, viagem longa, voo, movimento, ação, excitação sexual, inspiração, amor pela aventura, entrar em férias, apimentar a vida, exploração, separação, reposicionamento, emigração, transição, uma mudança de emprego ou residência, decolagem.

Palavras-chave (–): volátil, insensível, não confiável, cruel, intolerante, imprudente e imprevisível, irresponsável, preso numa rotina; discórdia, alienação, perturbação, abandono, riscos desnecessários, evitar compromissos, separação num relacionamento.

O Cavaleiro de Paus na posição normal

Os Cavaleiros correspondem ao elemento Fogo, que sugere ação, empreendimentos, movimento, novidades e excitação entrando na sua vida. Quando na posição normal, o Cavaleiro de Paus lhe manda se preparar para uma aventura e apimenta a sua vida. A mudança está no ar. Este cavaleiro adora viajar. De pronto se levanta para se deslocar para um local novo, de modo que uma mudança de emprego ou residência é possível. O Cavaleiro de Paus é cheio de surpresas e você pode esperar o inesperado. O ator de Hollywood James Dean pode ser considerado um protótipo deste intenso cavaleiro de Fogo.

O Cavaleiro de Paus invertido

Quando invertido, o Cavaleiro de Paus admoesta contra dificuldades em viagens e desarmonia em relacionamentos. Sua imprevisibilidade pode pegar você desprevenido. Ele pode mudar de ideia de repente e partir sem aviso para alguma aventura não planejada. Permanecer comprometido e responsável num relacionamento não é o forte dele. Este Cavaleiro talvez acenda uma fogueira que depois não conseguirá apagar.

Rainha de Paus: a Carismática Mulher dos Gatos

Etteilla (1791): uma mulher do campo, patroa de uma fazenda, castidade, virtude, honra, gentileza, economia doméstica; (I) serviço, devoção, dever, bondade, uma boa esposa.

Mathers (1888): uma mulher vivendo no campo, patroa da casa, amor pelo dinheiro, avareza, usura; (I) uma mulher boa e virtuosa, mas rigorosa e econômica; obstáculos, resistência, oposição.

Waite (1911): os Paus deste baralho sempre soltam brotos, já que se trata de um naipe de vida e animação. Emocionalmente e sob outros aspectos, a personalidade da Rainha corresponde à do Rei, mas é mais magnética. *Significados divinatórios*: uma mulher morena, mulher do interior, amigável, casta, amável, honrosa. Se a carta ao lado dela significa um homem, ela é bem-disposta para com ele; se for uma mulher, ela tem interesse no consulente. Também amor pelo dinheiro ou um certo sucesso nos negócios; (I) bom, econômico, prestativo, útil. Significa também – mas em posições determinadas e ao lado de outras cartas que tendem a essas direções – oposição, ciúmes, até falsidade e infidelidade.

Crowley/GD: Rainha dos Tronos de Fogo. Calmo, imponente, estável, bondoso, generoso, amigável, adaptável, enérgico, entusiástico, confiante, atraente, orgulhoso, dominante, esnobe, obstinado, insistente, inquietante, vingativo, tirânico. Os traços apresentados dependem da dignidade da carta.

Astrologia: Água de Fogo. A Rainha de Paus dá à luz a primavera no equinócio vernal no hemisfério Norte.

Funções junguianas: sentimento (Água) e intuição (Fogo).

Decanatos/tempo: 20 de Peixes – 20 de Áries. Tropical, 11 de março – 09 de abril. Sideral, 03 de abril – 04 de maio.

Trunfos associados: a Lua e o Imperador.

Cartas numéricas associadas: Dez de Copas, Dois e Três de Paus.

Palavras-chave (+): enérgico, confiante, independente, capaz, grande força de vontade, voltado para a carreira, gregário, vital, *sexy*, fervoroso, sociável, extrovertido, alegre, inspirador, vigoroso, orgulhoso, ambicioso, digno, protetor, no comando, cheio de ideias, cheio de energia e vigor, muito ocupado; um líder, uma figura de autoridade feminina, uma mulher no controle do lar, a pessoa mais simpática e sociável numa festa.

Palavras-chave (–): mandão, insistente, obstinado, egoísta, egocêntrico, ciumento, enganador, intrometido, infiel, centrado em si mesmo, entusiástico demais; um enxerido.

A Rainha de Paus na posição normal

As rainhas são indivíduos maduros e acolhedores (figuras maternas) que são sensíveis ao clima emocional em torno do consulente. Representam figuras maternas, mulheres importantes relacionadas à situação atual e traços de personalidade importantes, necessários para que o consulente navegue pela circunstância em questão. Quando na posição normal, a Rainha de Paus é uma mulher gregária e enérgica que tem uma vontade forte e coloca as coisas em prática. Apesar de ser independente, permanece devotada ao lar e à família. Adora estar em meio a atividades ou, de preferência, no centro dela. Muitas vezes tem muito o que fazer.

A Rainha de Paus invertida

Quando invertida, a Rainha de Paus tende a ser mandona e autoritária. Gosta que as coisas sejam feitas do seu jeito e não tolera muita oposição à sua vontade. Seu orgulho excessivo pode resultar em crueldade e em propensão a rancores. Costuma querer o que quer quando quer e, como resultado, talvez não respeite os limites ou as responsabilidades de um relacionamento comprometido.

Rei de Paus: Líder Viril do Reino

Etteilla (1791): um cavalheiro do campo, patrão de uma fazenda, um agricultor, um homem honesto, integridade, decência; (I) um bom homem, um homem severo, complacente, tolerante.

Mathers (1888): um homem vivendo no campo, um cavalheiro do campo, conhecimento, educação; (I) um homem naturalmente bom, mas severo, aconselhamento, conselho, deliberação.

Waite (1911): a natureza física e emocional atribuída a esta carta é escura, intensa, ágil, animada, exaltada, nobre. O Rei levanta um bastão florido e usa sob a coroa, como seus três outros correspondentes nos outros naipes, aquilo que se chama chapéu de sustentação. É ligado ao símbolo do leão, que está gravado na parte de trás do seu trono. *Significados divinatórios*: um homem moreno, amigável, homem do campo, muitas vezes casado, honesto e consciente. A carta sempre significa honestidade e pode significar notícias que dizem respeito a uma herança inesperada vindo logo; (I) bom, mas severo; austero, mas tolerante.

Crowley/GD: Príncipe da Carruagem de Fogo. Orgulhoso, corajoso, ágil, forte, confiante, nobre, justo, ambicioso, trabalhador, generoso, romântico, impulsivo, bem-humorado, um pregador de peças, um exibido, intolerante, preconceituoso, insensível, cruel, violento, indeciso. (Aleister Crowley se identificava pessoalmente com o Príncipe de Paus.) Os traços apresentados dependem da dignidade da carta.

Astrologia: Ar de Fogo. (Repare no plano de fundo de Ar com um céu azul, nuvens e montanhas distantes. No primeiro plano, o deserto quente e seco é o cenário do trono com a cabeça do leão. A salamandra aos pés do Rei é associada na mitologia com o Fogo; a "salamandra de fogo" da Europa Central tem rajas douradas-amarelas, que lembram Fogo, nas costas.)

Funções junguianas: pensamento (Ar) e intuição (Fogo).

Decanatos/tempo: 20 de Câncer – 20 de Leão. Tropical, 12 de julho – 12 de agosto. Sideral, 06 de setembro – 07 de outubro.

Trunfos associados: o Carro e o Sol.

Cartas numéricas associadas: Quatro de Copas, Cinco e Seis de Paus.

Palavras-chave (+): carismático, aventureiro, viril, empreendedor, criativo, assertivo, de vontade forte, dominante, forte, enérgico, orgulhoso, digno, fervoroso, inspirador, *sexy*, confiante, centrado em si mesmo, responsável, inspirador, gosta de desafios, ambicioso, no comando; liderança, capacidade executiva, o rei da selva, o chefe.

Palavras-chave (–): impetuoso, fanático, mandão, autoritário, ortodoxo, patriarcal, egoísta, arrogante, severo, intolerante, impaciente, inflexível, cruel, agressivo, opressor, dominador.

O Rei de Paus na posição normal

Os reis são indivíduos maduros e realizados que estão no comando dos assuntos relacionados a seu naipe e seu elemento. Representam figuras paternas, homens importantes na vida do consulente e traços de personalidade importantes para que o consulente navegue pela situação. Quando na posição normal, o Rei de Paus em geral representa uma pessoa de autoridade que desempenha um papel de liderança e tem excelente habilidade de gerenciamento. Pode ser uma pessoa poderosa com interesse em empreendimentos e abundância de entusiasmo. Com a sua liderança cuidadosa e personalidade ardente, é bom para orientar os trabalhos de outras pessoas.

O Rei de Paus invertido

Quando invertido, o Rei de Paus pode parecer um tanto dominador e egoísta. Seu orgulho e sua arrogância excessivos muitas vezes fazem com que as pessoas percam o interesse. Suas opiniões severas e intolerantes podem causar dificuldades para aqueles que tem algum relacionamento com ele. Os tipos religiosos do Rei de Paus invertido gostam das palavras de Efésios 5:22: "Esposas, cada uma de vós respeitai o vosso marido, porquanto sois submissas ao Senhor" (Bíblia King James Atualizada).

O naipe de Copas

Valete de Copas: um Ajudante Sensível

Etteilla (1791): um jovem loiro, uma criança estudiosa, estudo, aplicação, trabalho, emprego; (I) amizade, afeição, saudade, desejo, sedução.

Mathers (1888): um jovem justo, confiança, probidade, discrição, integridade; (I) um adulador, enganação, dissimulação.

Waite (1911): um valete justo, agradável e um pouco efeminado, de aspecto estudioso e empenhado, contempla um peixe que sai de um cálice para olhá-lo. São as imagens da mente tomando forma. *Significados divinatórios*: um homem jovem e justo, que é compelido a servir e com quem o consulente se relacionará; um jovem estudioso; notícias, mensagem; aplicação, reflexão, meditação; também essas coisas, mas relacionadas com negócios; (I) preferência, tendência, apego, sedução, enganação, dissimulação.

Crowley/GD: Princesa das Águas, Lótus do Palácio das Inundações. Gentil, doce, amável, gracioso, prestativo, imaginativo, sonhador, voluptuoso, indolente, egoísta, dependente. Os traços apresentados dependem da dignidade da carta.

Astrologia: Terra de Água. Os Valetes (Princesas) não têm atribuição zodiacal, mas representam quatro tipos elementais de pessoas.

Funções junguianas: sensação (Terra) e sentimento (Água).

Decanatos/tempo: a astrologia associa o elemento Água com o verão.

Palavras-chave (+): amável, afetuoso, gentil, atencioso, estudioso, ponderado, acolhedor, prestativo, introspectivo, sensível, imaginativo, fantasioso, criativo, artístico, místico, gosta de animais; um novo nascimento, renovação emocional, meditação, reflexão, estudo, aplicação, trabalho, um ajudante, notícias de uma gravidez, uma mensagem de amor, uma situação que parece um sonho, o começo de um relacionamento romântico, uma oportunidade para cuidar de outras pessoas.

Palavras-chave (–): não realista, imaturo, carente, infantil, que vive num mundo de fantasia, mimado, infeliz, preguiçoso, ocioso, escapista, pegajoso, dependente demais, que tem medo da dependência, enganador, sedutor, astuto, ardiloso, que evita responsabilidades de adulto, colocar as suas necessidades à frente das dos outros.

O Valete de Copas na posição normal

Os valetes representam crianças ou pessoas jovens, novas experiências de aprendizado, os estágios iniciais das situações e mensagens a caminho do consulente. Quando na posição normal, o Valete de Copas em geral indica o recebimento de notícias felizes ou de uma mensagem ligada ao amor ou ao romance. Às vezes anuncia uma gravidez ou o nascimento de uma criança, o que trará a oportunidade de cuidar de outra pessoa. Este Valete também pode marcar o início de um período de imaginação criativa e de produtividade artística. O Valete de Copas costuma ser prestativo e atencioso.

O Valete de Copas invertido

Quando invertido, o Valete de Copas tende a passar seu tempo em fantasias improdutivas, como se estivesse vivendo num sonho. Desperdiçando seus talentos, pode dar a impressão de ser imaturo, preguiçoso ou ocioso. Costuma depender muito do cuidado dos outros e não é digno de confiança para honrar seus compromissos. Às vezes este Valete invertido evidencia que a pessoa em questão tem medo da sua própria necessidade de dependência e reluta em assumir responsabilidades de adulto que envolvam cuidar dos outros. Tendências ao escapismo, talvez por meio de drogas ou álcool, podem vir a ser um problema. É fácil, no entanto, ser seduzido pelo charme deste Valete.

Cavaleiro de Copas: uma Chegada Encantadora

Etteilla (1791): chegada, aproximação, entrada, boas-vindas, reconciliação; (I) tapeação, enganação, trapaça, esperteza, ilegalidade. (Observe que o Cavaleiro do naipe receptivo de Copas *chega* enquanto o Cavaleiro do naipe expansivo de Paus *parte*.)

Mathers (1888): chegada, aproximação, avanço; (I) duplicidade, abuso de confiança, fraude, astúcia.

Waite (1911) gracioso, mas não guerreiro; cavalgando em silêncio, usando um elmo alado, que se refere às graças mais elevadas da imaginação que às vezes caracterizam esta carta. Ele também é um sonhador, mas as imagens do lado da razão atormentam a sua visão. *Significados divinatórios*: chegada, aproximação – às vezes a de um mensageiro; investidas, propostas, conduta, convite, incitação; (I) tapeação, dissimulação, sutileza, tramoia, duplicidade, fraude.

Crowley/GD: Senhor das Ondas e das Águas, Rei das Hordas do Mar. Amável, gracioso, rápido para responder, sensível, inocente, passivo, ocioso, que não é digno de confiança, mentiroso, de pouca resistência. Os traços apresentados dependem da dignidade da carta.

Astrologia: Fogo de Água.

Funções junguianas: intuição (Fogo) e sentimento (Água).

Decanatos/tempo: 20 de Aquário – 20 de Peixes. Tropical, 09 de fevereiro – 10 de março; sideral, 04 de março – 03 de abril.

Trunfos associados: a Estrela e a Lua.

Cartas numéricas associadas: Sete de Espadas, Oito e Nove de Copas.

Palavras-chave (+): calmo, gracioso, atraente, romântico, imaginativo, fantasioso, amável, charmoso, sedutor, emocionalmente disposto, meloso; idealismo, sensibilidade, artes, criatividade, idealismo, apaixonar-se, uma proposta, um convite, caso amoroso, uma aproximação, uma chegada; um amante, artista, visionário, palpitações do coração, músico, poeta, sonhador.

Palavras-chave (–): escapismo, ilusão, enganação, passividade, hedonismo, falta de espírito prático, fraude, trapaça, dissimulação, sedução, superficialidade, tédio, desonestidade, pessoa indigna de confiança, quebra de confidencialidade, drogas que expandem a mente; um vigarista, um Don Juan; um aproveitador que faz sexo sem compromisso.

O Cavaleiro de Copas na posição normal

Os Cavaleiros correspondem ao elemento Fogo, que sugere ação, empreendimento, movimento, novidades e excitação entrando na sua vida. Quando na posição normal, o Cavaleiro de Copas vem com a promessa de amor, romance e realização emocional. Ele é o Príncipe Encantado dos contos de fada, que vem para ajudar você a explorar os seus sentimentos. Este Cavaleiro visionário pode lhe mostrar como seguir a sua ventura e tornar os seus sonhos realidade. Ele também pode fornecer a inspiração para animar a sua criatividade.

O Cavaleiro de Copas invertido

Quando invertido, o sedutor Cavaleiro de Copas lança seu feitiço de modo tão convincente que você não percebe que está vivendo numa ilusão. Você talvez pense que ele de fato se importa com você, mas na verdade está usando seu charme para os próprios objetivos, sem dar a mínima para o modo como isso afetará você no longo prazo. O Cavaleiro de Copas invertido é o Don Juan arquetípico da literatura clássica. Ele o ludibriará ou seduzirá para obter prazeres momentâneos. Não espere um relacionamento comprometido. A prevenção é a melhor arma.

Rainha de Copas: Inteligência Emocional

Etteilla (1791): uma mulher loira, honestidade, virtude, sabedoria, uma mulher acima de qualquer suspeita; (I) uma mulher de cargo elevado, escândalo, corrupção, desonestidade, uma mulher dissoluta.

Mathers (1888): uma mulher justa, sucesso, felicidade, vantagem, prazer; (I) uma mulher numa boa posição, mas intrometida e indigna de confiança; sucesso, mas acompanhado de problemas.

Waite (1911): bela, justa, sonhadora – como alguém que vê visões num cálice. Esse é, no entanto, apenas um de seus aspectos; ela vê, mas também age, e a sua atividade alimenta o seu sonho. *Significados divinatórios*: uma mulher boa e justa; uma mulher honesta e devotada que prestará algum serviço ao consulente; inteligência amorosa e, portanto, o dom da visão; sucesso, felicidade, prazer; também sabedoria, virtude; uma esposa perfeita e boa mãe; (I) mulher boa; ou uma mulher distinta mas indigna de confiança; uma mulher perversa, uma mulher de caráter ambíguo; vício, desonra, depravação.

Crowley/GD: Rainha dos Tronos das Águas. Sonhadora, receptiva, tranquila, reflexiva, imaginativa, gentil, poética, calma, atraente, tende à fantasia. Os traços apresentados dependem da dignidade da carta.

Astrologia: Água de Água. A Rainha de Copas dá à luz o verão no solstício de junho no hemisfério Norte.

Funções junguianas: sentimento (Água) em dose dupla.

Decanatos/tempo: 20 de Gêmeos – 20 de Câncer. Tropical 11 de junho – 12 de julho; sideral, 06 de julho – 06 de agosto.

Trunfos associados: os Enamorados e o Carro.

Cartas numéricas associadas: Dez de Espadas, Dois e Três de Copas.

Palavras-chave (+): sonhador, compassivo, sensível, paciente, empático, intuitivo, imaginativo, sobrenatural, criativo, receptivo, maternal, acolhedor, devotado, honesto, virtuoso, sábio, afetivo, encantador, amoroso, romântico, emocionalmente inteligente, místico, do outro mundo, afinado espiritualmente; uma mulher acima de qualquer suspeita.

Palavras-chave (–): infeliz, inseguro, instável, inconstante, emotivo demais, carente, inquietante, passivo, dependente, intrometido, sentimental, vaidoso, sedutor, infiel, desonesto, indigno de confiança, dissoluto, não realista, que não tem limites pessoais, não confiável, que tende à fantasia; uma personalidade bipolar.

A Rainha de Copas na posição normal

As Rainhas são indivíduos maduros e acolhedores (figuras maternas) que são sensíveis ao clima emocional em torno do consulente. Representam mulheres importantes relacionadas à situação atual ou traços de personalidade importantes, necessários para que o consulente navegue pela circunstância em questão. Quando na posição normal, a Rainha de Copas é uma mulher sensível e acolhedora que desempenha um papel importante na vida do consulente. Ela é capaz de entrar em sintonia com o estado sentimental daqueles em torno dela e de usar sua inteligência emocional para conciliar diferenças.

A Rainha de Copas invertida

Quando invertida, a Rainha de Copas tende a ser sensível em demasia e insegura emocionalmente. Muitas vezes ela não sabe estabelecer limites ao redor de si e se afunda em emoções negativas. Por causa da sua instabilidade emocional, ela não é cem por cento fidedigna ou confiável. Às vezes ela recorre a drogas ou álcool para acalmar suas tempestades emocionais.

Rei de Copas: um Profissional Justo e Amigável

Etteilla (1791): um homem loiro, justiça, probidade, arte, ciência; (I) um cavalheiro de posição elevada, corrupção, desonestidade, extorsão, escândalo, um ladrão.

Mathers (1888): um homem justo, bondade, gentileza, liberalidade, generosidade; (I) um homem de boa posição, mas enganador em seus negócios, desconfiança, dúvida, suspeita.

Waite (1911): ele segura um cetro curto na mão esquerda e um grande cálice na direita; seu trono se localiza sobre o mar; de um lado salta um golfinho. É implícito que o símbolo das Copas se refere naturalmente à água, que aparece em todas as cartas da corte. *Significados divinatórios*: um homem justo, um homem de negócios, lei ou divindade; responsável, disposto a ajudar o consulente; também equidade, arte e ciência, incluindo aqueles que têm a ciência, a lei ou a arte como profissão; inteligência criativa; (I) um homem desonesto, enganador; malandragem, cobrança, injustiça, vício, escândalo, pilhagem, uma perda considerável.

Crowley/GD: Príncipe da Carruagem das Águas. Sutil, artístico, engenhoso, calculista, sigiloso, calmo, inabalável, intensamente fervoroso, ambicioso, poderoso, forte, violento, implacável, impiedoso, sem consciência. Os traços apresentados dependem da dignidade da carta.

Astrologia: Ar de Água. (Repare no peixe, no cenário aquático e na presença das ondas do oceano e de uma concha no trono.)

Funções junguianas: pensamento (Ar) e sentimento (Água).

Decanatos/tempo: 20 de Libra –20 de Escorpião. Tropical, 13 de outubro – 12 de novembro. Sideral, 06 de novembro – 06 de dezembro.

Trunfos associados: a Justiça e a Morte.

Cartas numéricas associadas: Quatro de Espadas, Cinco e Seis de Copas.

Palavras-chave (+): gentil, direito, calmo, liberal, atencioso, amável, leal, generoso, tolerante, justo, educado, responsável, sincero, respeitado, culto, profissional, autorreflexivo, imaginativo, artístico, espiritual, acolhedor, voltado para a família, se preocupa com o bem-estar dos outros; um cavalheiro de posição elevada, um curandeiro, um bom conselheiro.

Palavras-chave (–): astuto, desconfiado, conspirador, manipulador, não confiável, confuso, enganador, ameaçador, intolerante, sem princípios, com conflitos emocionais, descomprometido, desonesto, injusto, impiedoso, fraudulento, indigno de confiança, covarde, sensível demais, escapista, que abusa de substâncias, envolvido em escândalos; dá maus conselhos; um ladrão.

O Rei de Copas na posição normal

Os reis são indivíduos maduros e realizados que estão no comando dos assuntos relacionados a seu naipe e seu elemento. Eles representam figuras paternas, homens importantes na vida do consulente e traços de personalidade importantes para que o consulente navegue pela situação. Quando na posição normal, o Rei de Copas é um homem sensível, emocionalmente equilibrado e realizado que dá bons conselhos que podem ser de grande ajuda. Ele é muitas vezes bastante culto e pode aparecer na forma de um médico, terapeuta, orientador, clérigo ou outro profissional prestativo que atende às necessidades do consulente. Alguns autores sentem que o Rei de Copas (Ar de Água) aparenta ser calmo e desapegado emocionalmente, pois tenta dar preferência ao intelecto, mantendo seus sentimentos ocultos.

O Rei de Copas invertido

Quando invertido, o Rei de Copas tem dificuldade para manter seu equilíbrio emocional. Tende a sonhar acordado, ao escapismo ou ao abuso de drogas e álcool. Seus relacionamentos pessoais são caracterizados por manipulação, desonestidade, abuso e falta de comprometimento genuíno. Não se pode confiar nos seus conselhos.

O naipe de Espadas

Valete de Espadas: Observador Atento, Espião Inteligente

Etteilla (1791): um espião, observador atento, que busca curiosidades, artista; um comentário, dedução, especulação, observação; (I) algo súbito, imprevisto, surpreendente ou não antecipado; falta de prudência.

Mathers (1888): um espião, supervisão, autoridade; (I) aquilo que é imprevisto, vigilância, apoio.

Waite (1911): um personagem esbelto e ativo segura uma espada para cima com as duas mãos enquanto anda com agilidade. Passa por um terreno acidentado, e as nuvens se distribuem de maneira desorganizada ao seu redor. Alerta e ágil, ele olha para os lados como se esperasse que um inimigo aparecesse a qualquer momento. *Significados divinatórios*: autoridade, supervisão, serviço secreto, vigilância, espionagem, exame e as qualidades que pertencem a essas palavras; (I) o lado pior dessas qualidades; aquilo que é imprevisto, estado de despreparo; a carta também sugere doença.

Crowley/GD: Princesa dos Ventos Velozes. Lótus do Palácio do Ar. Destreza, inteligente, forte, agressivo, firme, sutil, astuto, fútil, vingativo, destrutivo. Os traços apresentados dependem da dignidade da carta.

Astrologia: Terra de Ar. Os Valetes (Princesas) não têm atribuição zodiacal, mas representam quatro tipos "elementais" de pessoas.

Funções junguianas: sensação (Terra) e pensamento (Ar).

Decanatos/tempo: a astrologia associa o elemento Ar com o outono.

Palavras-chave (+): inteligente, alerta, ágil, curioso, perceptivo, vigilante, sigiloso, sutil, bom com palavras, discreto, observador, independente, bom para guardar segredos, analítico, estratégico, de pensamento rápido, resoluto, junta os pontos com facilidade; notícias inesperadas ou surpreendentes, um comentário ou uma opinião, um espião, um observador atento, clareza, serviço secreto, planejamento mental.

Palavras-chave (–): desonesto, furtivo, astuto, fútil, sigiloso, desconfiado, desapegado, imprevisível, destrutivo, paranoico, vingativo; espionagem, dificuldades imprevistas, despreparo, cortar, doença, conflito, ofensa, palavras afiadas, uma comunicação dolorosa, notícias indesejadas, truques desonestos por trás do pano.

O Valete de Espadas na posição normal

Os valetes representam crianças ou pessoas jovens, novas experiências de aprendizado, os estágios iniciais das situações e mensagens a caminho do consulente. Quando na posição normal, o Valete de Espadas é um jovem perceptivo que junta os pontos com rapidez para gerar teorias sobre o que está acontecendo. A sua capacidade de planejar mentalmente e de ir direto ao ponto o torna especialmente apto a qualquer tipo de trabalho que envolva sigilo, discernimento e planejamento mental atento. Ele seria um oponente formidável num jogo de xadrez. Este valete valoriza a sua capacidade de pensar com independência, mas às vezes as suas palavras afiadas ou o jeito abrupto de se comunicar machucam aqueles ao seu redor. Às vezes esta carta aparece quando a pessoa está lidando com notícias indesejadas ou mensagens perturbadoras.

O Valete de Espadas invertido

Quando invertido, o Valete de Espadas usa a sua mente afiada de maneira desonesta. Pode ser furtivo e astuto e, às vezes, paranoico e vingativo no seu comportamento. Em geral está envolvido em algum tipo de operação por trás do pano que pode fazer mal ao consulente. Como o naipe de Espadas é um naipe de cortes e conflitos, esta carta virada pode ser um alerta de cirurgia ou doença.

Etteilla (1791): militar, soldado, guerreiro, combatente, inimigo, raiva, disputa, ruína; (I) estupidez, ignorância, incompetência, vigarista, engenhosidade.

Mathers (1888): um soldado, um homem de armas, habilidade, capacidade, trato formal, prontidão.

Waite (1911): ele cavalga a toda velocidade, como se estivesse afugentando seus inimigos. Na figura, é mesmo um herói prototípico do cavalheirismo romântico. Pode ser quase Galaaz, cuja espada era veloz e segura porque seu coração era limpo. *Significados divinatórios*: um herói do cavalheirismo romântico dispersando seus inimigos, habilidade, coragem, capacidade, defesa, trato formal, inimizade, fúria, guerra, destruição, oposição, resistência, ruína. Há, portanto, um sentido em que a carta significa morte, mas ela só leva esse significado se estiver na proximidade de outras cartas de fatalidade; (I) imprudência, incapacidade, extravagância.

Cavaleiro de Espadas: um Guerreiro Afugentando seus Inimigos

Crowley/GD: Senhor do Vento e das Brisas. Rei dos Espíritos de Ar. Rápido para agir, habilidoso, inteligente, sutil, engenhoso, forte, corajoso, dominador, tirânico, enganador, indeciso. Os traços apresentados dependem da dignidade da carta.

Astrologia: Fogo de Ar.

Funções junguianas: intuição (Fogo) e pensamento (Ar).

Decanatos/tempo: 20 de Touro – 20 de Gêmeos. Tropical, 11 de maio – 10 de junho. Sideral, 04 de junho – 06 de julho.

Trunfos associados: o Hierofante e os Enamorados.

Cartas numéricas associadas: Sete de Ouros, Oito e Nove de Espadas.

Palavras-chave (+): assertivo, corajoso, veloz, viril, enérgico, ávido, corajoso, decisivo, correto, formidável, engenhoso, alerta, estratégico, bom com as palavras, analítico, perspicaz, habilidoso; ação rápida, debate, estratégia, clareza mental, um intelecto afiado, pressa para terminar as coisas, fazer mudanças drásticas, defender os seus direitos, investida na batalha, cortar fora aquilo que não tem mais propósito, adotar uma nova perspectiva.

Palavras-chave (–): insistente, apressado, impaciente, machão, combativo, incitador, obstinado, indelicado, impulsivo, provocador, dominador, guerreiro, violento, furioso, destrutivo, gosta de discutir, legalista, antagônico, imprudente, sórdido, insensível, egoísta; conflito, discórdia, combate, disputa, impaciência, provocação, incitação, pressa tola, não levar em conta as consequências, palavras duras, sarcasmo, doença, cirurgia, a chegada da má sorte, morte (com outras cartas de fatalidade).

O Cavaleiro de Espadas na posição normal

Os Cavaleiros correspondem ao elemento Fogo, que sugere ação, empreendimento, movimento, novidades e desafios entrando na sua vida. Quando na posição normal, o Cavaleiro de Espadas o incita a agir de forma decisiva para defender os seus direitos e proteger aquilo que tem valor para você. Este cavaleiro inteligente e assertivo é um bom aliado e um oponente formidável. Como o protagonista de *Henrique V* (1598), de Shakespeare, o Cavaleiro de Espadas nos convoca com as palavras: "À brecha novamente, meus amigos, mais uma vez". Ele prontamente sintetiza informações dispersas e é capaz de ir direto ao ponto em qualquer situação. A sua chegada às vezes é acompanhada pelo fim da má sorte. De diversas maneiras, o Cavaleiro de Espadas lembra Sir Galaaz do poema de 1834 de Alfred Lord Tennyson, com o mesmo nome:

> Minha boa lâmina corta a pele dos homens,
> Minha firme lança golpeia segura,
> A minha força é como a força de dez,
> Porque meu coração é puro.

O Cavaleiro de Espadas invertido

Quando invertido, o Cavaleiro de Espadas costuma ser impaciente, insensível e assertivo demais. Tem pressa para terminar as coisas e pode considerar apenas as próprias necessidades em detrimento das dos outros ao seu redor. O Cavaleiro de Espadas invertido é uma carta de conflito e disputas. Sua chegada às vezes anuncia um período de má sorte. Este cavaleiro muitas vezes aparece quando há preocupação sobre uma doença, cirurgia ou sobre a possível morte de alguém com que o consulente tem laços.

Rainha de Espadas: uma Mulher que Conhece a Tristeza

Etteilla (1791): viuvez, esterilidade, privação, pobreza; (I) uma mulher cruel, malícia, fanatismo, dissimulação, hipocrisia.

Mathers (1888): viuvez, perda, privação, ausência, separação; (I) uma mulher má, mal-humorada e intolerante, riquezas e discórdia, abundância combinada com preocupações, alegria com sofrimento.

Waite (1911): Sua mão direita levanta a arma na vertical, a mão esquerda está estendida, o braço levantado; seu semblante é severo, mas humilde; sugere que ela tem familiaridade com a tristeza. Não evidencia misericórdia e, apesar da espada, ela não é um símbolo de poder. *Significados divinatórios*: uma mulher que tem familiaridade com a tristeza, viuvez, tristeza feminina e constrangimento, ausência, esterilidade, luto, privação, separação; (I) malícia, fanatismo, dissimulação, puritanismo em excesso, desgraça, falsidade.

Crowley/GD: Rainha dos Tronos do Ar. Perceptivo, observante, sutil, confiante, dissimulado, gracioso, enganador, cruel, não confiável. Os traços apresentados dependem da dignidade da carta.

Astrologia: Água de Ar. A Rainha de Espadas dá à luz o outono no equinócio de setembro no hemisfério Norte.

Funções junguianas: sentimento (Água) e pensamento (Ar).

Decanatos/tempo: 20 de Virgem – 20 de Libra. Tropical, 12 de setembro – 12 de outubro. Sideral, 07 de outubro – 06 de novembro.

Trunfos associados: o Eremita e a Justiça.

Cartas numéricas associadas: Dez de Ouros, Dois e Três de Espadas.

Palavras-chave (+): perceptivo, ponderado, maduro, familiarizado com a tristeza, introspectivo, autoconfiante, independente, observador, sutil, esperto, analítico, inteligente, justo, crítico, racional, zeloso, estoico, no controle das emoções; pesando uma decisão, preocupado com um resultado, considerando opções, lidar com a perda ou o abandono, lidar com o sofrimento; uma mulher forte que conheceu a perda e a privação.

Palavras-chave (–): triste, amargurado, apreensivo, preocupado, de luto, isolado, abandonado, desapegado, mal-humorado, vingativo, cruel, frio, preconceituoso, hipócrita, sem emoções, incapaz de ter filhos; perda, sofrimento, preocupação, luto, ausência, separação, divórcio, privação, frieza emocional, infertilidade, esterilidade, aborto, viuvez, uma morte na família, malícia, fanatismo, intolerância, enganação, indigno de confiança.

A Rainha de Espadas na posição normal

As Rainhas são indivíduos maduros e acolhedores (figuras maternas) que são sensíveis ao clima emocional em torno do consulente. Representam mulheres importantes relacionadas à situação atual ou a traços de personalidade importantes, necessários para que o consulente navegue pela circunstância em questão. Quando na posição normal, a Rainha de Espadas indica a necessidade de se manter alerta enquanto você passa por um período em que está prevendo uma perda ou privação ou sofrendo de fato. Esta rainha conheceu a tristeza, mas amadureceu e passou a confiar mais em si mesma como resultado das privações.

A Rainha de Espadas invertida

Quando invertida, a Rainha de Espadas sugere que você talvez não esteja lidando bem com a perda de algo importante na sua vida. Pode estar se sentindo muito triste ou amargurado por causa do que sofreu. É importante evitar se tornar mal-humorado ou vingativo por causa da sua perda ou das suas privações.

Rei de Espadas: uma Figura de Autoridade Senta-se para Julgar

Etteilla (1791): Um homem da lei, um juiz, advogado, defensor, médico, homem de negócios; (I) um homem mau, inumano, cruel, perverso.

Mathers (1888): Um advogado, um homem da lei, poder, comando, superioridade, autoridade; (I) um homem mau, desgosto, preocupação, sofrimento, medo, perturbação.

Waite (1911): ele se senta para julgar, segurando o símbolo do seu naipe desembainhado. Ele lembra, é claro, o símbolo convencional da justiça dos trunfos maiores e pode representar essa virtude, mas é mais propriamente o poder da vida e da morte, em virtude do seu cargo. *Significados divinatórios*: um homem que julga com poder sobre a vida e a morte; tudo o que é ligado à ideia de julgamento e todas as suas associações – poder, comando, autoridade, inteligência militar, lei, funcionários da coroa e coisas do tipo; (I) crueldade, perversão, barbárie, perfídia, más intenções.

Crowley/GD: Príncipe da Carruagem dos Ventos. Inteligente, intelectual, racional, cheio de ideias, conspirador, não confiável, rude, obstinado, cauteloso demais. Os traços apresentados dependem da dignidade da carta.

Astrologia: Ar de Ar. (Repare nas nuvens, nos picos elevados, no céu azul e na presença de borboletas no trono.)

Funções junguianas: pensamento (Ar) em dose dupla.

Decanatos/tempo: 20 de Capricórnio – 20 de Aquário. Tropical, 1º de janeiro – 09 de fevereiro. Sideral, 03 de fevereiro – 04 de março.

Trunfos associados: o Diabo e a Estrela.

Cartas numéricas associadas: Quatro de Ouros, Cinco e Seis de Espadas.

Palavras-chave (+): assertivo, poderoso, no comando, decisivo, direto, que tem autoridade, justo, inteligente, racional, criterioso, confiante, firme, que tem os pés no chão, que olha para os fatos, que pensa com clareza, vai direto ao ponto; clareza de comunicação, cérebro acima do coração, confronto, um profissional liberal, um homem da lei, alguém que julga.

Palavras-chave (–): agressivo, contundente, insistente, rude, frio, preconceituoso, intimidador, obstinado, dominador, cruel, insensível, malvado, diabólico, manipulador, abusivo, bárbaro, mau, perverso.

O Rei de Espadas na posição normal

Os reis são indivíduos maduros e realizados que estão no comando dos assuntos relacionados a seu naipe e seu elemento. Representam homens importantes na vida do consulente e traços de personalidade importantes para que o consulente navegue pela situação. Quando na posição normal, o Rei de Espadas representa uma pessoa decidida que usa o seu intelecto afiado para alcançar o sucesso. Este rei poderia ser médico, cirurgião, advogado, juiz ou um negociador sagaz, por exemplo. Pode ser bastante batalhador na sua busca pela verdade e não tolera a estupidez.

O Rei de Espadas invertido

Quando invertido, o Rei de Espadas usa seu intelecto afiado e a sua habilidade com as palavras de maneira cruel para machucar os outros. Pode até sentir prazer em causar dor, de maneira cruel e abusiva. Agressivo e dominador, ele gosta de confrontar os outros vigorosamente para magoá-los. A sua medida de justiça é "olho por olho, dente por dente."

O naipe de Ouros (Moedas)

Etteilla (1791): um jovem estudioso, estudo, aplicação, trabalho, aprendizado; (I) luxo, abundância, benefício, prodigalidade, liberalidade.

Mathers (1888): um jovem moreno, economia, ordem, normas, gerenciamento; (I) prodigalidade, abundância, desperdício, dispersão.

Waite (1911): um personagem jovem olha atentamente para o pentagrama que flutua sobre as suas mãos. Avança devagar, desatento ao que está ao seu redor. *Significados divinatórios*: aplicação, estudo, erudição, reflexão; outra leitura diz notícias, mensagens e quem as traz; também normas, gerenciamento; (I) prodigalidade, desperdício, liberalidade, luxo; notícias indesejadas.

Crowley/GD: Princesa das Colinas Ecoantes. Rosa do Palácio de Terra. Cuidadoso, diligente, perseverante, generoso, amável, benevolente. Os traços apresentados dependem da dignidade da carta.

Valete de Ouros: um Estudante Aplicado

Astrologia: Terra de Terra. Os Valetes (Princesas) não têm atribuição zodiacal, mas representam quatro tipos "elementais" de pessoas.

Funções junguianas: sensação (Terra) em dose dupla.

Decanatos/tempo: a Astrologia associa o elemento Terra com o inverno.

Palavras-chave (+): estudioso, cuidadoso, diligente, consciente, erudito, perseverante, meticuloso, prático, confiável, que trabalha duro, ordeiro, frugal, econômico, atento aos detalhes; aplicação e esforço, trabalho duro, estudo, erudição, bom gerenciamento, aprendizado, amor pelo aprendizado, uma melhora nas finanças, cuidados com o corpo, boa forma física, boa saúde, progresso contínuo, destreza atlética, assuntos de sobrevivência, ajuda financeira, cuidar do meio ambiente, um novo curso de estudos, sucesso numa prova.

Palavras-chave (–): esbanjador, pródigo, descuidado, mesquinho, mimado, ocioso, preguiçoso, enfadonho, lento, doente, chato, tacanho, fora de forma; perda, dispersão, desperdício, indulgente em excesso, poluição, prodigalidade, mau gerenciamento, más notícias, fracasso acadêmico, falta de exercício, saúde ruim; trabalhar demais.

O Valete de Ouros na posição normal

Os valetes representam crianças ou pessoas jovens, novas experiências de aprendizado, os estágios iniciais das situações e mensagens a caminho do consulente. Quando na posição normal, o Valete de Ouros indica cuidado apropriado com o corpo e respeito pelo meio ambiente. Ele é um bom estudante que trabalha duro e de maneira sistemática para aperfeiçoar as suas capacidades e alcançar os seus objetivos. Este Valete erudito e diligente muitas vezes traz notícias relacionadas a emprego, provas ou assuntos financeiros.

O Valete de Ouros invertido

Quando invertido, o Valete de Ouros pode trazer notícias decepcionantes sobre uma prova, uma oportunidade de trabalho ou outros assuntos financeiros. Em vez de se esforçar o bastante, este Valete invertido tenta administrar as situações trabalhando o menos possível. Muitas vezes isso leva ao fracasso ou à mediocridade. Ele costuma ser relaxado nos cuidados com o corpo e prefere ir ao bar com amigos a se exercitar na academia.

**Cavaleiro de Ouros:
Confiável e Útil**

Etteilla (1791): utilidade, lucro, vantagem; (I) paz, repouso, inatividade, sono, preguiça, desencorajamento.

Mathers (1888): um homem útil, confiável, sabedoria, economia, ordem, normas; (I) um homem corajoso, mas desempregado, ocioso, negligente.

Waite (1911): ele monta um cavalo lento, pesado e resistente, que se parece com ele próprio. Exibe seu símbolo, mas não olha para ele. *Significados divinatórios*: utilidade, praticidade, interesse, responsabilidade, retidão – todos no plano normal e externo; (I) inércia, ócio, repouso desse tipo, estagnação; também placidez, desencorajamento, descuido.

Crowley/GD: Senhor da Terra Extensa e Fértil. Rei dos Espíritos da Terra. Preocupado com coisas materiais, paciente, pesado, lento, enfadonho, não intelectual, instintos fortes. Os traços apresentados dependem da dignidade da carta.

Astrologia: Fogo de Terra.

Funções junguianas: intuição (Fogo) e sensação (Terra).

Decanatos/tempo: 20 de Leão – 20 de Virgem. Tropical, 12 de agosto – 12 de setembro. Sideral, 06 de setembro – 07 de outubro.

Trunfos associados: o Sol e o Eremita.

Cartas numéricas associadas: Sete de Paus, Oito e Nove de Ouros.

Palavras-chave (+): paciente, calmo, responsável, ordeiro, confiável, estável, previsível, útil, que trabalha duro, produtivo, econômico, conservador, minucioso, metódico, disposto ao serviço, ponderado, lucrativo, fundamentado, prático, bem regulado; um trabalhador, um bom fornecedor, um cavalo de carga; uma situação duradoura.

Palavras-chave (–): preguiçoso, ocioso, descuidado, negligente, materialista, teimoso, chato, vagaroso, lento, desanimador, enfadonho, inativo, desempregado, desencorajado, ineficaz, sem motivação, tímido, rígido, inflexível, estagnado, cauteloso demais, obtuso emocionalmente; um neandertal, um preguiçoso irresponsável, um viciado em trabalho.

O Cavaleiro de Ouros na posição normal

Os Cavaleiros correspondem ao elemento Fogo, que sugere ação, empreendimento, animação e novidades entrando na sua vida. Quando na posição normal, o Cavaleiro de Ouros representa um indivíduo paciente e trabalhador que tem como principal objetivo fazer um trabalho bem feito. Seu foco principal é o bem-estar financeiro e material, então às vezes pode parecer emocionalmente indisponível enquanto passa a maior parte do seu tempo trabalhando. Apesar disso, ele é responsável e confiável – um bom fornecedor – e dará ao consulente bastante segurança.

O Cavaleiro de Ouros invertido

Quando invertido, o Cavaleiro de Ouros se arrasta de maneira frouxa e ociosa. Pode ser um tanto preguiçoso e inflexível na maneira de pensar, e é quase certo tratar-se de uma pessoa obtusa emocionalmente. A sua rigidez e sua falta de motivação podem fazê-lo estagnar em vez de continuar em frente no curso de sua vida. Por outro lado, ele pode se focar tanto no trabalho e na segurança material que negligencia seus compromissos emocionais e outros aspectos da sua vida.

Rainha de Ouros: uma Mulher Rica e Prestimosa

Etteilla (1791): uma mulher morena, uma mulher rica, riqueza, luxo, otimismo, confiança, franqueza; (I) dúvida, indecisão, inquietude, incerteza, vacilação.

Mathers (1888): uma mulher morena, uma mulher generosa, liberalidade, grandeza de alma, generosidade; (I) mal certo, uma mulher suspeita; uma mulher que é tratada justamente com suspeitas, dúvida, desconfiança.

Waite (1911): o rosto sugere que ela é uma mulher morena, cujas qualidades podem ser resumidas na ideia da grandeza de alma; ela tem também o semblante sério da inteligência; contempla o seu símbolo e pode ver mundos dentro dele. *Significados divinatórios*: grandeza de alma, um semblante sério de inteligência; opulência, generosidade, magnificência, segurança, liberdade; (I) mal, suspeitas, suspense, medo, desconfiança.

Crowley/GD: Rainha dos Tronos de Terra. Maternal, de bom coração, intuitivo, prático, sensato, engenhoso, luxurioso no silêncio. Os traços apresentados dependem da dignidade da carta.

Astrologia: Água de Terra. A Rainha de Ouros dá à luz o inverno no solstício de dezembro no hemisfério Norte.

Funções junguianas: sentimento (Água) e sensação (Terra).

Decanatos/tempo: 20 de Sagitário – 20 de Capricórnio. Tropical, 13 de dezembro – 10 de janeiro. Sideral, 04 de janeiro – 03 de fevereiro.

Trunfos associados: a Temperança e o Diabo.

Cartas numéricas associadas: Dez de Paus, Dois e Três de Ouros.

Palavras-chave (+): de boa natureza, benevolente, generoso, prestativo, caloroso, otimista, confiante, prático, perspicaz, com os pés no chão, paciente, responsável, engenhoso, trabalhador, constante, persistente, fértil (simbolizado pelo coelho), gosta de conforto físico, doméstico, gravidez; luxo, abundância material, hospitalidade, segurança, riqueza, tino para os negócios, habilidade de gerenciamento, amor pela natureza, deleite no sexo, as coisas boas da vida, uma mulher rica.

Palavras-chave (–): fleumático, preguiçoso, materialista, ganancioso, extravagante, hedonista, luxurioso, suspeito, indeciso, medroso, inseguro, desconfiado, que se preocupa com *status* e riqueza; consumismo, irresponsabilidade, negligenciar o corpo, problemas de saúde.

A Rainha de Ouros na posição normal

As rainhas são indivíduos maduros e acolhedores (figuras maternas) que são sensíveis ao clima emocional em torno do consulente. Representam mulheres importantes relacionadas à situação atual e a traços de personalidade importantes, necessários para que o consulente navegue pela circunstância em questão. Quando na posição normal, a Rainha de Ouros é habilidosa em cuidar das necessidades materiais. Pode estar lembrando você de se exercitar o bastante, de não perder a consulta com o médico ou de cuidar bem das suas finanças. Os nossos recursos naturais são um dom que nos foi confiado. Esta rainha é particularmente fértil e pode estar grávida de uma criança ou ter ideias criativas sobre um novo empreendimento. Ela acorrerá em sua ajuda quando você estiver com necessidades financeiras.

A Rainha de Ouros invertida

Quando invertida, a Rainha de Ouros o adverte para que cuide bem do seu corpo e do seu bem-estar material. Pode ser que você não esteja se exercitando o bastante ou não tenha feito um bom planejamento para alcançar a segurança financeira. Você está tão focado em prazeres hedonistas que negligencia preparações para tempos de dificuldade? Não deixe que a ganância e a suspeita interfiram no seu progresso na vida.

Rei de Ouros: Administrador de Recursos Materiais

Etteilla (1791): um cavalheiro moreno, um homem de negócios, um especulador do mercado de ações. Negociador, professor, cientista, matemático; (I) defeituoso, fraco, deformado, perverso, corrupto.

Mathers (1888): um homem moreno, vitória, bravura, coragem, sucesso; (I) um homem velho e maldoso, um homem perigoso, dúvida, medo, risco, perigo.

Waite (1911): a figura não necessita de uma descrição especial. O rosto é um tanto escuro, o que sugere também coragem, mas tem uma tendência um tanto letárgica. Devemos reparar na cabeça do boi como um símbolo recorrente no trono. O sinal deste naipe é representado gravado com o pentagrama, caracterizando a correspondência com os quatro elementos na natureza humana e aquilo que pode controlá-los. Em muitos baralhos de tarô antigos, este naipe representava a moeda, dinheiro, dinares. Mas as cartas não tratam apenas de questões financeiras. *Significados divinatórios*: valor, perceber a inteligência, aptidão intelectual e para os negócios, às vezes dons matemáticos e conquistas desse tipo; sucesso nesses caminhos; (I) vício, fraqueza, feiura, perversidade, corrupção, perigo.

Crowley/GD: Príncipe da Carruagem de Terra. Um bom gerente, competente, ponderado, prático, produtivo, enérgico, perseverante, constante, confiável. Os traços apresentados dependem da dignidade da carta.

Astrologia: Ar de Terra. (Repare na cena terrestre, o jardim e a presença do Touro no trono.)

Funções junguianas: pensamento (Ar) e sensação (Terra).

Decanatos/tempo: 20 de Áries – 20 de Touro. Tropical, 10 de abril – 10 de maio. Sideral, 04 de maio – 04 de junho.

Trunfos associados: o Imperador e o Hierofante.

Cartas numéricas associadas: Quatro de Paus, Cinco e Seis de Ouros.

Palavras-chave (+): cuidadoso, produtivo, constante, confiável, protetor, organizado, construtivo, paciente, capaz, sensato, metódico, estável, responsável, persistente, trabalhador, prudente, tradicional, cioso da própria segurança, que tem bom senso para os negócios, aptidão matemática; administração, praticidade, estabilidade, um bom fornecedor, bom gerenciamento, segurança financeira, resistência, cuidado com o corpo, sucesso em atividades relacionadas ao trabalho.

Palavras-chave (−): imprudente, teimoso, impaciente, ganancioso, viciado em trabalho, invejoso, sexista, insensível, materialista, gastador, oportunista, medroso, desonesto.

O Rei de Ouros na posição normal

Os reis são indivíduos maduros e realizados (figuras paternas) que estão no comando dos assuntos relacionados a seu naipe e seu elemento. Representam homens importantes na vida do consulente e traços de personalidade importantes para que o consulente navegue pela situação. Quando na posição normal, o Rei de Ouros representa uma pessoa produtiva e de autoridade, hábil e dotada de sabedoria prática no mundo material. Pode ter uma aptidão para a ciência e a matemática. Esta carta sugere que você é capaz de assumir o controle da situação e alcançar o sucesso nos negócios, na ciência ou em outro campo estabelecido de empreendimento. O Rei de Ouros na posição normal muitas vezes anuncia uma melhora nas circunstâncias financeiras ou um avanço relacionado à carreira. Este Rei sabe como alcançar um bom *status* e o sucesso no mundo.

O Rei de Ouros invertido

Quando invertida, esta carta pode ser um aviso de riscos financeiros, ganância, inveja, desonestidade, irresponsabilidade ou de agir por conveniência em vez de seguir um curso prudente de ação. O mítico Rei Midas, preocupado em obter ouro, é uma encarnação do Rei de Ouros invertido. O Rei de Ouros invertido é relacionado tematicamente com o Quatro de Ouros.

Conclusões

Mesmo depois que um livro é impresso, o autor nunca sente que o trabalho foi terminado. Sempre restam algumas dúvidas. Será que falei o bastante sobre o assunto X? Expliquei com clareza o assunto Y? Será que os leitores ficarão confusos com a maneira com que expliquei isto e aquilo? Será que o assunto Z deveria ser omitido e talvez outra coisa pudesse ser discutida em seu lugar? E assim vai. Neste capítulo final, quero delinear o que eu esperava alcançar com este texto e concluir com uma breve reflexão sobre o valor psicológico de ler o tarô.

Se você chegou a este ponto do livro, já deve ter uma noção das origens e da história do tarô, como ele se desenvolveu como um jogo de cartas na Itália renascentista e como se espalhou pela França, onde acabou se popularizando como um meio de divinação no século XVIII. Também deve ter se familiarizado com as três categorias mais populares de baralhos de tarô – o de Marselha, o de Waite-Smith e o de Crowley-Harris – e deve saber como eles se diferenciam dos baralhos de oráculo e de predição do futuro.

Tendo experimentado um pouco o uso das cartas, você deve ter adquirido uma noção sobre de onde vem a informação numa leitura de tarô e de como os seus pressupostos e atitudes influenciam a sua experiência com as cartas. Num nível técnico, você deve ter agora uma compreensão da importância de embaralhar e selecionar as cartas com intenção sincera, de fazer perguntas bem formuladas, de se esforçar para deixar o cliente no controle da situação, de usar vários tipos de disposições das cartas, de ver o sentido das inversões do tarô e (se é o que você gosta) usar dignidades elementais. Num nível teórico, você deve reconhecer a importância dos quatro elementos (Fogo, Água, Ar e Terra), do simbolismo numérico, da ética do tarô e (se esse assunto lhe interessa) do papel que a cabala, o alfabeto hebraico e a astrologia desempenharam na geração dos significados modernos das cartas.

As discussões individuais sobre as cartas começam com os significados divinatórios canônicos registrados por Etteilla no século XVII e prosseguem revendo de que modo gigantes do tarô, como Mathers, no século XIX, e Waite e Crowley, no século XX, conceberam as mesmas cartas. Desse modo, o leitor pode obter uma noção do desenvolvimento histórico das ideias associadas com cada carta. Há também uma listagem das palavras-chave para usos potencialmente positivos (+) e negativos (−) da energia incorporada em cada carta. Por fim, há uma breve explicação das cartas nas posições normal e invertida; estas não devem ser consideradas como mutuamente excludentes, mas como lados inversos da mesma moeda. No fim das contas, você deve desenvolver o seu próprio entendimento de cada carta, independentemente do que quer que pensem os ditos "experts" sobre o que a carta significa.

O valor psicológico de ler o tarô

Enquanto refletia sobre o material deste livro, me veio a ideia de que ler o tarô desempenha a mesma função das brincadeiras imaginativas da infância. Em seu trabalho com crianças, o psicanalista inglês D. W. Winnicott observou que as brincadeiras da infância formam a base da criatividade adulta e da busca pelo eu.*

As brincadeiras de infância (ou dos adultos, nesse sentido) acontecem numa zona "de transição" entre o mundo interior da fantasia e da imaginação e o suposto mundo real fora do indivíduo. Brincar imaginativamente dentro desse espaço de transição permite que um senso de eu independente se desenvolva em relação ao mundo das outras pessoas. Por meio das brincadeiras, as crianças podem trabalhar com seus medos e ansiedades e assim conquistá-los sem se arriscarem no "mundo real". Winnicott considerava a função da brincadeira tão importante que ele via toda a atividade cultural humana como uma forma de brincadeira.

O que, então, é uma leitura de tarô senão uma excursão para dentro do mundo imaginativo da brincadeira infantil? Ao entrar no espaço de transição da leitura do tarô, nós criamos para nós mesmos um ambiente seguro onde podemos mexer com os nossos medos e ansiedades mais profundos e também com os nossos mais queridos desejos e esperanças. Então retornamos ao mundo "real" para transformar os nossos sonhos em realidade. A lúdica criação de mitos que aflora enquanto lemos o tarô nos une com a imaginação mítica das gerações passadas e nos faz avançar na nossa busca por nós mesmos.

---

* D. W. Winnicott. *Playing and Reality* (Londres: Tavistock, 1971).

Apêndice

Os dois zodíacos

Os astrólogos ocidentais em geral usam o zodíaco tropical, calculado com base nas estações do ano. Indicam o primeiro dia da primavera no hemisfério Norte dizendo que o Sol entrou no signo de Áries. Esse método é chamado de zodíaco tropical ou baseado nas estações.

A astrologia védica segue uma convenção diferente. Os astrólogos da Índia iniciam o zodíaco no início da *constelação* de estrelas chamada de Áries: o chamado zodíaco sideral ou baseado nas estrelas. Um problema do zodíaco sideral é que os astrólogos têm uma divergência de opinião sobre o local exato onde o grupo de estrelas chamado de Áries começa.

Como a Golden Dawn preferia o zodíaco sideral, eu incluí tanto as datas tropicais quanto as siderais dos signos do zodíaco. A tabela a seguir lista os 36 decanatos do zodíaco, com as suas datas de início correspondentes nos zodíacos tropical e sideral. Essas datas são calculadas do período de 0 de Áries em 2014 a 0 de Áries em 2015 e variarão um pouco dependendo da localidade e do ano em particular. Em homenagem à Ordem, a tabela está definida para Londres.

Para usar a tabela para o tempo, determine a qual decanato a carta de tarô em questão pertence (isso está indicado na descrição de cada carta) e procure a data na tabela. Por exemplo, se você perguntou quando um novo relacionamento poderia entrar na sua vida e tirou o Sete de Ouros, procure essa carta no capítulo das cartas numéricas e descubra que ela corresponde ao terceiro decanato de Touro, cujas datas de início são 10 de maio no zodíaco tropical e 4 de junho no zodíaco sideral. Como cada decanato dura cerca de dez dias, a sua resposta (dependendo de qual zodíaco você prefere) seria ou 10 de maio – 20 de maio ou 4 de junho – 14 de junho. Como já foi mencionado, a Golden Dawn preferia o zodíaco sideral e daria 4 de junho – 14 de junho como resposta.

Data Tropical (baseada nas estações) da posição zodiacal	Posição Zodiacal	Data Sideral (zodíaco Lahiri baseado nas estrelas) da posição zodiacal
20 de março	0 de Áries	14 de abril
30 de março	10 de Áries	24 de abril
9 de abril	20 de Áries	4 de maio
20 de abril	0 de Touro	14 de maio
30 de abril	10 de Touro	25 de maio
10 de maio	20 de Touro	4 de junho
21 de maio	0 de Gêmeos	15 de junho
31 de maio	10 de Gêmeos	25 de junho
10 de junho	20 de Gêmeos	6 de julho
21 de junho	0 de Câncer	16 de julho
1º de julho	10 de Câncer	27 de julho
12 de julho	20 de Câncer	6 de agosto
22 de julho	0 de Leão	18 de agosto
2 de agosto	10 de Leão	27 de agosto
12 de agosto	20 de Leão	6 de setembro
23 de agosto	0 de Virgem	17 de setembro
2 de setembro	10 de Virgem	27 de setembro
12 de setembro	20 de Virgem	7 de outubro
23 de setembro	0 de Libra	17 de outubro
3 de outubro	10 de Libra	27 de outubro
13 de outubro	20 de Libra	6 de novembro
23 de outubro	0 de Escorpião	16 de novembro

Data Tropical (baseada nas estações) da posição zodiacal	Posição Zodiacal	Data Sideral (zodíaco Lahiri baseado nas estrelas) da posição zodiacal
2 de novembro	10 de Escorpião	26 de novembro
12 de novembro	20 de Escorpião	6 de dezembro
22 de novembro	0 de Sagitário	16 de dezembro
2 de dezembro	10 de Sagitário	25 de dezembro
12 de dezembro	20 de Sagitário	4 de janeiro
21 de dezembro	0 de Capricórnio	14 de janeiro
31 de dezembro	10 de Capricórnio	24 de janeiro
10 de janeiro	20 de Capricórnio	3 de fevereiro
20 de janeiro	0 de Aquário	13 de fevereiro
30 de janeiro	10 de Aquário	23 de fevereiro
9 de fevereiro	20 de Aquário	4 de março
18 de fevereiro	0 de Peixes	14 de março
28 de fevereiro	10 de Peixes	24 de março
10 de março	20 de Peixes	3 de abril
20 de março	0 de Áries	14 de abril

Leituras Recomendadas

Centenas de livros foram escritos sobre o tarô, a maior parte deles durante os últimos cem anos. Nesta bibliografia está incluso apenas um punhado de textos representativos que achei particularmente úteis. O propósito da lista não é ser exaustiva, e sem dúvida há muitos livros excelentes que não foram mencionados por falta de espaço ou por simples descuido meu.

Livros de tarô para iniciantes

Almond, Jocelyn e Keith Seddon. *Understanding Tarot: A Practical Guide to Tarot Card Reading*. São Francisco: Thorsons, 1991. Um texto ponderado que apresenta as cartas de maneira inteligível.

Bunning Joan. *Learning the Tarot: A Tarot Book for Beginners*. San Francisco: Weiser, 1998. Este texto se tornou um dos livros fundamentais para os novatos do tarô.

Ellershaw, Josephine. *Easy Tarot Handbook*. Woodbury, MN: Llewellyn Worldwide, 2009. Um livro muito útil e prático, escrito como um guia para o Tarô Dourado mas que se aplica para qualquer baralho da tradição Waite-Smith.

Gray, Eden. *The Complete Guide to the Tarot*. Nova York: Bantam, nova edição, 1982. Este texto clássico alimentou muito o interesse moderno pelo tarô.

Greer, Mary K. *Tarot for Your Self: A Workbook for Personal Transformation*. Franklin Lakes. NJ: New Page Books, 2002.

———. *21 Ways to Read a Tarot Card*. Woodbury, MN: Llewellyn Worldwide, 2006. Mary K. Greer é uma das grandes mestras do tarô moderno, e vale a pena ler tudo o que ela escreveu sobre as cartas.

Jayanti, Amber. *Tarot for Dummies*. Hoboken, NJ: Wiley Publishing, 2001. A autora tem uma maneira única e prática de ver cada carta como uma série de questões sendo colocadas pelo tarô para o consulente.

Junjulas, Craig. *Psychic Tarot*. Stamford, CT: U.S. Games Systems, 1985. Este texto breve, ilustrado com o Tarô Aquariano, contém excelentes descrições concisas das cartas.

Katz, Marcus e Tali Goodwin. *Around the Tarot in 78 Days: A Personal Journey Through the Cards*. Woodbury, MN: Llewellyn Worldwide, 2012. Este é um livro de exercícios de uma carta por dia, para que o leitor as conheça.

Kenner, Corrine. *Simple Fortunetelling with Tarot Cards*. Woodbury, MN: Llewellyn Worldwide, 2007. A autora escreve num estilo claro e compreensível que permite que o leitor apreenda em pouco tempo os significados das cartas.

Louis, Anthony. *Tarot Plain and Simple*. St. Paul, MN: Llewellyn Worldwide, 2002. Este livro surgiu em 1996 e se tornou um manual muito popular para iniciantes.

MacGregor, Trish e Phyllis Vegas. *Power Tarot*. Nova York: Simon and Schuster, 1998. Este livro contém descrições incrivelmente precisas das cartas e uma grande quantidade de disposições para praticamente qualquer tipo de pergunta.

McElroy, Mark. *A Guide to Tarot Card Meanings*. TartoTools.com Publishing, 2014. Um compêndio claro e bem pensado de significados das cartas do tarô.

Moore, Barbara. *Tarot for Begginers: A Practical Guide to Reading the Cards*. Woodbury, MN: Llewellyn Worldwide, 2010. Um livro realista e escrito de maneira clara para quem é completamente novato no tarô.

———. *Llewellyn's Classic Tarot Companion*. Woodbury, MN: Llewellyn Worldwide, 2014. Um guia por Barbara Moore, que usa o baralho utilizado neste livro.

Nasios, Angelo. *Tarot: Unlocking the Arcana*. Atglen, PA: Schiffer Publishing, 2016. Angelo é o autor de vídeos informativos sobre o tarô no YouTube. Seu primeiro livro é uma introdução clara e informativa ao tarô.

Pollock Rachel. *Seventy-Eight Degrees of Wisdom*. Wellingborough, RU: Aquarian Press, 2 vols. 1980 e 1983. Este é um clássico do tarô em que a autora livrou o tarô da mera predição do futuro e o estabeleceu como uma valiosa ferramenta para a autocompreensão e para o desenvolvimento pessoal. Leitura obrigatória.

Zerner, Amy e Monte Farber. *The Enchanted Tarot*. Nova York: St. Martin Press, 1990. Nesta introdução ao tarô ilustrada magnificamente, os autores adotam uma abordagem inovadora de apresentar um sonho, um acordar e um encantamento para cada carta.

Livros de tarô intermediários e avançados

Ben-Dov, Yoav. *Tarot: The Open Reading*. CreateSpace Independent Publishing, 2013. Este livro tem como foco interpretar o Tarô de Marselha.

Huggens, Kim. *Tarot 101: Mastering the Art of Reading the Cards*. Woodbury, MN: Llewellyn Worldwide, 2013.

Jodorowsky, Alejandro e Marianne Costa. *The Way of Tarot: The Spiritual Teacher in the Cards*. Rochester, VT: Destiny Books, 2009.

Louis, Anthony. *Tarot Beyond the Basics*. Woodbury, MN: Llewellyn Worldwide, 2014.

Moore, Barbara. *Tarot Spreads: Layouts & Techniques to Empower Your Readings*. Woodbury, MN: Llewellyn Worldwide, 2012.

Rickleff, James. *Tarot Tells the Tale: Explore Three-Card Readings Through Familiar Stories*. St. Paul, MN: Llewellyn Worldwide, 2004.

Stern, Jane. *Confessions of a Tarot Reader*. Guilford, CT: skirt! (Globe Peguot Press), 2011.

Tysone, Donald. *1*2*3 Tarot*. St. Paul, MN: Llewellyn, 2005.

Waite, Arthur Edward. *The Pictorial Key to the Tarot*. Secaucus, NJ: Citadel Press, 1959.

Wen, Benebell. *Holistic Tarot, An Integrative Approach to Using Tarot for Personal Growth*. Berkeley. CA: North Atlantic Books, 2015.

Assuntos especiais

Akron (C. F. Frey) e Hajo Banzhaf. *The Crowley Tarot*. Stamford, CT: U.S. Games Systems, 1995.

Bunning, Joan. *Learning Tarot Reversals*. York Beach, ME: Weiser, 2003.

Crowley, Aleister. *The Book of Thoth*. York Beach, ME: Weiser, 1974.

Feibig Johannes e Evelin Burge. *The Ultimate Guide to the Rider-Waite Tarot*. Woodbury, MN: Llewellyn Worldwide, 2013. Este livro foca nos símbolos utilizados pela artista Pamela Colman Smith no *design* do popular Tarô Rider-Waite-Smith.

Greer, Mary K. *The Complete Book of Tarot Reversals*. St. Paul, MN: Llewellyn Worldwide, 2002.

Kenner, Corrine. *Tarot and Astrology*. Woodbury, MN: Llewellyn Worldwide, 2011. Este livro foca nas associações da Golden Dawn entre a astrologia e o tarô.

McCormack, Kathleen. *Tarot Decode*. Londres: Quantum Publishing, 2014. Este livro foca especialmente na interpretação de cada uma das 78 cartas no contexto da disposição da Cruz Celta.

Nichols, Sallie. *Jung and Tarot, An Archetypal Journey*. York Beach, ME: Weiser, 1980. [*Jung e o Tarô: uma jornada arquetípica*, publicado pela Editora Cultrix, São Paulo, 1988.]

Pollack, Rachel. *The Kabbalah Tree*. St. Paul, MN: Llewellyn Worldwide, 2004. Uma das figuras mais importantes do tarô moderno explica o seu entendimento da cabala, que é essencial para a abordagem da Golden Dawn.

Regardie, Israel. *The Golden Dawn: A Complete Course in Practical Ceremonial Magic*, 6ª edição, St. Paul, MN: Llewellyn, 2002.

Wang, Robert. *The Qabalistic Tarot: A Textbook of Mystical Philosophy*. São Francisco: Weiser, 2004. Conhecido pelo seu conhecimento da cabala e da psicologia junguiana, Robert Wang explica o seu método de combinar a cabala e o tarô.

Wanless, James. *Strategic Intuition for the 21st Century: Tarot for Business*. Nova York: Three Rivers Press, 1998. Este livro foi escrito para gestores e executivos e trata de como usar o tarô para gerar ideias criativas e soluções para o mundo dos negócios.

Winnicott, D. W. *Playing and Reality*. Londres: Tavistock, 1971. Este texto psicanalítico apresenta uma teoria sobre a importância das brincadeiras no desenvolvimento humano. Como o tarô é um tipo de jogo, as lições do analista também se aplicam à leitura do tarô.

História e origem do tarô

Decker, Ronald. *Art and Arcana: Commentary on the Medieval Scapini Tarot*. Stamford, CT: U.S. Games Systems, 2004.

———. *The Esoteric Tarot*. Wheaton, IL: Theosophical Publishing House, 2013.

Dummett, Michael. *The Game of Tarot*. Londres: Duckworth, 1980.

Etteilla. *Dictionnaire synonymique du Livre de Thot ou Synonymes de significations primitives tracées sur Feuillets du Livre de Thot*. [Glossário do Livro de Thoth ou Sinônimos dos significados primitivos descritos nas folhas do Livro de Thoth]. Paris, 1791.

Huson, Paul. *Mystical Origins of the Tarot*. Rochester, VT: Destiny, 2004.

Kaplan, Stuart. *The Encyclopedia of Tarot*. Nova York: U.S. Games Systems, vol. 1, 1978; vol. 2, 1986.

Place, Robert. *The Tarot: History, Symbolism, and Divination*. Nova York: Tarcher, 2005.

Algumas fontes da internet

A lista abaixo é uma amostra muito pequena dos diversos *websites* úteis sobre tarô. Uma busca no Google revelará inúmeros outros recursos valiosos.

Aeclectic Tarot (a mais antiga e maior comunidade de tarô na internet). www.tarotforum.net

Ancient Hebrew Research Center em www.ancient-hebrew.org/

O site de Angelo Nasios no YouTube. Vídeos sobre tarô. www.youtube.com/user/AngeloNasios

Website Art of Change Tarot por Carolyn Cushing. artofchangetarot.com/

Barbara Moore. Artigos sobre tarô. www.llewellyn.com/blog/author/barbara_moore/

Calculadora de Cartas do Nascimento. The Tarot School. www.tarotschool.com/Calculator.html

Donnaleigh's Tarot. donnaleigh.com/

Leituras Gratuitas On-line. Tarot Journey com Leisa ReFalo. tarotjourney.net/free-on-line-readings/

Leitura Gratuita de Tarô. Website da Llewellyn. www.llewellyn.com/tarot_reading.php

Learning the Tarot por Joan Bunning. www.learntarot.com/

Blog de Tarô de Mary K. Greer's. marygreer.wordpress.com/

S. L. MacGregor Mathers. *The Tarot* (1888). Em sacred-texts.com: www.sacred-texts.com/tarot/mathers/

Psychic Revelation. Interpretação e Significados das Cartas do Tarô. www.psychic-revelation.com/reference/q_t/tarot/tarot_cards/index.html

Super Tarot website por Paul Hughes Barlow. supertarot.co.uk/

Tarot Elements website por Catherine Chapman. tarotelements.com/

Waite, Arthur Edward. *The Pictorial Key to the Tarot* (1911). Em sacred-texts.com: www.sacred-texts.com/tarot/pkt/index.htm

Bibliografia

Akron (C. F. Frey) e Hajo Banzhaf. *The Crowley Tarot*. Stamford, CT: U.S. Games Systems, 1995.
Almond, Jocelyn e Keith Seddon. *Tarot for Relationships*. Northamptonshire, RU: The Aquarian Press, 1990.
———. *Understanding Tarot. A Practical Guide to Tarot Card Reading*. São Francisco: Thorsons, 1991.
Amberstone, Ruth Ann e Wald Amberstone. *Tarot Tips*. St. Paul, MN: Llewellyn Publications, 2003.
———. *The Secret Language of Tarot*. São Francisco: Weiser Books, 2008.
Aristóteles. *De Generatione et Corruptione*, tradução para inglês de C. J. F. Williams. Oxford, RU: Clarendon Press, 1982.
Arroyo, Stephen. *Astrology, Psychology, and the Four Elements*. Sebastopol, CA: CRCS Publications, 1978. [*Astrologia, Psicologia e os Quatro Elementos*, publicado pela Editora Pensamento, São Paulo, 2013.]
Avelar, Helena e Luis Ribeiro. *On the Heavenly Spheres, a Treatise on Traditional Astrology*. Tempe, AZ: American Federation of Astrologers, 2010.
Banzhaf, Hajo. *The Tarot Handbook*. Stamford, CT: U.S. Games Systems, 1993. [*Manual do Tarô*, publicado pela Editora Pensamento, São Paulo, 1991.] (fora de catálogo)
Beitchman, Philip. *Alchemy of the Word: Cabala of the Renaissance*. Albany, NY: State University of New York Press, 1998.
Ben-Dov, Yoav. *Tarot: The Open Reading*. CreateSpace Independent Publishing, 2013.
Bing, Gertrud, org. *"Picatrix" Das Ziel des Weisen von Pseudo-Magriti, Studien der Bihliothek Warburg*, vol. 27, traduzido para o alemão do texto original em árabe por Hellmut Ritter e Martin Plessner, em 1933. Londres: The Warburg Institute, 1962. On-line em warburg.sas.ac.uk/pdf/fbh295b2205454.pdf.
Brumbaugh, Robert S. *The Philosophers of Greece*. Albany, NY: State University of New York Press, 1982.
Bunning, Joan. *Learning Tarot Reversals*. York Beach, ME: Weiser, 2003.
———. *Learning the Tarot: A Tarot Book for Beginners*. São Francisco: Weiser, 1998.
Bursten, Lee. *Universal Tarot of Marseille*, ilustrado por Claude Burdel. Turim, Itália: Lo Scarabeo, 2006.
Carroll, Wilma. *The 2-Hour Tarot Tutor*. Nova York: Berkley Books, 2004.
Carter, Charles E. O. *The Principles of Astrology*. Londres: Quest Books, 1963.
Crowley, Aleister. *The Book of Thoth*. São Francisco: Weiser Books, 2008.

De Angeles, Ly. *Tarot, Theory and Practice*. Woodbury, MN: Llewellyn Publications, 2007.

Decker, Ronald. *Art and Arcana, Commentary on the Medieval Scapini Tarot*. Stamford, CT: U.S. Games Systems, 2004.

———. *The Esoteric Tarot*. Wheaton, IL: Theosophical Publishing House, 2013.

Dowson, Godfrey. *The Hermetic Tarot*. Stamford, CT: U.S. Games Systems, 2006.

Drury, Nevill. *The Tarot Workbook*. San Diego, CA: Thunder Bay Press, 2004.

Dummett, Michael. *The Game of Tarot*. Londres: Duckworth, 1980.

Duquette, Lon Milo. *Understanding Aleister Crowley's Thoth Tarot*. São Francisco: Weiser Books, 2003.

Ellershaw, Josephine. *Easy Tarot Reading*. Woodbury, MN: Llewellyn Publications, 2011.

Etteilla. *Dictionnaire synonymique du Livre de Thot ou Synonymes de significations primitives tracées sur Feuillets du Livre de Thot*. [Glossário do Livro de Thoth ou Sinônimos dos significados primitivos descritos nas folhas do Livro de Thoth]. Paris, 1791.

———. *L'Astrologie du Livre de Thot*. Paris, 1785. Edição publicada por Guy Trédaniel (org.) com comentário por Jacques Halbronn. Paris, 1990.

Fairfield, Gail. *Choice Centered Tarot*. Smithville, IN: Ramp Creek Publishing, 1984.

Farley, Helen. *A Cultural History of Tarot: From Entertainment to Esotericism*. Londres: I.B. Tauris, 2009.

Feibig, Johannes e Evelin Burger. *The Ultimate Guide to the Rider-Waite Tarot*. Woodbury, MN: Llewellyn Worldwide, 2013.

Fenton-Smith, Paul. *Tarot Masterclass*. Crow's Nest NSW, Austrália: Allen & Unwin, 2007.

Filipczak, Zirka Z. *Hot Dry Men, Cold Wet Women: The Theory of Humors in Western European Art*. Nova York: American Federation of Arts, 1997.

Forrest, Steven. *The Inner Sky: The Dynamic New Astrology for Everyone*. Nova York: Bantam, 1984.

Fortune, Dion. *Practical Occultism in Daily Life*. Northamptonshire, RU: The Aquarian Press, 1976.

Frankl, Viktor E. *Man's Search for Meaning*. Nova York: Washington Square Press, Simon and Schuster, 1963.

Gibb, Douglas. Tarot Eon em taroteon.com.

Graves, Robert. *The Greek Myths*. Londres: Penguin Books, 1992.

Gray, Eden. *A Complete Guide to the Tarot*. Nova York: Bantam Books, 1972.

Greer, Mary K. *21 Ways to Read a Tarot Card*. Woodbury, MN: Llewellyn Worldwide, 2006.

———. *Tarot for Your Self*. Franklin Lakes, NJ: New Page Books, 2002. Publicado originalmente em 1984 por Newcastle Publishing.

———. *The Complete Book of Tarot Reversals*. St. Paul, MN: Llewellyn, 2002.

Hall, Manly P. *The Secret Teachings of All Ages*. São Francisco: H. S. Crocker, 1928. Disponível em www.sacred-texts.com/eso/sta/index.htm.

Harris, Roy. *Language, Saussure and Wittgenstein*. Londres: Routledge, 1988.

Heisenberg, Werner. *Physics and Philosophy: The Revolution in Modern Science*. Nova York: Harper & Row, 1958.

Hughes-Barlow, Paul e Catherine Chapman. *Beyond the Celtic Cross*. Londres: Aeon Books, 2009.

Huson, Paul. *Dame Fortune's Wheel Tarot*. Turim, Itália: Lo Scarabeo, 2008.

———. *Mystical Origins of the Tarot*. Rochester, VT: Destiny Books, 2004.

Jayanti, Amber. *Tarot for Dummies*. Hoboken, NJ: Wiley Publishing, 2001.

Jodorowsky, Alejandro e Marianne Costa. *The Way of Tarot: The Spiritual Teacher in the Cards*. Rochester, VT: Destiny Books, 2009.

Jung, Carl. *The Portable Jung*. Nova York: Penguin Books/Portable Library, 1976.

———. "Synchronicity: An Acausal Connecting Principle" de *The Collected Works of C. G. Jung, Vol 8.: Jung Extracts*. Princeton, NJ: Princeton University Press, 2010.

Junjulas, Craig. *Psychic Tarot*. Stamford, CT: U.S. Games Systems, 1985.

Kaczynski, Richard. *Perdurabo, The Life of Aleister Crowley*. Berkeley, CA: North Atlantic Books, 2010.

Kaplan, Stuart R. *The Encyclopedia of Tarot*, volumes 1 e 2. Nova York: U.S. Games Systems, 1978, 1986.

———. *Tarot Classic*. Stamford, CT: U.S. Games Systems, 2003.

———. *The Artwork & Times of Pamela Colman Smith*. Stamford, CT: U.S. Games Systems, 2003.

Katz, Marcus e Tali Goodwin. *Around the Tarot in 78 Days: A Personal Journey Through the Cards*. Woodbury, MN: Llewellyn Worldwide, 2012.

Kenner, Corrine. *Simple Fortunetelling with Tarot Cards*. Woodbury, MN: Llewellyn Worldwide, 2007.

———. *Tarot and Astrology*. Woodbury, MN: Llewellyn Publications, 2011.

———. *Tarot for Writers*. Woodbury, MN: Llewellyn Publications, 2009.

Knight, Gareth. *The Magical World of the Tarot*. São Francisco: Weiser, 1996.

Louis, Anthony. *Tarot Plain and Simple*. St. Paul, MN: Llewellyn Publications, 1996.

———. *Tarot Beyond the Basics*. St. Paul, MN: Llewellyn Publications, 2014.

MacGregor, Trish e Phyllis Vega. *Power Tarot*. Nova York: Fireside, 1998.

Marteau, Paul. *Le Tarot de Marseille*. Paris: Arts et Metiers Graphiques.

———. *El Tarot de Marsella*. Madrid: Editorial EDAF, S.L.U, 2011.

Mathers, S. L. MacGregor. *The Tarot: Its Occult Significance, Use in Fortune-telling, and Method of Play*. Londres: The Houseshop, 1888. No domínio público e disponível como *e-book* do *Kindle*, da Amazon Digital Services (ASIN: B004IE9Z14), e em www.sacred-texts.com/tarot/mathers/.

Mayer, Elizabeth Lloyd. *Extraordinary Knowing: Science, Skepticism, and the Inexplicable Powers of the Human Mind*. Nova York: Bantam Books, 2007.

McCormack, Kathleen. *Tarot Decoder*. Londres: Quantum Publishing, 2014.

McElroy, Mark. *A Guide to Tarot Card Meanings*. TarotTools.com Publishing, 2014.

———. *What's in the Cards for You?* St. Paul, MN: Llewellyn Publications, 2005.

Michelson, Teresa C. *The Complete Tarot Reader*. St. Paul, MN: Llewellyn Publications, 2005.

Moakley, Gertrude. *The Tarot Cards Painted by Bonifacio Bembo for the Visconti-Sforza Family: An Iconographic and Historical Study*. Nova York: New York Public Library, 1966.

Montgomery, Stephen. *People Patterns: A Modern Guide to the Four Temperaments*. Del Mar, CA: Archer Publications, 2002.

Moore, Barbara. *Tarot for Beginners: A Practical Guide to Reading the Cards*. Woodbury, MN: Llewellyn Worldwide, 2010.

———. *Tarot Spreads: Layouts & Techniques to Empower Your Readings*. Woodbury, MN: Llewellyn Worldwide, 2012.

———. *Llewellyn's Classic Tarot Companion*. Woodbury, MN: Llewellyn Worldwide, 2014.

Morgan, Michele. *A Magical Course in Tarot*. Berkeley, CA: Conari Press, 2002.

Morin, Jean-Baptiste. *Astrologia Gallica, Book 22, Directions*, tradução para o inglês de James Herschel Holden. Tempe, AZ: American Federation of Astrologers, 1994.

Naparstek, Belleruth. *Your Sixth Sense*. São Francisco: HarperSanFrancisco, 1997.

Nasios, Angelo. *Tarot: Unlocking the Arcana*. Atglen, PA: Schiffer Publishing, 2016.

Nichols, Sallie. *Jung and Tarot, An Archetypal Journey*. York Beach, ME: Samuel Weiser, 1980.

O'Connor, Peter A. *Understanding Jung, Understanding Yourself*. Nova York: Paulist Press, 1985.

Osho. *Osho Zen Tarot: The Transcendental Game of Zen*. Nova York: St. Martin's Press, 1995. [*Tarô Zen*, de Osho, publicado pela Editora Pensamento, São Paulo, 2015.]

Pennebaker, James e John Evans. *Expressive Writing: Words That Heal*. Enumclaw, WA: Idyll Arbor, 2014.

Place, Robert M. *Alchemy and the Tarot: An Examination of the Historical Connection with a Guide to the Alchemical Tarot*. Saugerties, NY: Robert M. Place, 2012.
———. *The Tarot: History, Symbolism, and Divination*. Nova York: Penguin, 2005.
Pollock, Rachel. *Seventy-Eight Degrees of Wisdom*. Wellingborough, RU: Aquarian Press, 1980, 1983.
———. *Tarot Wisdom: Spiritual Teachings and Deeper Meanings*. Woodbury, MN: Llewellyn Publications, 2008.
———. *The Kabbalah Tree*. St. Paul, MN: Llewellyn, 2004.
———. *The New Tarot Handbook*. Woodbury, MN: Llewellyn, 2011.
Regardie, Israel. *The Golden Dawn: The Original Account of the Teaching, Rites & Ceremonies of the Hermetic Order*, 6ª edição, St. Paul, MN: Llewellyn, 1989.
Renée, Janina. *Tarot for a New Generation*. St. Paul, MN: Llewellyn, 2001.
———. *Tarot Spells*. St. Paul, MN: Llewellyn, 2000.
Rickleff, James. *Tarot Tells the Tale: Explore Three-Card Readings Through Familiar Stories*. St. Paul, MN: Llewellyn, 2004.
Roberts, Richard. *The Original Tarot & You*. Berwick, ME: Ibis Press, 2005.
Rosengarten, Arthur. *Tarot and Psychology*. St. Paul, MN: Paragon House, 2000.
Rowson, Everett K. "Homoerotic Liaisons among the Mamluk Elite in Late Medieval Egypt and Syria", in *Islamicate Sexualities: Translations Across Temporal Geographies of Desire*. Orgs. Kathryn Babayan e Afsaneh Nahmabadi. Cambridge, MA: Harvard University Center for Middle Eastern Studies, 2008.
Saunders, Thomas. *The Authentic Tarot*. Londres: Watkins Publishing, 2007.
Schwickert, Friedrick e Adolf Weiss. *Cornerstones of Astrology*. Dallas, TX: Sangreal Foundation, 1972.
Shapiro, Rami M. *Hasidic Tales*. Woodstock, VT: SkyLight Paths Publishing, 2003.
Sharman-Burke, Juliet e Liz Greene. *The New Mythic Tarot*. Nova York: St. Martin's Press, 2008.
Shavick, Nancy. *Traveling the Royal Road: Mastering the Tarot*. Nova York: Berkley Books, 1992.
Stern, Jane. *Confessions of a Tarot Reader*. Guilford, CT: skirt! (Globe Pequot Press), 2011.
Stewart, Rowenna. *Collins Gem Tarot*. Glasgow, RU: Harper Collins Publishers, 1998.
The Holy Bible. King James Version (1611). Nova York: Barnes & Nobles, 2012.
Tyson, Donald. *1*2*3 Tarot*. St. Paul, MN: Llewellyn, 2004.
Waite, Arthur Edward. *The Pictorial Key to the Tarot*, Londres: W. Rider, 1911. O texto original de Waite está em domínio público e disponível *on-line* em www.sacred-texts.com/tarot/pkt/pkttp.htm e em en.wikisource.org/wiki/The_Pictorial_Key_to_the_Tarot; e também como um *e-book* do *Kindle*, da Amazon Digital Services (ASIN: B00L18UZG4).
———. *The Pictorial Key to the Tarot (1911)*, com introdução de Gertrude Moakley (1959). Secaucus, NJ: Citadel Press, 1959.
Wang, Robert. *The Qabalistic Tarot*. São Francisco: Weiser Books, 1987.
Wanless, James. *Strategic Intuition for the 21st Century, Tarot for Business*. Carmel, CA: Merrill-West Publishing, 1996.
Wasserman, James. *Instructions for Aleister Crowley's Thoth Tarot Deck*. Stamford, CT: U. S. Games Systems, 1978.
Watters, Joanna. *Tarot for Today*. Pleasantville, NY: Readers Digest, 2003.
Wen, Benebell. *Holistic Tarot, An Integrative Approach to Using Tarot for Personal Growth*. Berkeley, CA: North Atlantic Books, 2015.
White, Dusty. *The Easiest Way to Learn Tarot—Ever!* Charleston, SC: BookSurge Publishing, 2009.
Willowmagic, Raven. *Tarot Tips of the Trade*. Amazon.com: edição do *Kindle*, 2010.
Winnicott, D. W. *Playing and Reality*. Londres: Tavistock, 1971.
Zerner, Amy e Monte Farber. *The Enchanted Tarot* (livro). Nova York: St. Martin's Press, 1990.
Ziegler, Gerd. *Tarot, Mirror of the Soul*. São Francisco: Weiser, 1998.